KB071554

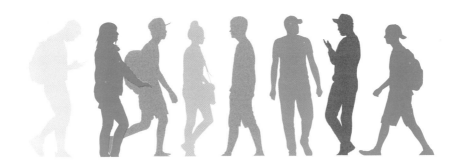

청소년 프로그램 개발과 평가

Youth Program Development & Evaluation

(사)청소년과 미래 편
진은설 · 이혜경 · 김도영 공저

학지사

청소년학총서 시리즈를 내며

　우리는 그 어느 때보다 미래를 예측하기 힘들 정도로 빠른 변화의 시대에 살고 있습니다. 청소년들 역시 이러한 시대의 한가운데를 살고 있으며, 특히 이들은 인간의 발달 단계 중 변화가 빠른 시기를 보내고 있는 중이기도 합니다. 이처럼 급변하는 세상 속에서 미래를 준비하는 청소년들과 이들을 둘러싼 환경을 글로써, 이론으로써 다룬다는 것은 쉬운 일이 아닙니다. 더군다나 청소년학의 역사가 그리 길지 않은 것을 감안하면 청소년학의 이론서를 쓰는 것은 더더욱 고민이 되는 일이기도 합니다.

　청소년현장에서 일을 하고 청소년학을 전공하면서 청소년학의 정체성, 청소년학의 현장 기여도 등에 대해 여러 생각과 고민이 있었고, 특히 청소년학을 전공으로 하는 이들을 위한 교재가 안팎으로 좀 더 풍부해야 한다는 생각을 늘 갖고 있었습니다. 이러한 고민은 청소년, 청소년지도사, 청소년현장 등을 좀 더 구체적으로, 제대로 알릴 수 있는 풍부한 고민의 장이 마련되어야 한다는 작은 결론에 이르게 되었습니다. 그래서 나름대로는 야심 찬 계획을 세웠고 청소년학을 전공한 박사님들을 한 분 한 분 만나기 시작했습니다.

　박사님들의 공통적인 견해는 청소년 분야를 두루 아우르면서 각 영역의 이론과 지식을 전달할 수 있는 교재가 필요하다고 하였고, 특정 교재 한 권 정도로 한정 짓지 말자는 것이었습니다. 그래서 우선 현재 대학에서 청소년지도사 양성을 위한 전공 교과목을 중심으로 집필하기로 하였습니다.

　교재를 집필하기 전에 8종 모두 청소년학을 전공한 박사학위 소지자들을 집필진으로 세웠고, 전 집필진이 모여서 워크숍을 개최하고 의견을 공유하였으며, 집필 중간중간에 모임을 갖고 교재의 통일성을 위해 논의를 하기도 하였습니다. 집필진 나름대로는 기존의 교재들을 조금이라도 보완하기 위하여 애를 쓰기는 하였지만 막상 다 완성된 시점에서 들여다보니 너무 많이 부족하다는 말씀을 전하셨는데, 독자 여러분은 어떻게 보실지 모르겠습니다.

이 교재들은 청소년지도사 2급 자격 검정을 위한 8개 과목, '청소년활동' '청소년문화' '청소년복지' '청소년문제와 보호' '청소년심리 및 상담' '청소년육성제도론' '청소년지도방법론' '청소년 프로그램 개발과 평가'로 시리즈 형식으로 구성하였습니다. 청소년지도사 2급의 경우, 다른 급수에 비해 많이 배출되었을 뿐 아니라 청소년 활동 현장에서도 2급 청소년지도사들을 많이 볼 수 있습니다. 실제로 여성가족부(2018)에 따르면, 우리나라 청소년지도사는 청소년지도사 양성 계획에 따라 1993년부터 2018년까지 1급 청소년지도사 1,730명, 2급 청소년지도사 35,425명, 3급 청소년지도사 12,691명 등 총 49,846명의 국가 공인 청소년지도사를 배출한 것으로 보고하고 있습니다.

이와 같이 청소년지도사가 5만 명에 이르고 있으나 기존에 예비 청소년지도사를 포함한 청소년지도사들을 위한 교재는 그리 많다고 볼 수 없으며, 자격 검정을 준비하는 이들이나 대학에서 강의하는 교수님들 역시 관련 교재가 충분하지 않음을 토로하기도 합니다. 이러한 상황 역시 저희 법인에서 더욱 청소년지도사를 위한 교재를 준비해야겠다고 생각하게 된 계기가 된 지점이기도 합니다.

본 법인이 이 교재를 기획하긴 하였지만 신규 법인이다 보니 집필진 여러분에게 큰 힘이 되어 드리지 못한 것 같아 송구스럽기도 합니다. 그럼에도 불구하고 저희 법인에서 용기를 낸 것은 기존에 출판되어 있는 청소년학 교재들이 단권이나 몇몇 교재에 한정하여 출판하는 경우가 많아 시리즈로 구성되는 사례가 많지 않고, 집필진 전원을 청소년학을 전공한 이들로 구성하는 경우 또한 흔치 않아 이 부분을 지원하면 좋겠다는 판단이 들었기 때문입니다.

이 책을 접하는 독자의 입장에서는 전체 교재가 나름의 일관성을 지니게 되어 책을 보는 데 좀 더 수월하지 않을까 하는 기대와, 집필진의 입장에서는 책의 내용에 있어서 최대한 청소년학 전공자의 관점을 유지할 수 있지 않을까 하는 생각을 하게 되었기 때문이기도 합니다.

이러한 고민들을 모으고 논의를 거쳐서 책을 내놓게 되었습니다. 집필진의 말씀처럼 나름의 노력과 고민을 담았으나 여전히 부족함이 눈에 보이고 부끄러운 마음도 없지 않지만, 조금이나마 청소년지도사를 꿈꾸는 후배 청소년지도사들에게 도움이 되기를 바랍니다.

앞으로도 저희 사단법인 청소년과 미래는 청소년들과 청소년지도사들을 위한 다양한 연구와 사업에 매진할 것입니다. 여러분의 많은 관심과 응원 부탁드립니다.

2019년 청소년의 달, 5월에
사단법인 청소년과 미래 대표 진은설

머리말

어떻게 하면 우리 아이들을 잘 키울 수 있을까?

이 고민은 비단 자녀를 키우는 부모만이 아니라 청소년현장의 청소년지도사들에게 반복되는 숙제이기도 하다. 공부를 열심히 하는 것도 중요하지만 어떻게 하면 친구·이웃들과 잘 지내고, 사회에 잘 적응하여 사회구성원으로서의 역할을 감당해낼 수 있을까? 아이들이 이와 같은 내용을 배우려면 어떻게 해야 할까? 이런 고민과 생각들을 하루에도 수십 번씩 하곤 하는데, 이 고민들은 결국 새로운 프로그램의 개발로 이어진다.

이와 같이 청소년 프로그램의 개발은 순식간에 뚝딱 해낼 수 있는 것이 아니라 오랜 고민과 계획 끝에 완성하게 된다. 이러한 과정을 알기에『청소년 프로그램 개발과 평가』를 쉽게 집필할 수 없었다. 현장에서의 고민과 과정을 교재에 최대한 녹아들게 하고, 그에 따른 사례들을 중간중간에 넣어야 한다고 생각했기 때문이다.

청소년학 전반이 청소년현장을 기반으로 하는 학문이기에 이론 못지않게 현장에서의 적용도 중요하게 다루어져야 하는데,『청소년 프로그램 개발과 평가』야말로 청소년현장에서의 실전이라고 할 수 있는 부분으로, 청소년지도사들의 능력을 평가받는 영역이기도 하다. 그에 비해 대학이나 현장에서 프로그램 개발의 어려움을 호소하는 예비 청소년지도사 혹은 현장 청소년지도사들의 목소리가 높다. 예비 청소년지도사들은 교재를 봐도 구체적인 사례가 많지 않아 그저 본인의 상황에 적용할 수 있을 만한 프로그램이나 개발의 틀(표 양식)을 인터넷에서 찾아 조금 수정하는 정도밖에 할 수 없다고 한다. 또한 현장에서는 매월 시행하는 강좌형 프로그램 외에는 기획 단계에서부터 아이디어조차 잘 떠오르지 않는다고 호소한다.

이처럼 청소년 프로그램의 개발과 평가의 영역은 대학에서 실습을 병행하는 교과이기도 하고 현장에서도 중요한 업무 중 하나이지만 좀처럼 쉽게 수행하기 어렵다. 이에 이 책은 현장에서 청소년 프로그램을 직접 개발하여 운영해 본 경험이 있는 집필진 전원을 섭외하여 실제로 프로그램을 적용하는 과정에서 필요한 요소에 대해 간단한 예시와 프로그램 개발의 사례를 제시하고자 노력을 기울였다.

전반적인 내용을 살펴보면, 우선 청소년 프로그램 및 청소년 프로그램 개발이 무엇인지에 대한 기본적인 개념과 중요성, 청소년 프로그램을 어떻게 개발하는지에 대한 원리와 접근방법, 청소년 프로그램 개발모형을 초반부에 배치하였다. 다음으로 프로그램 개발의 순서인 기획, 요구분석, 설계, 마케팅과 홍보, 프로그램 운영(사전 준비, 실행), 프로그램 평가를 배치하였다. 그리고 마지막에는 청소년 프로그램의 개발 사례 3종을 배치하여 앞에서 살펴본 이론들을 실제로 적용할 수 있도록 정리해 두었다.

제1, 2, 6, 7장은 진은설이, 제4, 5, 8, 9, 10, 11장은 이혜경이, 제3, 12장은 김도영이 집필하였다. 현장의 청소년지도사와 예비 청소년지도사들에게 조금이나마 도움을 드리고자 집필진 나름대로 노력하였지만 여전히 부족한 부분이 눈에 들어온다. 이후에도 계속 수정 · 보완할 수 있도록 독자 여러분의 많은 지적과 격려를 부탁드린다.

마지막으로, 청소년학총서 시리즈를 시작할 때부터 지지와 격려를 아끼지 않으시고 끝까지 기다려 주신 학지사 김진환 사장님과 정승철 상무님께 감사드리고, 책이 잘 나올 수 있도록 여러 차례 꼼꼼하게 살펴 주신 편집부 직원분들께도 감사드린다.

저자를 대표하여
진은설

차례

제1장

청소년 프로그램 개발의 기초

　　청소년 프로그램을 개발하기 위해서는 청소년 프로그램이 무엇이고, 현장에서 어떤 의미로 사용되고 있는지 살펴봐야 한다. 우선, 청소년 프로그램은 활동 목적과 목표, 활동대상, 활동내용, 활동방법, 활동과정, 활동장소, 활동시기, 활동매체 등 모든 요소가 하나로 통합된 교육적 실체라고 할 수 있다. 이 개념은 실제 청소년현장에서 사업, 정책, 프로젝트와 유사하게 쓰이기도 하는데 프로그램과는 다른 의미를 지니고 있어 용어별로 프로그램과 어떠한 차이가 있는지 살펴볼 것이다.

　　다음으로 청소년 프로그램 개발의 개념을 이해하는 데 있어 구조적 · 절차적 · 행위적 · 현상적 측면에서의 개념과 청소년 · 청소년지도사 · 청소년기관별 청소년 프로그램 개발의 필요성을 알아보고자 한다.

　　마지막으로 이 장에서는 청소년 프로그램 개발자로서 설계 · 내용 · 과정 · 의사결정 · 협상 전문가로서 청소년지도사의 역할에 대해 살펴보고자 한다.

01 청소년 프로그램의 개념 및 중요성

'프로그램'이라는 용어는 다양한 분야에서 여러 가지 의미로 쓰이고 있다. 프로그램은 초기에 운동회의 순서나 음악회의 연주곡목 순서 등을 미리 짜 놓은 것을 의미하였는데, 1920년대에 라디오가 개발되며 방송 시간표를 일컫는 말로 흔히 사용되었다. 그러다가 컴퓨터 관련 분야에서 컴퓨터를 실행시키기 위해 차례대로 작성된 명령어 모음으로 '프로그램'이라는 용어를 사용하고 있다.[1]

프로그램의 의미는 크게 세 가지 정도로 구분할 수 있다. 우선, 앞에서 기술한 바와 같이 순서, 절차 등을 강조한 일종의 순서표를 의미하기도 한다. 예를 들면, 'TV 프로그램 편성표' '정기 연주회 프로그램' 등이다. 다음으로, 프로그램은 교육적 의미에서 단순한 시간적 순서만이 아닌 학습자의 참여와 실존적 가치를 인정함으로써 그 이상의 의미를 갖는다. 즉, 일정한 목표를 향해 학습자의 행동이 변화되도록 사전에 체계화시켜 놓은 교육내용(지식, 정보, 기술, 교과 등)인 교육과정으로, '커리큘럼(curriculum)'을 의미한다. 마지막으로, 프로그램은 활동 목적과 목표, 활동대상, 활동내용, 활동방법, 활동과정, 활동장소, 활동시기, 활동매체 등 모든 요소가 하나로 통합된 교육적 실체로서 '청소년(활동) 프로그램'과 같은 경우를 말한다.

앞에서 제시한 커리큘럼과 청소년 프로그램은 모두 교육적 성격을 가지고 있으며, 다소 유사한 부분도 있다. 그러나 커리큘럼과 청소년 프로그램은 몇 가지 측면에서 차이점을 지닌다. 커리큘럼은 사전에 해당 분야의 전문가(교수, 박사 등)에 의해 계획된 교과서의 내용을 모든 학생에게 제공하는 반면, 청소년 프로그램은 프로그램 운영기관(청소년지도사)과 대상자인 참여 청소년들의 욕구에 따라 내용이 달라진다. 청소년 프로그램도 목표를 두고 실시하고 있으나 그에 따른 세부내용은 청소년들의 발달특성을 고려하여 이들이 쉽게 이해하고 선택할 수 있도록 하고 있다. 따

---

1) https://terms.naver.com/entry.nhn?docId=1221313&cid=40942&categoryId=32828 (2020. 6. 7. 검색)

표 1-1	커리큘럼과 청소년 프로그램의 비교	
구분	커리큘럼	청소년 프로그램
주요관심	교과목 위주(획일적)	청소년의 개인적 문제와 욕구(유연함)
성적부여 여부	성적을 부여함	성적을 부여하지 않음
설계자	선정된 전문가와 자문위원	청소년과 청소년지도사
주제	전문가에 의해 학습자에게 필요하다고 판단되는 지식·기술·태도·가치 등	청소년의 특정한 요구나 문제해결에 도움이 되는 것
초점	내용 중심(교과서의 내용, 학습진도 등)	문제·과제 중심 (청소년의 조화로운 성장과 발달)
장점	학습목표나 활동이 명백히 제시되며, 학습내용이 체계적이고 조직화된 계열성을 지님	청소년들로 하여금 직접적인 체험을 풍부하게 하도록 하며, 이들의 요구에 즉각 부응함

*출처: Niemi & Nagle (1977)이 제시한 내용을 청소년 프로그램에 맞게 수정·보완하였음.

라서 커리큘럼은 획일적으로 운영하는 데 반해 청소년 프로그램은 상황에 따라 유연한 운영이 가능하다고 할 수 있다. 또한 커리큘럼은 학생들에게 성적을 부여하지만 청소년 프로그램은 성적을 부여하지 않는다. 다만, 프로그램의 사전·사후 효과성을 검증하여 청소년 개인이 아닌 프로그램의 성과를 제시하는 정도이다. 커리큘럼은 교사에 의해 해당 학년의 교과서를 중심으로 계속 진도를 나가는 형태로 운영되지만 청소년 프로그램은 특정 교과서 없이 운영주체(기관)별로 대상에 따라 조화로운 성장과 발달에 초점을 맞춰 청소년지도사와 청소년이 상호작용하는 형태로 운영되는 것이 특징이다.

이러한 내용을 종합하여 청소년 프로그램을 정의해 보면, 청소년 프로그램은 청소년지도의 목적을 달성하기 위한 목표와 내용, 방법, 평가 등 각 요소가 체계적으로 설계되어 있고 이에 따라 청소년들의 교육적인 경험을 조력할 수 있는 다양한 환경적 자원, 지도 및 평가 전략이 구체적으로 제시되어 있는 일련의 계획표라고 정의할 수 있다.

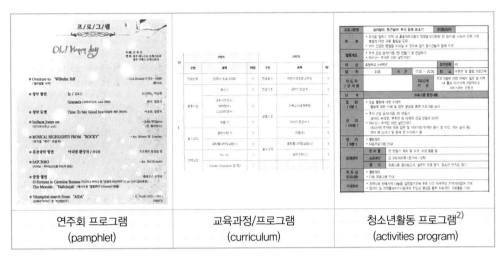

연주회 프로그램 (pamphlet)	교육과정/프로그램 (curriculum)	청소년활동 프로그램[2)] (activities program)

[그림 1-1] 팸플릿, 커리큘럼, 프로그램의 차이

    한편, 청소년현장에서는 프로그램의 개념과 유사한 의미의 용어들이 사용되고 있다. 우선, '수련거리'는 청소년수련활동에 필요한 프로그램과 이와 관련되는 사업(「청소년활동진흥법」 제2조)을 의미한다. 수련거리의 개념 안에 프로그램, 사업의 용어가 모두 포함되어 있는데, 실제 현장에서는 수련거리라는 용어를 거의 사용하지 않거나 프로그램의 의미와 별 차이 없이 사용하기도 한다. 「청소년활동진흥법」 개정 당시 '청소년수련거리'를 '청소년활동 프로그램'으로 변경해야 한다는 제안이 있기도 하였다.[3)]

    이 외에도 프로그램과 유사한 용어로는 '사업' '정책' '프로젝트' 등이 있으며, 구체적으로 살펴보면 다음 〈표 1-2〉와 같다. '사업'은 프로그램보다 상위의 개념으로, 여러 프로그램이 모여 하나의 사업이 되는 것이다. 즉, 사업은 프로그램으로 구성되며, 프로그램은 세부 활동으로 이루어진다. '정책'은 주로 청소년을 전담하고 있는 정부부처인 여성가족부나 전국 17개 시ㆍ도에서 청소년들의 바람직한 성장을 위한 행동 계획과 원칙을 의미한다. 정부에서 5년마다 수립하는 청소년정책기본계획

---

2) 프로그램 예시 출처: 한국청소년활동진흥원(2012).

3) 2020년 7월 28일에 한국청소년정책연구원에서 주최한 제31회 청소년정책포럼, 〈청소년정책관련 법제도 개선방향〉의 자료를 참고하였다.

| 표 1-2 | 프로그램 관련 유사용어 |

프로그램	사업
사업을 이루는 하위 요소(하위 개념)	여러 개의 프로그램이 합쳐져 이루어진 개념 (상위 개념)

프로그램	정책
일선 기관에서 제공하는 구체적인 활동	정부나 공공기관의 목적 달성을 위한 주요 행동 계획과 원칙
하위 개념 또는 부분적 성격	상위 개념 또는 포괄적 성격
정책을 기반으로 실시	프로그램의 선행 요건

프로그램	프로젝트
지속적	한시적, 단기적
일정한 안정적 구조	실험적인 형태

*출처: 김상곤 · 최승희 · 안정선(2012)의 자료를 재구성함.

의 경우, 제6차 청소년정책기본계획(2018~2022)에서는 '청소년들을 위한 놀이 · 여가 유형 다양화 및 공간 제공'이라는 '정책'이 있고 그에 따라 수련시설 내 다양한 세부적인 청소년활동인 '프로그램'을 실시하고 있다. '프로젝트'는 기관 · 단체 · 시설에서 특정 문제 · 욕구 · 이슈 등에 대한 대응차원에서 한시적으로 이루어지는 과업을 의미한다. 따라서 지속적으로 일정한 틀을 갖추어 실시하는 프로그램과는 차이가 있다(황성철, 2005).

프로그램은 앞에서 제시한 바와 같이 순서, 절차 등의 의미를 지니고 있지만 청소년 프로그램은 이와 같은 의미를 넘어서 프로그램을 통해서 청소년을 어떻게 성장시키고 변화시켜야 할 것인지와 관련된 철학적 · 심리적 · 교육학적 · 사회학적 · 문화적 의미가 포함되어 있다. 이는 프로그램 개발자의 청소년에 대한 가치, 철학 등이 담겨 있다는 뜻이기도 하다. 청소년들의 바람직한 변화를 이끌어 내도록 하는 지도자의 관점에서 청소년 프로그램은 청소년에 대한 올바른 이해, 청소년에게 제공해야 할 사회적 변화와 기술적 혁신의 사고력, 청소년의 균형적 가치, 더 나아가서는 프로그램을 통해서 청소년이 스스로 성장하고 자발적인 역량을 갖도록 이끌어 주는 선각자적 태도와 능력 등이 모두 포함되어 있는 것이다(권일남 · 전명순 · 김태균·김정율, 2016). 따라서 청소년 프로그램은 단지 활동성을 강조한 동적인 체험이 아닌 청소년에게 필요한 삶의 가치와 진솔함이 담겨 있으며, 결국 청소년의 바람직하고 균형 잡힌 성장으로 연결된다고 할 수 있다.

청소년의 성장과 발달은 시간이 흐름에 따라 자동적으로 이루어지는 것이 아니기 때문에 성장과 발달에 필요한 환경이 조성되어야 한다. 즉, 성장과 발달에 필요한 노력과 적절한 조치 및 개입이 요구되는데 이는 청소년들의 잠재 능력을 성장시킬 수 있는 체계적인 프로그램이 수반되어야 한다는 뜻이기도 하다. 여기에서의 프로그램은 청소년지도사(자)가 계획·운영하는 것으로 청소년들을 지도할 때 중요한 도구가 된다. 청소년을 지도한다는 것은 청소년들의 전인적인 성장을 돕는 조직적인 활동으로, 청소년들의 자발적 참여에 기초한 직접적인 체험을 제공하는 과정이다. 즉, 청소년을 지도한다는 것은 청소년 프로그램을 실시한다는 것과 같은 의미로 쓰인다. 이와 같은 청소년 지도 과정에서 청소년 프로그램은 청소년들에게 지도해야 할 내용과 방법을 체계적으로 구조화한 것으로 청소년들이 지도자의 지도하에 갖게 되는 모든 경험과 활동이 된다. 따라서 청소년의 발달특성에 맞는 적절한 내용의 프로그램을 통해 청소년들이 성장할 수 있도록 지원한다는 점에서 청소년 프로그램이 중요하다고 할 수 있다.

02 청소년 프로그램 개발의 개념 및 중요성

1) 청소년 프로그램 개발의 개념

일반적으로 '프로그램을 개발한다'는 말은 단순히 '프로그램을 만든다' '프로그램을 설계한다' '프로그램을 기획한다' 등의 의미로 생각할 수 있다. 그러나 '프로그램 개발'은 복합적인 의미를 지닌다. 이화정·양병찬·변종임(2003)은 프로그램 개발을 이상적인 교육행위의 조직과 운영을 기본으로 하는 실천활동으로, 대상 고객집단과 기관 간의 공동노력을 통해 정보와 자원을 획득하고, 일정한 절차에 따라 적절한 순서대로 프로그램을 구성하며, 개발된 프로그램을 고객에게 제공하여 최종적으로

그 효과를 평가한 후에 프로그램을 개정하는 일련의 과정이라고 하였다. 즉, 프로그램의 개발에는 계획뿐만 아니라 정보·자원 획득, 프로그램 구성, 효과성 측정까지의 과정이 포함되는 것이다. 이러한 정의에 따라 청소년 프로그램 개발의 개념을 다양한 측면으로 살펴보면 다음과 같다(이화정 외, 2003; 한국청소년개발원 편, 2009).

(1) 구조적 측면

구조적 측면에서의 프로그램 개발은 프로그램 개발의 범위를 나타내는 의미로서 프로그램 기획, 프로그램 설계, 프로그램 마케팅, 프로그램 실행, 프로그램 평가를 포함하는 개념이다. 따라서 구조적 측면에서의 청소년 프로그램 개발은 잠재적 참여자(청소년) 집단과 청소년기관 간의 공동노력을 통해 정보와 자원을 획득하고 이들을 일정한 절차에 따라 적절한 순서대로 프로그램을 설계하고 그 프로그램을 청소년에게 제공하여 최종적으로 그 효과를 평가한 후 프로그램을 개정하는 일련의 과정을 말한다.

(2) 절차적 측면

절차적 측면에서의 프로그램 개발은 프로그램을 체계적이고 과학적으로 개발하기 위해 프로그램 개발 전문가가 행하는 모든 활동의 절차 및 단계로 규정되는 일련의 과정을 뜻한다. 이러한 개념을 적용해 보면, 절차적 측면에서의 청소년 프로그램 개발은 청소년 프로그램 개발 전문가인 청소년지도사가 프로그램의 기획, 실행, 평가 단계를 체계적으로 이해하고 실천하는 과정을 의미한다.

(3) 행위적 측면

행위적 측면에서의 프로그램 개발은 프로그램 개발자가 담당해야 할 역할과 그들이 실질적으로 직면하는 문제를 해결해 나가는 일련의 과정을 뜻한다. 즉, 프로그램 개발 시에 프로그램과 관련된 권력이나 주체들 간의 협상, 개발자의 책임성 등이 요구된다. 따라서 행위적 측면에서의 청소년 프로그램 개발은 청소년지도사가 프로그램 개발 과정에서 기관 내 동료 및 상급자, 청소년의 부모 등 청소년 프로그램 관계자들 간의 입장 차를 조정하고 타협하는 과정이며, 무엇보다 청소년을 우선적으로 고려하는 노력이 필요하다.

(4) 현상적 측면

현상적 측면에서의 프로그램 개발은 참여자와 지도자 간의 상호작용을 통하여 문제해결에 필요한 지식과 정보를 창출하고 이를 토대로 내용을 선정·조직하고 매체화된 자료로 개발하는 행위를 의미한다. 따라서 현상적 측면에서의 청소년 프로그램 개발은 청소년에게 필요한 의미 있는 지식과 정보, 활동거리를 창출하고, 이 과정에서 프로그램 속에 포함시킬 내용을 합리적으로 선정하고 이를 논리적으로 조직하여 하나의 매체화된 자료로 개발하는 일련의 현상을 말한다.

2) 청소년 프로그램 개발의 필요성

청소년 프로그램은 대상이 청소년이므로 이들을 위해서 프로그램이 개발되어야 하는 것은 매우 당연하다. 그러나 프로그램을 개발하는 청소년지도사의 입장에서 도, 개발한 프로그램을 운영하는 기관의 입장에서도 청소년 프로그램의 개발이 필요하다. 이를 구체적으로 살펴보면 다음과 같다.

우선, 청소년의 입장에서 청소년 프로그램은 여가시간을 적절히 활용할 수 있는 기회일 뿐만 아니라 이들의 에너지를 발산하고 자신의 재능을 발견할 수 있는 좋은 기회가 되므로 삶의 질을 향상시키고 성취감을 맛볼 수 있게 된다. 그렇기 때문에 양질의 프로그램을 다양하게 개발하여 청소년들에게 제공하는 것이 무엇보다 중요하다고 할 수 있다. 이는 청소년들의 조화로운 성장과 발달로 이어지기 때문이다.

청소년 프로그램을 개발하는 청소년지도사의 입장에서는 전문성과 직결된다. 청소년지도사의 주요 업무 중 하나는 청소년 프로그램을 개발하여 그 프로그램으로 청소년을 지도하는 일이다. 이 프로그램을 어떻게 개발하는지에 따라 청소년지도의 능력과 그에 따른 전문성을 평가받을 수 있기 때문에 청소년 프로그램의 개발은 청소년지도사에게도 매우 중요하다고 할 수 있다. 특히 청소년을 대상으로 하는 직업군 중에서도 청소년지도에 대한 사회적 인식과 전문성 인정이 미흡한 실정을 감안할 때 체계적인 프로그램을 개발하여 청소년지도 분야가 전문영역으로서 자리

| 표 1-3 | 대상별 청소년 프로그램 개발의 필요성 |

대상	청소년 프로그램 개발의 필요성
청소년	조화로운 성장과 발달을 위한 도구 제공
청소년지도사	업무능력 및 전문성 발휘 기회
청소년 기관·단체·시설	생존 및 변화창출 전략

잡을 수 있도록 하는 노력이 함께 필요하다.

　청소년 프로그램을 운영하는 기관의 입장에서는 기관의 생존과 관련하여 설명할 수 있다. 청소년 프로그램을 운영하는 기관·단체·시설은 저마다의 설립목적을 가지고 있으나 그중 중요한 목적 중의 하나는 청소년들의 균형 있는 성장과 발달을 위한 프로그램의 운영이다. 청소년 프로그램을 운영하지 않는다면 기관으로서의 존재 의미가 사라지게 되는 것이다. 따라서 청소년들의 발달특성과 상황에 맞는 다양한 프로그램을 지속적으로 개발하여 운영하는 것이 요구된다. 또한 청소년 기관·단체·시설이 지속적으로 발전을 꾀하기 위해서는 사회적 변화가 빠른 오늘날의 시대적 흐름을 감안하여 이에 맞는 변화창출의 전략으로서 프로그램의 개발이 계속되어야 한다.

 03　청소년 프로그램 개발자로서 청소년지도사의 역할

　프로그램을 개발하는 과정에서 청소년지도사의 역할은 매우 중요하다. 청소년 프로그램을 개발하는 것이 청소년지도사의 주요 업무이며, 그 과정에서 청소년지도사 본인의 청소년 및 프로그램 등에 대한 신념과 철학이 드러나게 되고, 이로써 프로그램의 성격이 판가름 나는 데 큰 영향을 미치기 때문이다. 또한 청소년과 기관을 이어 주는 연결고리 역할을 하여 프로그램의 성공적인 운영에 영향을 주기 때문에 청소년지도사가 중심을 잡고 그 역할을 적절히 수행하는 것이 필요하다. 프로그램 개발자로서의 역할을 구체적으로 제시하면 다음과 같다(김진화, 2001).

1) 프로그램 설계 전문가로서의 역할

청소년 프로그램을 개발하기에 앞서 참여 대상자들을 중심으로 설문조사 등을 통해 그들의 요구를 파악·분석하는 과정을 거치게 되며, 이후에는 청소년들의 요구를 충족시킬 수 있도록 프로그램의 내용 및 매체, 지도방법 등을 하나로 통합하게 되는데, 이를 통해 완성된 최종 프로그램이 나오게 된다. 이와 같은 것이 프로그램 설계 전문가로서의 역할로, 프로그램 참여 대상자의 욕구 및 특성, 능력에 맞게 내용을 조직하고, 이들의 활동을 조력하기 위해 매체를 개발하며, 참여를 촉진시키기 위해 다양한 방법을 창출하여 하나의 통합된 프로그램을 적절히 설계하는 것을 의미한다.

2) 내용 전문가로서의 역할

일반적으로 특정 프로그램을 소개할 경우, 다른 무엇보다 그 프로그램의 내용을 제시하게 된다. 이는 프로그램에서 내용이 그만큼 중요하다는 의미이기도 하다. 따라서 프로그램 개발에서의 많은 에너지와 노력은 참여 청소년의 발달특성 및 요구에 부응할 수 있는 적절한 내용을 찾아내는 과정에 초점이 맞추어진다. 여기에서 프로그램 개발자인 청소년지도사는 프로그램의 내용에 대해 잘 알고 있어야 하며 그에 따른 깊이 있는 지식과 정보가 있어야 한다. 이는 양질의 프로그램 개발에 있어서 매우 중요한 기반이 되기 때문이다.

3) 과정 전문가로서의 역할

프로그램 개발의 과정에서는 절차와 단계가 필요하다. 이때 프로그램 개발자가 직면하게 되는 문제는 '어떠한 절차와 단계를 거쳐서 프로그램을 개발해 나갈 것인가?' '프로그램 개발모형은 어떻게 설정할 것인가?' '프로그램 개발의 절차와 단계에서 필요로 하는 다양한 기법들을 어떻게 효과적으로 적용할 것인가?' '프로그램 개발 팀을 어떻게 운영해야 하는가?' 등에 대한 것들이다. 즉, 과정 전문가로서의 역할은 프로그램 개발의 절차, 단계, 기법, 운영과 관련된 자질을 의미한다. 따라서 과정 전문가로서의 청소년지도사는 프로그램 개발 과정에 적용할 수 있는 프로그램 개발모형을 설정하고, 구체적인 절차와 단계에 따라 다양한 기법들을 어떻게 적용할 수 있는지에 대한 감각 및 능력을 갖추고 있어야 한다.

4) 의사결정 전문가로서의 역할

프로그램 개발 과정은 의사결정의 과정이라고 해도 과언이 아니다. 프로그램 개발의 과정에서 범위를 어디까지로 할 것인지, 다양한 참가자들의 요구 중에서 어떤 부분을 더 우선적으로 취할 것인지 등 결정해야 할 것들이 많다. 또 특정 사항은 프로그램 개발 담당자 혼자서 결정하기 어려운 경우도 있다. 따라서 프로그램 개발 전문가인 청소년지도사는 여러 상황에서 우선순위를 정하여 결정하는 능력이 요구되고, 또 혼자서 결정하기 어려운 부분은 해당 기관의 동료, 상관, 관계자 등과 대화하여 합리적으로 결정해야 하는 역할을 담당해야 한다.

5) 협상 전문가로서의 역할

프로그램 개발은 관련된 여러 사람이 함께하는 집단적 협력 과정이라고 할 수 있다. 소규모이거나 반복되는 프로그램이 아닌 경우 프로그램 개발을 위한 팀이나 위원회 등을 구성할 수 있다. 이 경우 프로그램 개발에 참여한 사람들이 각자 다양한 목소리를 낼 수 있는데 이로 인해 예기치 못한 의견충돌이 일어날 수 있으며, 이때 상황을 정리하고 조정하는 역할이 필요하다. 즉, 프로그램 개발의 방향이 기관 책임자의 관심사와 차이가 있거나 함께 참여하고 있는 다른 사람의 의견과 일치하지 않을 때 프로그램 개발자는 협상과 조정자의 역할을 수행해야 한다.

요약

1. 청소년 프로그램은 청소년지도의 목적을 달성하기 위한 목표와 내용, 방법, 평가 등 각 요소가 체계적으로 설계되어 있고 이에 따라 청소년들의 교육적인 경험을 조력할 수 있는 다양한 환경적 자원, 지도 및 평가 전략이 구체적으로 제시되어 있는 일련의 계획표라고 정의할 수 있다.

2. 청소년 프로그램은 청소년사업, 청소년정책의 하위 개념으로 사용되며, 한시적으로 운영하는 프로젝트와도 다른 개념이라고 할 수 있다.

3. 청소년 프로그램은 청소년들에게 지도해야 할 내용과 방법을 체계적으로 구조화한 것으로 청소년들이 지도자의 지도하에 갖게 되는 모든 경험과 활동이 된다. 따라서 청소년의 발달특성에 맞는 적절한 내용의 프로그램을 통해 청소년들이 성장할 수 있도록 지원해야 하므로 청소년 프로그램은 중요하다고 할 수 있다.

4. 프로그램의 개발에는 계획뿐만 아니라 정보·자원 획득, 프로그램 구성, 효과성 측정까지의 과정이 포함된다.

5. 청소년 프로그램은 청소년뿐만 아니라 청소년지도사, 청소년기관·단체·시설의 입장에서도 지속적으로 개발되어야 할 필요가 있다. 우선, 청소년들의 조화로운 성장과 발달을 위한 도구로서 필요하고, 청소년지도사들에게는 이들의 전문성을 평가받을 수 있는 기회로서 프로그램 개발이 요구된다. 또한 청소년기관·단체·시설은 프로그램 운영기관으로서 존립목적을 지니고 있으므로 프로그램 개발을 지속적으로 추진해야 한다.

 참고문헌

권일남 · 전명순 · 김태균 · 김정율(2016). 청소년 프로그램 개발과 평가. 서울: 창지사.

김상곤 · 최승희 · 안정선(2012). 사회복지 프로그램 개발과 평가. 서울: 학지사.

김진화(2001). 평생교육 프로그램 개발론. 경기: 교육과학사.

이화정 · 양병찬 · 변종임(2003). 평생교육 프로그램 개발의 실제. 서울: 학지사.

한국청소년개발원 편(2009). 청소년 프로그램개발 및 평가론. 경기: 교육과학사.

한국청소년정책연구원(2020). 제31회 청소년정책포럼—청소년정책관련 법제도 개선방향.
    포럼자료집 20-S10. 세종: 한국청소년정책연구원.

한국청소년활동진흥원(2012). 제5회 활동프로그램 공모전 우수사례집. 서울: 한국청소년활동진
    흥원.

황성철(2005). 사회복지 프로그램 개발과 평가. 경기: 공동체.

Niemi, J. A., & Nagle, J. M. (1977). Learners, agencies, and program development in adult
    and continuing education. In P. D. Langerman & D. H. Smith (Eds.), *Managing adult
    and continuing education programs and staffs*. Washington DC: National Association
    for Public Continuing and Adult Education.

제2장

청소년 프로그램 개발의
원리와 접근방법

학습개요

　　프로그램이 일정한 목적과 목표를 달성하기 위해 체계적이고 과학적으로 이루어져야 하므로 기본적인 원리가 필요하며, 또한 프로그램의 개발을 준비하는 과정에서 일반적으로 따라야 할 지침이나 실제 적용할 수 있는 다양한 형식과 전략인 접근방법이 필요하다.

　　이 장에서는 다양한 청소년 프로그램 개발의 원리와 접근방법, 접근원리를 살펴볼 것이다. 특히 청소년 프로그램 개발의 접근방법에서는 전통적 합리주의적 접근방법, 자연주의적 접근방법, 체제적 접근방법, 비판적 실천 접근방법을 중심으로 학습할 것이며, 청소년 프로그램 개발의 접근원리에서는 선형적 접근, 비선형적 접근, 통합적 접근, 비통합적 접근으로 구분하여 살펴보고자 한다.

청소년 프로그램의 운영은 단순히 청소년들의 여가시간에 할 거리를 제공하는 것 이상의 의미를 지니며 그에 따라 전문성을 필요로 한다. 청소년 프로그램을 통해 이들의 조화로운 성장과 발달에 기여할 수 있어야 하기 때문이다. 이에 청소년지도사는 청소년 및 청소년 프로그램에 대한 나름의 철학을 바탕으로 프로그램을 개발하게 되는데 프로그램 개발의 각 단계마다 수많은 의사결정이 이루어지며, 많은 고민에 따른 산물로 프로그램이 탄생하게 된다. 이와 같이 청소년 프로그램 개발을 어떻게 해야 할지 고민하는 과정에서 필요한 것이 바로 프로그램 개발의 원리와 접근 방법이라고 할 수 있다. 프로그램이 일정한 목적과 목표를 달성하기 위해 체계적이고 과학적으로 이루어져야 하므로 기본적인 원리가 필요하며, 또한 프로그램의 개발을 준비하는 과정에서 일반적으로 따라야 할 지침이나 실제 적용할 수 있는 다양한 형식과 전략에 따른 접근방법이 필요하다.

01 청소년 프로그램 개발의 원리

첫째, 청소년 프로그램은 청소년의 균형적인 성장과 발달에 초점을 두고 이들이 사회의 구성원으로서 그 역할을 잘 수행할 수 있도록 하는 데 필요한 사항을 주 내용으로 한다. 따라서 청소년 프로그램을 개발하려고 할 때 '개발하려고 하는 프로그램이 청소년들의 성장에 기여할 수 있는지' '청소년들에게 어떤 의미가 있는지'에 대해 우선적으로 고려해야 한다. 일정한 목적을 두고 지속적으로 실시하는 청소년활동은 우연히 시간적인 여유가 생겨서 그저 시간을 보내는 수동적인 활동(예, 여가활동)과는 근본적으로 다르기 때문이다.

둘째, 청소년 프로그램에는 청소년 및 청소년기관과 국가사회적 측면이 모두 고려되어야 한다. 즉, 청소년 프로그램의 내용에 있어서 청소년의 발달과업, 흥미와 욕구가 반영되어야 하고, 청소년기관의 설립목적에 부합해야 하며, 국가사회적으로는 정부의 청소년정책과 그 맥을 같이해야 한다는 것이다.

셋째, 청소년 프로그램 실행에 필요한 제반 여건들을 충분히 고려해야 한다. 청소년 프로그램은 실행하기 위해서 개발하는 것이므로 프로그램을 실행하는 청소년지도사의 실행능력과 기술, 재정 여건, 장비와 시설, 행정적 지원, 대외 협력 관계 등 현실적 여건을 기반으로 개발해야 한다.

넷째, 청소년 프로그램은 학교 수업과는 달리 상황에 따른 유연한 대처가 가능하다는 점이 큰 특징이라고 할 수 있다. 특히 오늘날과 같이 급변하는 시대에는 그러한 환경에 신속하게 대응할 수 있도록 탄력적 운영이 가능한 프로그램을 개발해야 한다. 뿐만 아니라 이미 개발된 프로그램이라 할지라도 시간의 흐름에 따라 대상 청소년의 특성 및 시대적 상황이 달라지므로 한번 개발된 프로그램으로 오랫동안 운영하기보다 계속적인 프로그램의 개발을 통해 프로그램의 변화를 꾀하여야 한다.

다섯째, 프로그램의 개발에 있어서 논리적인 연결이 필요하다. 하나의 프로그램은 이벤트가 아니라 잘 짜여진 공연과 같은 것으로 물 흐르듯이 전체적인 연결이 자연스러워야 한다. 즉, 프로그램이 논리적으로 구성되지 않으면 엉성하거나 프로그램 내의 순서가 엉키게 되어 프로그램의 효과에도 부정적인 영향을 미치게 된다. 따라서 프로그램은 집을 건축하는 것과 같이 설계의 과정부터 꼼꼼하게, 그리고 체계를 갖추고 논리적으로 전개될 수 있도록 개발되어야 한다. 이를 위해 프로그램 개발에 따른 충분한 시간을 확보하여 논의 및 심사숙고의 과정을 거쳐야 한다.

여섯째, 프로그램 개발 과정에서 개발자의 전문성이 요구된다. 프로그램 개발을 하는 과정에서는 제1장에서 기술한 바와 같이 프로그램 설계·내용·과정·의사결정·협상 등에 있어 전문적인 역량이 필요하다. 프로그램을 개발하려면 해당 분야에 대한 지식과 정보를 갖고 있어야 하며, 그에 따른 절차와 구체적인 기법에 능통해야 하고, 각 절차마다 수많은 의사소통 및 협상이 이루어지기 때문에 이와 관련한 능력과 기술이 요구된다.

02 청소년 프로그램 개발의 접근방법

청소년 프로그램 개발의 접근방법에는 전통적 합리주의적 접근방법, 자연주의적 접근방법, 체제적 접근방법, 비판적 실천 접근방법 등이 있다.

1) 전통적 합리주의적 접근방법

전통적 합리주의적 접근방법(classical rational approach)은 미국의 교육학자인 타일러(Ralph W. Tyler)의 전통적 합리성 이론에서부터 출발한다. 이 이론은 순서대로 차근차근 해 나가는 선형적 접근방법으로 교육 프로그램 개발절차에 초점을 맞춘 가장 오래되고 지배적인 이론 중 하나이다. 또한 전통적 합리성 이론은 교육과정의 효율적 전달에 초점을 두는 기술공학의 합리성에 근거하며, 전통적 합리주의적 접근방법은 타일러의 이론, 즉 교육목표 → 학습경험의 조직 → 교육활동 → 학습경험의 평가 등으로 이어지는 선형적인 통제과정을 의미하는 것으로 타일리언 모형(Tylerian model)이라고도 불린다. 또한 바라는 결과(목표)와 결과에 도달하기 위한 수단(활동경험)과 이 수단이 목표를 성취했는지를 결정하는 과정(평가)을 주로 다루고 있어 수단-결과(목표) 모형이라고도 한다.

전통적 합리주의적 접근방법으로 프로그램을 개발하게 되면, 우선 프로그램의 목적과 목표를 세우고, 그에 따른 내용과 활동을 선정하며, 마지막에 목표가 달성되었는지를 평가하는 순서로 진행하게 된다([그림 2-1]). 여기에서 프로그램의 목표는 프로그램의 내용을 결정하는 매우 중요한 근거로, 무엇보다 프로그램의 목표를 잘 세워야 그 목표를 잘 달성했는지(효과성 측정), 기대효과에 부응하는지 알 수 있게 된다. 또한 프로그램의 내용은 청소년을 지도하기 위한 목표를 달성하는 수단으로

[그림 2-1] 타일러의 프로그램 개발모형

서 역할을 하게 된다.

2) 자연주의적 접근방법

자연주의적 접근방법(naturalistic approach)은 프로그램 개발자와 참여자 간의 상호작용을 강조하는 맥락적 상호작용 이론에 근거한다. 맥락적 상호작용 이론의 대표적인 학자 스킬벡(D. Skilbeck)과 워커(M. Walker)는 제시된 절차에 따라 개발하는 전통적 합리주의적 접근방법과는 달리 프로그램 개발의 상황과 관련된 다양한 요소를 고려하여 순환적인 원리에 따르며, 프로그램 목표보다는 프로그램 내용을 프로그램 개발의 선행적 요소로 간주한다. 즉, 프로그램의 내용이 먼저 시작되고 그에 따라 프로그램의 목표가 결정되는 것이다. 이는 프로그램 개발자와 참여자가 공유하는 내용에서 프로그램 개발이 시작되기 때문이다. 그리고 프로그램 목표를 정하는 것보다 실제 프로그램을 지도할 수 있는 내용에 더 관심을 보이며, 프로그램 목

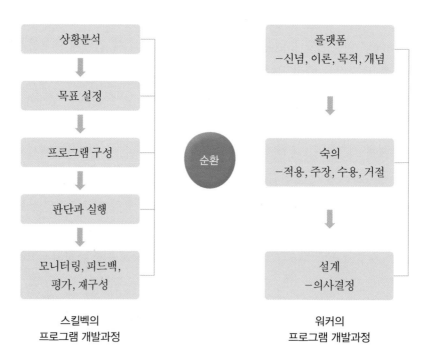

[그림 2-2] 스킬벡과 워커의 프로그램 개발과정

표에 규정되는 청소년활동의 결과보다 프로그램의 내용을 통해 나타나는 청소년의 행동 자체에 관심을 기울이는 특징이 있다.

3) 체제적 접근방법

체제적 접근방법(system approach)은 프로그램 개발에 있어서 환경과 조직의 관계, 프로그램 수행 기관, 참여자, 환경과의 상호작용을 중시하는 체제이론(system theory)에서 시작되었다. 체제(system)란 어떤 정해진 목적 또는 목표를 달성하기 위하여 각 구성요소 혹은 부분이 전체와 유기적으로 관련되어 조화롭게 기능하는 관계의 집합 내지 단위를 의미한다(교육학용어사전).[1] 좀 더 쉽게 표현하면, 체제는 여러 부분이 하나로 결합되어서 생긴 전체 또는 하나의 큰 틀 정도로 볼 수 있다. 체제적 접근방법은 청소년 프로그램을 수행하는 청소년 기관·단체·시설을 하나의 사회체제로 보고 프로그램 개발자가 청소년(참여자), 청소년 기관·단체·시설 및 조직체, 환경 등과 상호작용을 통해 프로그램을 개발하는 것이다. 청소년 프로그램 개발에 있어 '체제적'이라는 것은 청소년지도가 청소년과 사회의 요구에 부응할 수 있게 하며, 참여자의 역할을 강조하고, 참여자들로 하여금 결과(효과)를 얻을 수 있도록 하는 절차를 신중히 개발함으로써 질서 정연한 프로그램을 개발하는 것을 의미한다(한국청소년개발원 편, 2009).

체제이론의 대표적인 학자인 코왈스키(T. J. Kowalski)는 프로그램 개발의 체제 모형을 투입, 과정, 산출의 틀을 기본으로 하였다([그림 2-3] 참조). 여기에서 프로그램 개발자는 프로그램 개발이 일어나는 맥락을 잘 파악하여 다양한 대안 중에서 가장 바람직한 대안을 선택해야 한다. 이 모형은 프로그램 개발자가 개발 과정에서 도출되는 수많은 대안 중에서 가장 효과적인 결정을 내리도록 하는 데 그 핵심이 있다(신용주, 2017).

---

1) 출처: https://terms.naver.com/entry.nhn?docId=512921&cid=42126&categoryId=42126 (2020. 8 .16. 검색)

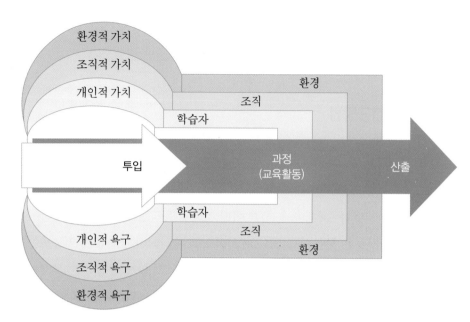

환경적 가치
조직적 가치
개인적 가치

환경
조직
학습자

투입

과정
(교육활동)

산출

학습자
조직
환경

개인적 욕구
조직적 욕구
환경적 욕구

[그림 2-3] 코왈스키의 프로그램 개발 체제모형

*출처: Kowalski (1988).

4) 비판적 실천 접근방법

비판적 실천 접근방법(critical practical approach)[2]은 전통적 합리주의적 이론이 프로그램 개발을 가치중립적 행위로 보고 프로그램 개발 구성의 절차적 요소를 강조하는 것을 비판하는 비판적 실천 이론으로부터 비롯되었다. 비판적 실천 접근방법은 프로그램을 통한 변화의 대상을 청소년 개인뿐만 아니라 사회적 구조까지 포함시키고 있어 프로그램은 개인의 변화만이 아닌 사회적 변화를 위한 사회적 노력으로 간주한다. 특히 우리나라와 같이 학교를 중심으로 생활하는 청소년의 경우 학업 외에 주위를 살펴볼 여유가 없고, 더욱이 자신이 살고 있는 지역사회에는 관심

---

2) 기존 문헌에서는 비판적 실천 이론 및 접근방법에 대한 영문 표기를 찾기가 쉽지 않았다. 비판적 실천 이론의 대표적인 학자인 프레이리(Paulo Freire)가 '억압으로부터 해방시키는 교육(critical pedagogy)'의 이념을 제창한 점과, 비판적 실천 이론은 정치적 이론으로 실천 이론(practical theory)으로도 불리는 점을 감안하여 집필자가 비판적 실천 접근방법의 영문 표기를 시도하였다. 참고로 정치적 이론은 프로그램 개발 과정에 개입되는 인적 요소들 간의 힘과 협상 과정에 초점을 두고 있다(신용주, 2017).

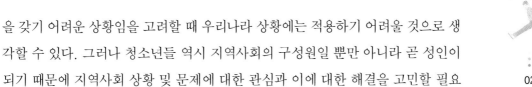

을 갖기 어려운 상황임을 고려할 때 우리나라 상황에는 적용하기 어려울 것으로 생각할 수 있다. 그러나 청소년들 역시 지역사회의 구성원일 뿐만 아니라 곧 성인이 되기 때문에 지역사회 상황 및 문제에 대한 관심과 이에 대한 해결을 고민할 필요가 있다. 이와 같은 지역사회의 문제와 고민에 대해 청소년지도사와 청소년들이 함께 대화하는 중에 상호작용하면서 비판적 실천과정을 거치게 되고 이러한 과정을 지속하면서 프로그램을 개발하게 되는 것이다. 그렇기 때문에 비판적 실천 접근방법에서는 청소년의 적극적인 참여 그리고 청소년과 청소년지도사 간의 상호작용을 통한 비판적 실천이 매우 중요하다.

이 과정은 프로그램 개발과 프로그램 실행이 구분되지 않을 정도로 프로그램 개발이 곧 실행이라고 할 수 있다. 프로그램이 사전에 개발되는 것이 아니라 참여한 청소년들의 비판적 실천행위 자체(예, 토론, 캠페인 등)가 곧 하나의 프로그램 개발이 되기 때문이다. 또한 프로그램 평가 역시 외부의 전문가에 의한 평가가 아니라 청소년이 주체적으로 평가를 하는 것이 특징이다. 이러한 점은 기존에 청소년기관이나 청소년지도사가 프로그램을 미리 개발해서 청소년에게 제공하거나, 외부 전문가에 의해서 평가를 받는 것과는 다른 부분이라고 할 수 있다.

따라서 비판적 실천 접근방법은 프로그램 개발에 있어서 민주적 원리를 따르며 비선형적이며 순환적인 과정이라고 할 수 있다.

주제연구	대화 · 상호작용	교육 프로그램
• 사회현실 이해 과정 • 주제조사 연구 • 주제연구 상호이해	→	• 주제의 시각화 자료 제시 • 문화 서클 활동 • 토론

[그림 2-4] 비판적 실천 이론의 프로그램 개발모형

*출처: 윤옥한(2017).

03 청소년 프로그램 개발의 접근원리

앞서 살펴본 청소년 프로그램 개발의 접근방법이 각각의 이론에 근거한 접근방법이라면, 청소년 프로그램 개발의 접근원리는 프로그램을 개발할 때에 적용할 수 있는 방법으로서 선형적 접근과 비선형적 접근, 통합적 접근과 비통합적 접근으로 구분할 수 있다.

1) 선형적 접근

선형적 접근은 프로그램을 개발할 때 가장 일반적으로 널리 사용하는 방법으로 초보 개발자도 쉽게 할 수 있는 장점이 있다. 이 접근은 단계별로 차근차근 개발해 나가는 방법이다. 즉, 1단계가 끝나면 2단계로, 2단계가 끝나면 3단계로 순차적으로 실행하면서 마지막 단계에서 개발이 완료되는 것이다. 선형적 접근은 단계별로 실행해야 할 과제들이 분명하고 단순하게 제시되므로 합리적이고 안정적이다.

2) 비선형적 접근

앞서 제시한 선형적 접근이 단계별로 실천되는 것에 비해 비선형적 접근은 여러 과정이 동시에 이루어지면서 각 단계가 계속적으로 순환하는 특징을 갖는다. 비선형적 접근은 프로그램 개발의 특정 원리로 접근하거나 획일적 절차를 따르지 않고 다양한 요소들을 고려하여 상황 및 여건에 따라 단계를 진행하는 것을 중시한다. 따라서 각 단계마다 평가를 계속 되풀이하며 절차를 진행하고, 그때마다 프로그램 개발자의 판단에 따라 특정 단계를 생략하거나 여러 단계를 동시다발적으로 실시할 수도 있다(신용주, 2017).

3) 통합적 접근

통합적 접근은 프로그램 개발에 영향을 미치는 모든 요인들을 종합적으로 고려하는 방법이다. 이 접근은 프로그램 개발에 있어서 참여자(청소년)를 중요하게 생각하며 참여자를 둘러싼 다양한 요소들을 포함하고 검토하는 것을 강조한다. 따라서 청소년이 프로그램에 참여할 경우 청소년의 참여동기, 프로그램의 목표, 자원, 장비, 장소를 비롯하여 우리나라의 청소년정책 및 제도에 이르기까지 수많은 요인들을 고려하게 된다. 이러한 프로그램 개발 과정은 매우 복잡한 과정으로 프로그램 개

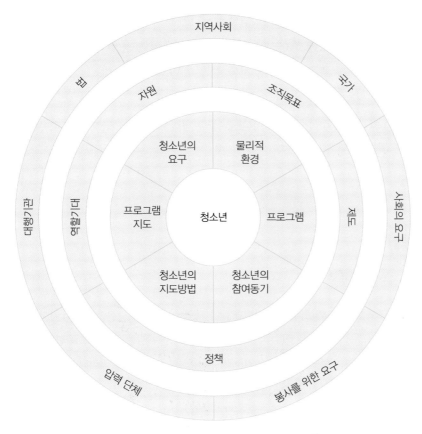

[그림 2-5] 프로그램 개발의 통합적 접근[3]

---

3) 이해주 · 최운실 · 권두승(2002)의 문헌을 참고하여 청소년 프로그램 개발 상황에 맞게 수정하였다.

발자의 전문성이 요구되는 반면, 많은 요인들을 고려하기 때문에 그만큼 오차를 최소화할 수 있다는 장점이 있다.

4) 비통합적 접근

비통합적 접근은 다른 접근원리에 비해 가장 사용하기 수월한 방법으로 프로그램의 참여자를 고려하지 않고 프로그램 실행기관이나 프로그램 개발자인 청소년지도사가 독자적으로 프로그램을 개발하는 것을 말한다. 프로그램 참여자를 고려하지도 않고, 필요한 경우 다른 기관의 자료를 참고하여 모방할 수도 있다는 점에서 다른 어느 접근원리보다 수월하게 실행할 수 있다는 특징이 있다. 이 접근은 단시간 내에 프로그램의 미흡한 부분을 일부 수정하는 데에는 용이하지만 참여자인 청소년의 흥미와 요구를 왜곡하거나 부정할 수 있다는 한계가 있다.

위의 4가지 접근원리는 제3장의 프로그램 개발모형에서 구체적으로 설명하고자 한다.

요약

1. 청소년 프로그램 개발의 원리는 다음과 같다. ① 청소년 프로그램은 청소년이 사회의 구성원으로서 그 역할을 잘 수행할 수 있도록 하는 데 필요한 사항을 주 내용으로 한다. ② 청소년 프로그램에는 청소년 및 청소년기관과 국가사회적 측면이 모두 고려되어야 하고, ③ 청소년 프로그램 실행에 필요한 제반 여건들을 충분히 고려해야 한다. ④ 청소년 프로그램은 학교 수업과는 달리 상황에 따른 유연한 대처가 가능하다는 점이 큰 특징이라고 할 수 있다. ⑤ 프로그램의 개발 시에는 논리적인 연결이 필요하고, ⑥ 프로그램 개발 과정에는 개발자의 전문성이 요구된다.

2. 청소년 프로그램 개발의 접근방법으로는 ① 순서대로 차근차근 프로그램을 개발해 나가는 전통적 합리주의적 접근방법, ② 프로그램 개발자와 참여자 간의 상호작용을 강조하는 자연주의적 접근방법, ③ 환경과 조직의 관계, 프로그램 수행기관, 참여자, 환경과의 상호작용을 중시하는 체제적 접근방법, ④ 프로그램 개발 구성의 절차적 요소를 강조하는 것을 비판하는 비판적 실천 접근방법이 있다.

3. 청소년 프로그램 개발의 접근원리는 다음과 같다. ① 선형적 접근은 단계별로 개발해 가는 방법으로 마지막 단계에서 개발이 완료되는 것이다. ② 비선형적 접근은 여러 과정이 동시에 이루어지면서 각 단계가 계속적으로 순환하는 특징을 갖는다. ③ 통합적 접근은 프로그램 개발에 영향을 미치는 모든 요인을 종합적으로 고려하는 방법이다. ④ 비통합적 접근은 프로그램 참여자를 고려하지 않고 프로그램 실행기관이나 프로그램 개발자가 독자적으로 프로그램을 개발하는 방법이다.

 참고문헌

김진화(2001). 평생교육 프로그램 개발론. 서울: 교육과학사.

신용주(2017). 평생교육 프로그램 개발론. 서울: 학지사.

윤옥한(2017). 평생교육 프로그램 개발: 이론과 실제. 경기: 양서원.

이해주 · 최운실 · 권두승(2002). 평생교육 프로그램 개발. 서울: 한국방송통신대학교 출판문화원.

한국청소년개발원 편(2009). 청소년 프로그램 개발 및 평가론. 경기: 교육과학사.

Kowalski, T. J. (1988). *The organization and planning of adult education.* State University of New York Press.

제3장

청소년 프로그램 개발모형

학습개요

　　청소년에게 프로그램은 매우 중요하다. 청소년은 청소년 프로그램을 통해서 인격적 존재로서의 성장과 사고의 확대를 이끌어 냄과 동시에 조화롭고 균형적인 삶을 위해서 갖춰야 할 능력을 깨닫고 개발해 나갈 수 있다. 청소년지도에 있어서도 프로그램을 어떻게 개발하고 편성하느냐 하는 것이 성패의 열쇠가 된다.

　　청소년 프로그램 개발은 주먹구구식으로 이루어지는 것이 아니라 명확하게 구조화된 절차에 의해 이루어져야 한다. 하지만 청소년 프로그램은 그 적용 범위가 목적과 유형, 이론적 접근, 대상, 장소, 제반 여건 등에 따라 달라지는 광범위하고 창의적인 활동이기에 일률적인 개발모형을 제시하는 것은 쉽지 않다. 따라서 청소년 프로그램 개발에 보편적으로 적용되는 모형을 살펴보고 각 모형들의 특징을 이해할 필요가 있다.

　　이를 위해 먼저 선형적 모형과 비선형적 모형, 통합적 모형과 비통합적 모형에 대해 확인해 보고, 추가적으로 ADDIE모형과 논리모형에 대해 살펴보고자 한다. 이러한 과정을 통해 청소년지도현장에서 적용할 수 있는 프로그램 개발모형에 대해 논의하고자 한다.

프로그램 개발모형은 프로그램을 개발하는 과정 중에 단계적으로 진행해 나가야 할 절차를 명확하고 체계적으로 제시해 주는 개념 틀을 의미한다(김진화 · 정지웅, 2000). 프로그램 개발에 있어서 프로그램 개발모형은 중요하다. 왜냐하면 프로그램 개발은 주먹구구식이나 짜깁기 식으로 이루어져서는 안 되고 체계적이고 논리적으로 개발되어야 하기 때문이다.

하지만 청소년 프로그램은 그 적용 범위가 목적과 유형, 이론적 접근, 대상, 장소, 제반 여건 등에 따라 달라지는 광범위하고 창의적인 활동이기에 일률적인 개발모형을 제시하기는 쉽지 않다. 이 장에서는 제2장에서 제시한 선형적 · 비선형적 · 통합적 · 비통합적 청소년 프로그램 개발의 접근원리를 토대로 구성한 선형적 모형과 비선형적 모형, 통합적 모형과 비통합적 모형에 대해 살펴보고 청소년지도현장에서 적용할 수 있는 프로그램 개발의 통합모형에 대해 논의하고자 한다(김종명 · 구재관 · 김성철 · 김명근 · 김재원 · 신기원 · 이순호 · 현영렬, 2014; 천정웅 · 김경준 · 김세광 · 김윤나, 2015; 한국청소년개발원 편, 2009). 또한 추가적으로 교수설계모형인 ADDIE모형과 프로그램 개발 및 평가 모형 중 하나인 논리모형(logic model)에 대해 소개하고자 한다.

01 선형적 모형과 비선형적 모형

1) 선형적 모형

선형적 모형은 프로그램 개발을 위한 접근방법 중 가장 일반적으로 활용되며, 프로그램 개발을 단선적으로 일어나는 현상으로 전제하여 그 과정을 단계별로 세분화하여 프로그램을 개발하는 모형이다. 이 모형은 마치 케이크를 굽는 사람이 기존에 신뢰하고 있는 제조법을 그대로 따라 하는 것처럼 한 단계가 마무리된 후에 비로

[그림 3-1] 선형적 모형

*출처: 김종명 외(2014).

소 다음 단계에 수행될 절차가 연속적으로 진행된다. 본 모형이 가장 많이 활용되는 이유는 단계마다의 과업이 명확하고 단순하여 안정감을 가지기 때문이다.

프로그램 개발자는 잠재적 프로그램 이용자의 요구들을 사정하여 우선순위에 의한 최종 요구를 확정 지은 후, 그것을 목적 및 목표로 전환시켜 설정·진술하고 이를 달성하는 데 필요한 구체적인 내용들을 선정·조직하는 등의 설계를 한다. 내용 전개를 위해 필요한 인적·물적 자원과 시설을 확보하며 지역사회에 프로그램 마케팅을 실시하여 이용자를 확보한 후, 프로그램을 실행한다. 하지만 이 모형은 조직과 외부환경을 정적인 것으로 가정하고 있다는 것이 단점이다. 현실적으로 보면 모든 조직과 외부환경은 역동적이어서 선형적 모형에 의해 개발된 프로그램은 제반 변화에 대처할 수 있는 유연성이 부족하다.

2) 비선형적 모형

선형적 모형이 각 단계에서 하나의 절차만이 수행되는 것에 비해 비선형적 모형은 동시에 여러 개의 절차가 이루어져 시간 계열상의 제약을 받지 않으며 각 단계가 계속적으로 순환되는 특징을 가지고 있다.

비선형적 모형은 선형적 모형에서처럼 프로그램을 획일적인 절차에 의해 개발되는 것이 아니라 개발자의 풍부한 경험을 통해 얻은 독특한 개발기법이 적용된다. 이

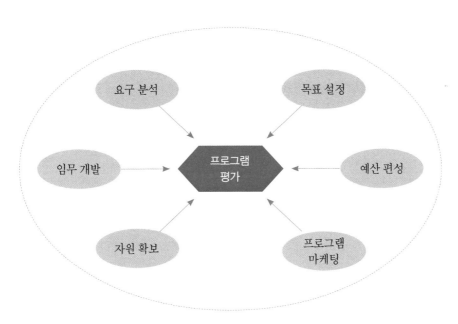

[그림 3-2] 비선형적 모형

*출처: 한국청소년개발원 편(2009).

모형은 다른 모형들에 비해 시간과 자원의 분배 측면에서 개발자의 재량에 의해 조정될 수 있기 때문에 융통성이 보다 많이 부여된다는 장점이 있다. 하지만 개발자의 전문적인 능력을 특히 중시하기 때문에 다른 모형에 비해 사용하기 어렵다. 비선형적 모형에서 프로그램 평가는 중심핵이 되는데 각 단계마다 적절한 평가활동이 되풀이되어 피드백된다. 이러한 이유 때문에 선형적 모형에 비해 훨씬 더 어렵고 더 많은 자원을 필요로 하며 프로그램 개발에 상당한 능력과 전문성이 요구된다.

02 통합적 모형과 비통합적 모형

1) 통합적 모형

통합적 모형은 프로그램 개발에 영향을 미치는 요인들을 종합적으로 고려하는 방식으로 체제분석모형이라고 하며, 이러한 체제분석과정을 활용하여 프로그램을

45

개발하는 접근방법을 말한다. 이 모형은 모든 조직의 프로그램 개발에 적용될 수 있는데 주로 투입과 산출, 외부환경과의 상호작용 등을 주변요인으로 설정하여 프로그램을 개발한다. 통합적 모형에서의 프로그램 개발방법은 총체적이고 분석적이기 때문에 개발 과정이 복잡하고 개발자들의 전문적인 능력을 필요로 하지만, 다른 모형에 비해 개발오류를 최소화시킬 수 있다는 장점이 있다. 이 모형은 프로그램 개발에 있어 우선 프로그램 이용자와 관련된 다양한 요인, 즉 요구 및 문제 등을 충분히 고려하고 조직의 목표와 자원, 정책 등도 충분히 반영한다.

통합적 모형은 여러 형태의 조직에서 활용이 가능하며 프로그램 개발자가 새로운 프로그램을 개발하거나 기존의 프로그램을 개선하는 데 보다 적절하게 사용될 수 있다. 이러한 접근방법은 과학적인 분석을 근거로 프로그램을 개발하기 때문에 비통합적 모형에 의해 개발된 프로그램보다 그 타당성이 높다.

2) 비통합적 모형

비통합적 모형은 프로그램을 새롭게 개발하기보다는 다른 조직의 프로그램을 거의 그대로 모방하는 방법을 말한다. 즉, 프로그램 개발자가 프로그램 개발 과정에서 기존에 어딘가에 존재하는 다른 프로그램을 차용하여 모방하는 방식을 취한다. 이 모형에서는 대체로 프로그램 기획과정에서 잠재적 프로그램 이용자를 참여시키지 않는다. 프로그램 이용자들의 요구나 의견을 따로 수렴하지 않고 조직 또는 개발자에 의해 일방적으로 프로그램이 개발되고 제시된다. 따라서 이 모형의 가장 뚜렷한 특징 중 하나는 고립성을 가진다는 것이다. 이는 잠재적 프로그램 이용자의 참여와 집중을 제한시키는 형태로 프로그램 개발이 진행된다는 의미이다.

프로그램 개발을 위한 비통합적 모형은 다음과 같은 장단점을 가지고 있다. 장점으로는, 첫째, 프로그램 개발에 대한 깊은 지식이 없는 사람도 쉽게 프로그램을 개발할 수 있다. 둘째, 시간과 비용 및 노력을 절약할 수 있다. 셋째, 미비한 계획을 쉽게 개정하거나 수정할 수 있다. 넷째, 지역사회와 사람들의 특성 및 제반 조건이 유사한 경우에는 프로그램 결과를 예측할 수 있다. 반면에 단점으로는, 첫째, 비통합적 모형에서는 프로그램 참여자의 흥미와 필요를 왜곡하거나 부정할 수 있다는 한계를 갖는다. 둘째, 참여자를 배제한 프로그램 개발이기 때문에 현실성이 부족하고 장기적으로 지속되기 어렵다.

 ## 03 프로그램 개발의 통합모형

청소년지도현장에서 활용할 수 있는 프로그램 개발의 통합적 모형을 제시하면 다음과 같다. 이 모형은 프로그램 개발의 거시적 범위를 프로그램 기획, 프로그램 설계, 프로그램 마케팅, 프로그램 실행, 프로그램 평가 이렇게 총 5개의 단계로 설정하여 각 영역에서 수행되어야 할 다양한 절차에 대해 체계적으로 정리하였다.

1) 프로그램 기획

프로그램 기획은 프로그램 개발의 네 개의 하위과정 중에서 첫 번째 과정의 미래지향적인 활동으로 프로그램 개발자가 프로그램과 관련된 상황을 분석하고 프로그램 개발에 기본방향을 설정하는 단계를 말한다. 프로그램 개발자가 프로그램 기획과정을 어느 정도 충실하게 준비하느냐에 따라 앞으로 개발될 프로그램의 질뿐만 아니라 프로그램 개발이 체계적ㆍ논리적ㆍ객관적으로 이루어질 수 있다. 이 때문에 프로그램 기획을 일컬어 프로그램 개발의 반석이라 한다.

프로그램 기획에는 프로그램 개발팀 구성, 청소년기관 분석, 청소년 특성 분석, 프로그램 개발 타당성 분석, 프로그램 개발 기본방향 설정, 프로그램 아이디어 창출, 청소년의 요구 및 필요 분석, 우선순위 설정 등이 포함된다.

2) 프로그램 설계

프로그램 설계는 청소년의 요구와 프로그램 개발의 기본방향에 맞게 프로그램의 목적과 목표를 설정하고 이와 관련된 프로그램 내용을 선정ㆍ조직하고 지도방법을 체계화시켜 활동매체를 개발하는 단계를 말한다. 이 단계에서는 프로그램의 형태에 따라 접근방식이 달라지기 때문에 프로그램 설계는 가장 많은 노력과 인내가 필요하며, 가장 정교해야 한다.

프로그램 설계에는 프로그램 목적·목표 설정, 프로그램 내용 선정, 프로그램 내용 계열화, 활동체계 설계, 활동내용 설계, 활동운영 설계, 활동매체 개발 등이 포함된다.

3) 프로그램 마케팅

프로그램 마케팅이란 프로그램에 잠재적 참여자의 참여를 유도하고 촉진시키기 위해 취해지는 조치를 말한다. 프로그램 설계가 완료되면 프로그램 개발자는 잠재적 참여자들의 프로그램 참여를 유도하고 촉진하는 데 관심을 기울여야 한다. 청소년기관들은 잠재적 참여자들의 프로그램 참여를 유도하기 위해 여러 가지 조치를 취하게 되는데 이것을 포괄적으로 지칭하는 것이 프로그램 마케팅이다. 프로그램 마케팅과 유사한 용어로 협의적 의미인 진흥과 모집, 광고, 홍보 등이 있는데 이들의 공통점은 잠재적 참여자의 프로그램 참여에 관심을 갖는다는 것이다.

프로그램 마케팅에는 잠재적 참여자 맵핑, 프로그램 마케팅 방법 및 기법 결정, 프로그램 마케팅 자료 및 매체 제작, 프로그램 마케팅 실행 등이 포함된다.

4) 프로그램 실행

프로그램 실행이란 완성된 프로그램을 실제 적용하고 전개하는 단계를 말한다. 설계가 완료된 프로그램은 실행 및 운영과정을 거치지 아니하면 그 가치를 판단할 수 없다. 청소년 프로그램이 실행된다는 것은 컴퓨터 프로그램처럼 자동적으로 작동되는 것이 아니라 프로그램에 관련된 청소년, 청소년지도사, 운영요원 등의 의도적인 노력에 의해 가능하다. 실제 청소년지도현장에서 프로그램의 실행은 청소년지도사의 행위와 청소년의 학습행위, 운영요원의 운영 및 관리 행위가 있어야 가능하다.

프로그램 실행 단계에는 청소년 관리(등록·학습·참여), 지도자 관리(섭외·교수·촉진), 활동자료 관리(교재·매뉴얼·매체), 자원 확보 및 관리(물적·시설 자원) 등이 포함된다.

5) 프로그램 평가

프로그램 평가란 일정기간 동안 실시된 청소년 프로그램을 대상으로 프로그램이 의도한 대로 제대로 잘 수행되었는지를 판단하는 과정을 말한다. 프로그램 개발자는 프로그램을 완성한 후에 실행한 결과에 근거하여 지속적으로 프로그램을 개선

[그림 3-3] 프로그램 개발 통합모형

*출처: 한국청소년개발원 편(2009).

해 나가야 한다.

프로그램 평가 단계에는 프로그램 평가 목적설정, 프로그램 평가 영역 및 준거 확인, 프로그램 평가 지표 및 도구 개발, 프로그램 평가자료 수집 및 분석, 프로그램 평가보고 및 개정 등이 포함된다.

ADDIE모형

ADDIE모형은 체제적 교수설계 이론에 기반을 두고 있으며 가장 널리 활용되고 있는 모형 중 하나이다. 대부분의 현존하는 교수설계모형들은 ADDIE모형에서 파생된 것이거나 이를 변형시킨 모형들이다. 일반적으로 교수설계는 교수—학습에서 기대되는 학습의 성과를 달성하기 위하여 최적의 학습과정을 처방하는 데 관심이 있는 학문 분야를 가리킨다. 또한 교수설계는 교수활동의 전개 과정을 최적의 조건으로 구성함으로써 교수효과를 증진시키기 위한 교수계획 수립활동이다.

청소년들의 프로그램을 운영하는 것 역시 일정한 목표를 달성하기 위해 이에 대한 적절한 과정을 전개해 가는 것이므로 ADDIE모형은 청소년 프로그램 개발에 적용하기 적절한 모형이라 할 수 있다. ADDIE모형은 분석(Analysis), 설계(Design), 개발(Development), 실행(Implementation), 평가(Evaluation)의 단계를 따르는데 이 단계들은 모두 유기적으로 연관되어 있으며, 이 모형은 다섯 가지 특성을 가지고 있다(조규필·진은설·현안나·박현진·안은민·김수진, 2015). 첫째, 체계적(systemic)이다. 구조적으로 조직된 신뢰성 있는 체계로 각 구성요소들 간에 상호의존성이 높다. 둘째, 체제적(systematic)이다. 각 단계가 논리적인 순서로 구성되어 있으며, 입력—처리—출력—피드백을 갖춘 모형이다. 셋째, 순환적(interactive)이다. 각 단계를 반복하여 진행함으로써 각종 문제나 위험을 파악하여 순환적으로 분석하고 수정·보완할 수 있다. 넷째, 경험적(empirical)이다. 현장에서 수집된 실제적인 자료 중심으로 이루어진다. 다섯째, 신뢰할 수 있다(reliable). 각 단계들이 특정한 교수설계자나 장소 등에 상관없이 동일하게 수행될 수 있기 때문이다. 구체적으로 ADDIE모형의 각 단계를 살펴보면 다음과 같다(강다연, 2019; 박진애, 2018; 조규필 외, 2015).

1) 분석단계

분석단계는 교수설계의 가장 초기 단계로서 학습내용을 정의하고 조직적으로 계획을 결정하는 단계이며, 설계를 위한 임무와 비전, 내용과 가능성 등이 이 단계에서 결정된다. 이 단계에서 프로그램 개발자는 교수설계를 위한 요구분석을 수행해야 한다. 요구분석은 프로그램에 영향을 미치는 여러 가지 요인과 제약 요건을 규명하여 합리적으로 프로그램을 설계 및 개발하는 데 도움이 되는 요구사항을 관리·수행하는 활동이라고 할 수 있다. 요구분석이 중요한 이유는 프로그램의 타당성을 미리 검증하여 시간과 비용을 절약할 수 있기 때문이다. 이를 통하여 문제를 규명하고 해결할 수 있는 방안을 모색해야 한다.

명확한 요구분석을 실시하기 위해서는 목표를 설정하기 위한 특정 지식과 기능, 상황에 대한 '현재의 상태'와 현재의 상태를 극복하여 도달하고자 하는 '바람직한 상태'와의 차이 요구를 규명해야 하며, 이를 기반으로 분석을 실시해야 한다. 분석단계에서는 학습자 분석, 환경 분석, 직무 및 과제 분석이 추가적으로 이루어진다. 학습자 분석은 학습자의 특성을 파악하고, 학습자가 필요로 하는 것과 기대되는 것이 무엇인지를 파악하는 것으로 나이, 성별, 경험 등의 일반적 특성과 학습 능력 및 학습자들이 선호하는 학습양식을 분석하는 것이다. 환경 분석은 학습이나 교수에 영향을 미치는 교수매체, 컴퓨터기반 환경 등 교육에 실제 사용할 수 있는 물적 자원과 학습공간의 물리적 환경을 분석하는 것이다. 직무 및 과제 분석은 교수 및 학습자가 목표를 달성하기 위해 필요한 지식, 기능, 태도 등을 파악하고 분석하는 것이다.

2) 설계단계

설계단계는 분석단계에서 파악한 문제점과 산출물을 종합하여 효과적이고 효율적인 교육 프로그램을 개발하기 위한 단계로서 교수방법을 보다 구체화하는 과정이다. 설계단계에서는 수행목표의 구체화, 평가도구 설계, 교수전략 수립 및 교수매체를 선정해야 한다. 수행목표의 구체화는 개발하고자 하는 프로그램의 효과가 학습자의 수행으로 연계될 수 있도록 하는 것을 의미한다. 평가도구의 선정은 학습자의 수행척도로서 수행목표로 구체화된 지식, 기능, 태도를 학습자가 얼마나 달성했는지 평가하는 수단으로 학습자의 수행을 확인하는 과정을 의미한다. 그리고 학습내용과 활동의 제시, 경험순서의 배열 등을 통해 교수전략 및 매체 선정과 프로그램의 청사진 제시가 이루어진다.

3) 개발단계

개발단계는 분석과 설계단계에서 도출한 내용을 기반으로 교수자료를 실제로 개발하고 제작하는 과정이다. 교수자료와 평가도구를 개발하기 위해서는 시청각 및 인쇄 매체 등 다양한 형태의 교수자료들이 교수설계의 효과를 높이기 위해 사용된다. 최종자료를 개발하기 위해서 초안을 제작하고 몇 차례의 검토를 거친 후 수정 및 보완하는 작업이 진행된다. 이때 전문가 및 다양한 학습자, 현장의 검토과정을 거쳐야 한다. 개발된 프로그램의 타당성을 위한 검토과정에서는 개발된 교수-학습자료와 매체가 목표 달성에 적합한지, 개발된 평가도구가 목표와 일관성이 있는지, 개발된 자료가 학습자의 수준이나 특성에 적합한지를 예비조사 등을 통해 확인해야 한다. 이러한 과정을 거쳐 최종적으로 도출한 교수자료는 목표와 내용에 적합한지를 포함하여 프로그램의 개발 비용, 사용 기간, 활용성, 형성평가 결과가 반영되어 수정되었는지 등을 확인해야 한다.

4) 실행단계

실행단계에는 설계·개발된 프로그램을 실제 현장에 적용하고 이를 교육과정에 설치하여 계속적으로 유지하고 변화·관리하는 활동이 포함된다. ADDIE모형에서 실행은 두 가지 의미를 지닌다. 첫째, 개발 과정 중 평가단계 이전에 개발된 모듈의 초안을 실행해 보는 프로토타입 테스트(prototype test)를 의미한다. 둘째, 평가단계까지 종료된 후 설계 및 개발된 프로그램을 실제로 현장에 적용하고 이를 교육과정에 반영하여 계속 유지하고 변화·관리하기 위한 활동을 수행하는 단계이다.

5) 평가단계

평가단계는 실행과정에서의 모든 결과를 평가하는 단계이다. 평가결과는 교수체제를 수정하는 순환적 절차를 위해서도 활용된다. 구체적으로 살펴보면 평가는 두가지 유형으로 구분된다. 먼저, 형성평가는 분석·설계·개발 과정을 통하여 개발된 교수-학습 자료의 효과성·효율성과 매력성을 종합적으로 평가하여 점검하고, 문제점이 발견되면 수정하는 평가 과정으로 이를 통하여 프로그램의 질적 개선을 도모할 수 있다. 그다음으로 총괄평가는 프로그램이 개발되어 실행된 이후 프로그램의 가치를 판단하기 위해서 효과성·효율성·매력성을 종합평가하여 해당 프로그램의 계속적인 사용여부, 프로그램의 문제점 파악 및 수정사항에 대해서 결정하는 평가이다.

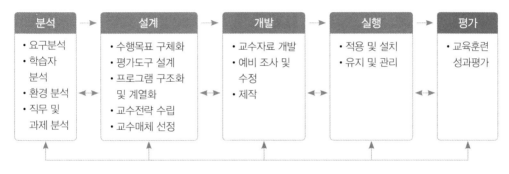

[그림 3-4] ADDIE모형

*출처: 최영휴(2017).

6) ADDIE모형을 활용한 프로그램 개발모형

ADDIE모형의 설계순서를 활용하여 프로그램 개발을 할 경우 참고할 만한 자료를 [그림 3-5]에 제시하였다. 본 자료는 조규필 등(2015)이 연구한 '학교 밖 청소년 자기계발 프로그램 운영모형 개발' 보고서에서 발췌하였다. 이 프로그램은 ADDIE모형과 다음에 설명할 논리모형을 접목하여 개발한 프로그램으로서 2개 이상의 프로그램 개발모형을 적용하여 프로그램을 개발하는 데 참고할 만한 유용한 사례이다.

[그림 3-5] ADDIE모형을 활용한 프로그램 운영모형 개발절차

다음 [그림 3-6]에 제시된 모형은 ADDIE모형과 논리모형을 접목하여 개발한 학교 밖 청소년 자기계발 프로그램 운영모형으로서 위탁형과 센터형 두 가지의 형태로 운영할 수 있도록 개발된 프로그램 운영모형이다.

[그림 3-6] 학교 밖 청소년 자기계발 프로그램 운영모형

05 논리모형

논리모형(logic model)은 프로그램 개발 및 평가 모형으로서 프로그램을 수행하는 이유, 즉 계획하는 프로그램의 수행하려는 목표, 해결하고자 하는 문제와 프로그램의 주요 요소들 간의 논리적 관계를 나타내는 도식과 설명을 의미한다(박지영, 2005). 이러한 논리모형은 프로그램의 개발·평가 시에 적용될 수 있는 준거틀로서 프로그램 평가를 위해 사용될 뿐만 아니라 기획, 설계, 관리, 소통의 중요한 수단이자 핵심이다(이석민, 2011).

논리모형은 프로그램의 로드맵(road map), 즉 프로그램 개발과 개입을 한눈에 볼 수 있게 해 주는 지도라고 할 수 있다. 논리모형은 프로그램에 무엇이 투입되었는지, 어떤 활동을 했는지, 그 결과가 무엇인지에 대해 시각적으로 표현해 낼 수 있다. 따라서 프로그램 운영자들이 프로그램에 대해 가지고 있는 가정(논리)을 발견할 수 있게 도와줄 수 있고 프로그램 관계자들의 대화를 촉진하는 도구로서도 유용하다 (유영덕, 2012).

논리모형에서 중요한 것은 개입을 요하는 문제나 상황에 대한 분석, 프로그램의 투입, 산출, 그에 따른 성과에 대한 논리적인 관계가 반드시 포함되어야 한다(김영종 · 권순애, 2003). 일반적으로 논리모형은 참여자의 특성, 프로그램의 구성요소, 관련된 활동, 의도한 결과 등을 논리적으로 나열하여 제시한다. 이 모형은 프로그램의 과정과 성과를 간결하게 표현할 수 있어서 많은 연구자들에 의해 활용되고 있다(이봉주 · 김예성 · 임정임, 2009).

1) 논리모형의 구성요소

논리모형은 보통 상황, 투입, 활동, 산출, 성과(결과) 총 5개의 요소로 구성된다. 본 교재는 이석민(2011)의 내용을 토대로 5개의 요소 외에 가정과 맥락 · 문화적 요인을 추가하여 총 7개의 요소에 대한 설명을 제시하였다.

(1) 상황
상황(situations)은 문제와 이슈가 무엇인지를 기술하는 단계로서 모든 것의 기초를 이룬다. 상황을 더 잘 이해하고 문제를 정확히 분석할수록 논리모형의 개발은 더 쉬워진다. 일단 이런 상황과 문제가 충분히 분석되면 우선순위가 설정될 수 있다. 이때 우선순위 설정은 요구사정(needs assessment)에 의해 이루어진다. 여기에 영향을 미치는 요인들로는 미션, 가치, 자원, 전문성, 경험, 역사, 상황지식, 이해관계자 개입 등이 있다.

(2) 투입
투입(inputs)은 프로그램 자원으로서 프로그램 운영자, 자원봉사자, 연구기반, 프로그램 운영 장비, 프로그램 운영 기술 등이 있다. 프로그램 실행은 투입, 즉 자원에

달려 있다.

(3) 활동

활동(activities)은 프로그램의 활동요소들로서 기대되는 결과를 얻기 위한 변화의 과정이며, 주로 교육, 훈련, 워크숍 개최, 서비스 전달, 상담 제공, 미디어 홍보 등이 있다.

(4) 산출

산출(outputs)은 프로그램 전달의 가시적인 성과로서 프로그램의 활동과 투입에 의해 결정된다. 주로 프로그램 참가 및 이수자 수, 개발된 생산물 또는 교재, 참여자 만족도 등을 들 수 있다.

(5) 결과

프로그램 실행에 의해 예상되는 직접적인 결과(outcomes)나 이익으로서 단기결과, 중기결과, 장기결과로 나뉜다. 단기결과는 주로 학습에 의한 인식, 지식, 기술, 태도, 열망, 동기 등의 변화를 의미한다. 중기결과는 행동의 변화를 의미하며, 행위와 실행, 결정, 정책, 사회적 행동 등의 변화가 있다. 초기결과에서 지식과 기술 등을 학습하였다면 중기결과에서는 습득된 지식과 기술의 사용을 의미한다. 장기결과는 실제적 이익으로서 사회적·경제적·환경적·제도적 변화를 의미한다. 흔히 표출되는 영향은 장기결과를 의미하기도 하며 때로는 장기결과 이후의 궁극적인 변화를 의미하기도 한다.

(6) 가정

가정(assumptions)은 개입된 사람들이나 프로그램에 관한 믿음, 프로그램이 어떻게 작동할 것이라고 예상하는 과정을 의미한다. 이 가정은 연구와 경험에 의해 검증되며, 프로그램 작성에 영향을 미친다. 모든 프로그램과 논리모형에는 이러한 가정들이 내재되어 있다.

(7) 맥락 · 문화적 요인들

맥락 · 문화적 요인들(contextual cultural factors)은 프로그램 전달과 성공에 영향을 미치거나 간섭하는 요인들로 정의된다. 요인들로는 역사, 문화적 환경, 기후, 경제구조, 주거형태, 인구패턴, 정치환경, 참여자의 배경과 경험, 미디어 영향, 변화되는 정책과 우선순위 등이 있으며 이들은 프로그램과 서로 영향을 주고받으며 상호작용을 한다.

2) 논리모형의 유형

논리모형은 기획의 성격에 따라 세 가지 유형으로 분류할 수 있다(김영종 · 권순애, 2003).

첫째, 이론적 접근유형이다. 이 유형은 프로그램의 아이디어를 탐구하고 개입이론을 설명해 준다. 프로그램의 존재이유를 설명할 수 있게 하는 문제나 이슈들을 다루고 해결전략을 선택하기 위한 근거를 제시한다. 이것은 기획자가 프로그램 효과성에 영향을 주는 요인들을 확인할 수 있도록 하며 이 프로그램이 왜 실행되어야 하며, 어떻게 실행되어야 할 것인가에 대한 큰 그림을 보여 준다.

둘째, 성과접근유형이다. 이 유형은 실행 가능한 프로그램 안에서 기대되는 결과에 대해 자원과 활동을 연결해 주는 것에 초점을 둔다. 또한 단기, 중기, 장기의 성과와 영향을 나타내며 프로그램의 모니터링과 평가를 위해 활용된다.

셋째, 활동접근유형이다. 이 유형은 프로그램 수행과정에서 다양하게 계획된 활동들을 연계해 준다. 프로그램의 모니터링과 관리의 목적을 위해 수행되어야 하는 것이 무엇인지 보여 주며 프로그램 활동에 대한 주요한 정보를 제공한다.

이러한 유형들은 프로그램과 관련된 내 · 외부자들의 성격에 따라 다르게 활용된다. 프로그램 기획과정에서 내부의 기획자나 프로그램 관리자들은 세 가지 유형을 복합적으로 사용한다. 하지만 외부의 자원제공자나 정책결정자들에게는 성과접근유형이 중요하게 활용된다.

논리모형은 먼저 잠재적 프로그램 참여자의 문제와 요구가 포함된 상황에 대한 묘사를 한다. 그다음에 기대되는 성과를 추정한다. 이러한 과정은 다섯 단계를 거치면서 더욱 구체화된다.

① 1단계(최근 정보 수집): 프로그램을 새로이 개발하거나 수정하기 위해서는 다양한 원천으로부터 정보를 수집하는 것이 필수적이다. 정보들은 서베이, 인터뷰, 주요 정보제공자들과의 만남, 문헌 검토 등 다양한 방법을 통해서 수집될 수 있다.

② 2단계(문제 규정): 문제를 위해 요구를 명확히 규정하는 것은 모든 논리모형의 기본이다. 프로그램은 문제와 요구를 이해하는 데서 출발한다. 이해에 대한 기술은 문제를 직접 경험한 사람들과 문제를 야기하는 요인들을 포함해야 한다. 요인들은 프로그램이 목적을 달성하기 위해 무엇을 해야 할지를 제시해 준다. 또한 목표를 이루기 위해서 어떤 내·외부 자원들이 필요한지도 알려 준다.

③ 3단계(논리모형의 요소 규정): 논리모형의 구성요소인 투입, 산출, 단기성과, 중기성과, 장기성과의 논리적인 추정이 이루어지는 단계이다. 이 단계에서 구성요소들이 분류되어 작성된다면 앞서 수집된 정보를 근거로 프로그램 실행 모형을 세울 수 있다. 즉, 프로그램의 핵심이 무엇인지 확인할 수 있다.

④ 4단계(논리모형 제작): 논리모형은 수행과정에서 나타나는 논리적인 흐름과 연계를 나타낸다. 논리모형은 자원, 활동, 성과들이 모형 안에서 서로 논리적으로 연관되어야 한다. 논리모형은 일반적으로 상황, 투입, 활동, 산출, 성과 순으로 기술된다.

⑤ 5단계(검증하기): 논리모형을 확인하기 위한 가장 좋은 방법은 가설로서 프로그램 논리를 기술하는 것이다. 즉, 'if-then'으로 프로그램의 요소들을 규정하는 것이다. 핵심적인 요인들은 '가설이 성공적일 것이다'라는 것을 전제로 제공된다. 가설은 예를 들어 다음과 같이 기술할 수 있다. '(if) 자원이 투입되면 (then) 프로그램 활동이 ~ 이루어질 것이다.' 혹은 '(if) 프로그램 활동이 ~ 되면(then) 단기, 중기, 장기 성과가 나타날 것이다.'

3) 논리모형의 작성방법

논리모형의 작성방법으로 여러 방법이 제시되고 있다. 대표적으로는 장기결과에서 시작하여 역순으로 작성하는 방법, 투입(자원)에서 순방향으로 시작하는 방법, 혼합형 방법 등이 있다(이석민, 2011). 첫 번째 방법은 장기결과가 무엇인지, 최종목적이 무엇인지, 프로그램 결과로 프로그램 대상이 어떻게 달라지는지 등을 우선 살펴야 한다. 두 번째 방법은 논리모형의 역순으로 중 · 단기결과−산출−활동−자원−가정−맥락 · 문화적 요인 등의 순서로 모형 작성을 진행한다. 또는 이와는 반대로 현재 가지고 있는 자원의 파악에서 시작하여 순방향으로 작성하는 방법이다. 이는 '만약(if) ~라면, 그러면(then) ~가 일어날 것이다.'라는 가설을 통해 진행하거나 또는 왜(why)라는 질문을 던지며 순방향으로 작성을 하는 방법이다. 세 번째 방법은 혼합형 방법으로 문제/이슈 등의 상황 파악 및 우선순위 설정의 요구사정을 먼저 수행하고 그 이후에 결과, 산출, 활동, 투입 등의 역순으로 모형을 작성해 나가는 방법이다.

4) 논리모형과 평가

논리모형을 이용한 평가에서 제일 중요한 것은 '평가 표준틀'로서 이는 실질적인 평가를 수행하기 위한 지침 기준이 된다. 기준내용으로는 정보사용자에게 필요한 정보를 제공하는 유용성, 현실적이고 분별 있어야 하는 실행가능성, 법적 · 윤리적으로 행동해야 하는 적절성, 기술적으로 정확한 정보를 전달해야 하는 정확성 등이 있다. 논리모형을 이용한 평가 설계에서 주목할 점은 '평가 질문'과 그에 따른 '지표 작성'이다. 특히 주의할 부분은 참여자의 만족으로 이는 프로그램 평가에서 매우 필요한 부분이지만 평가를 위한 충분조건은 아니다. 참여자는 스태프의 전문성, 편의성, 시기적절함, 서비스의 적절성 등에 만족할 수는 있지만 이것이 학습을 통해 이익을 얻거나 조건이 개선되었다는 것을 의미하는 것은 아니다.

모든 프로그램에서 성과를 측정하는 가장 중요한 수단인 지표는 지표로서 갖추어야 할 기준이 있다. 첫째, 직접성이다. 예를 들어, 10대 흡연감소가 목적이면 최적의 지표는 10대 흡연자 수나 비율로 측정해야지, 금연상담을 받은 흡연자 수나 비율이 되어서는 안 된다. 왜냐하면 이와 같은 산출은 결과를 직접적으로 보여 주는 것이 아니기 때문이다. 그러나 시간과 자원의 제한이 있을 경우 대리 또는 간접적 측정방법을 사용할 수는 있다. 둘째, 구체성이다. 지표에는 프로그램 내용, 시기, 대상자 등을 모두가 이해할 수 있도록 구체적으로 제시되어야 한다. 셋째, 유용성이다. 지표는 프로그램을 이해하고 개선할 수 있도록 필요한 정보를 제공해야 한다. 넷째, 현실성이다. 지표를 위한 데이터 수집비용이 정보의 유용성을 넘지 않게 합리적이어야 한다. 다섯째, 문화적 적합성이다. 어떤 문화에는 의미가 있는 지표가 다른 문화에서는 의미가 없을 수 있음을 고려해야 한다. 여섯째, 적절성이다. 지표의 수는 자료와 필요정보에 따라 달라지지만 보통은 1개 이상 5개 이하가 적합하다. 또한 긍정적 지표뿐만 아니라 부정적이고 위험한 지표들도 포함되어야 한다(이석민, 2011).

5) 프로그램 개발 논리모형

논리모형을 활용하여 프로그램 개발을 할 경우 참고할 만한 모형을 제시하였다. 첫 번째로 제시한 모형은 이석민(2011)이 연구한 '프로그램 논리모형(logic models)의 적용과 사용에 관한 연구—간접흡연제로! 서울 평가지표 개발연구 사례를 중심으로'의 보고서에서 발췌하였다([그림 3-7] 참조). 두 번째로 제시한 모형은 논리모형을 적용하여 실제로 개발한 모형으로서 이봉주 등(2009)이 연구한 '학교폭력예방 프로그램 개발 및 효과성 평가 연구—논리모형에 기반하여'의 보고서에서 인용하였다([그림 3-8] 참조).

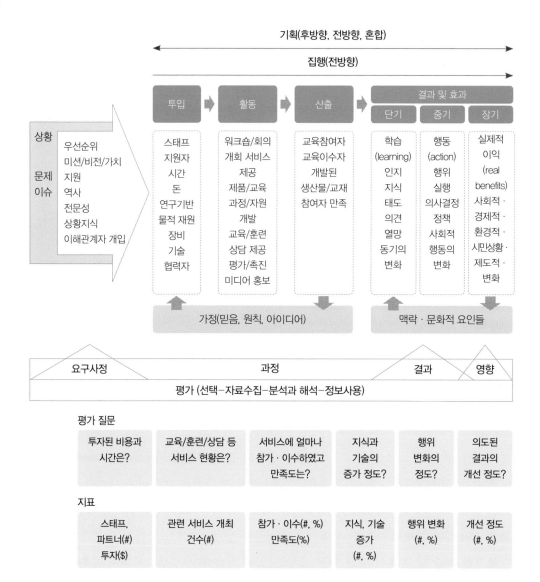

기획(후방향, 전방향, 혼합)

집행(전방향)

투입	활동	산출	결과 및 효과		
			단기	중기	장기

상황

문제
이슈

우선순위
미션/비전/가치
지원
역사
전문성
상황지식
이해관계자 개입

| 스태프
지원자
시간
돈
연구기반
물적 재원
장비
기술
협력자 | 워크숍/회의
개회 서비스
제공
제품/교육
과정/자원
개발
교육/훈련
상담 제공
평가/촉진
미디어 홍보 | 교육참여자
교육이수자
개발된
생산물/교재
참여자 만족 | 학습
(learning)
인지
지식
태도
의견
열망
동기의
변화 | 행동
(action)
행위
실행
의사결정
정책
사회적
행동의
변화 | 실제적
이익
(real
benefits)
사회적 ·
경제적 ·
환경적 ·
시민상황 ·
제도적 ·
변화 |

가정(믿음, 원칙, 아이디어)

맥락 · 문화적 요인들

요구사정	과정	결과	영향

평가 (선택−자료수집−분석과 해석−정보사용)

평가 질문

투자된 비용과 시간은?	교육/훈련/상담 등 서비스 현황은?	서비스에 얼마나 참가 · 이수하였고 만족도는?	지식과 기술의 증가 정도?	행위 변화의 정도?	의도된 결과의 개선 정도?

지표

스태프, 파트너(#) 투자($)	관련 서비스 개최 건수(#)	참가 · 이수(#, %) 만족도(%)	지식, 기술 증가 (#, %)	행위 변화 (#, %)	개선 정도 (#, %)

[그림 3-7] 프로그램 개발 논리모형

다음 [그림 3-8]에 제시된 모형은 논리모형을 적용하여 개발된 학교폭력예방시
범학교 운영프로그램의 논리모형으로서 청소년 프로그램 개발 시 참고할 만한 사
례이다.

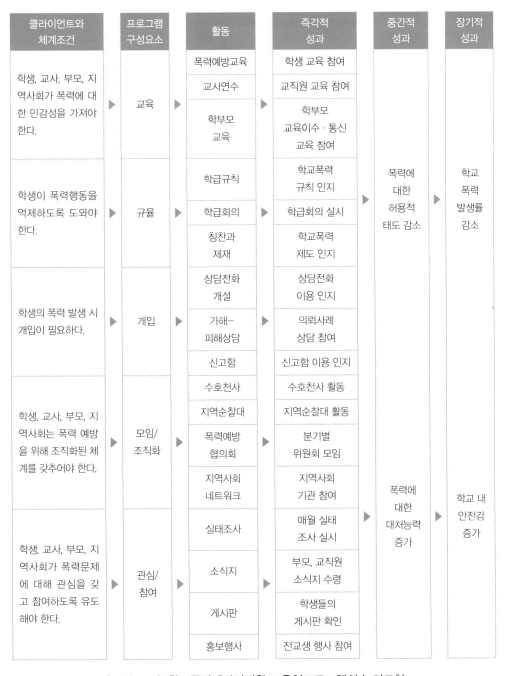

클라이언트와 체계조건	프로그램 구성요소	활동	즉각적 성과	중간적 성과	장기적 성과
학생, 교사, 부모, 지역사회가 폭력에 대한 민감성을 가져야 한다.	교육	폭력예방교육	학생 교육 참여		
		교사연수	교직원 교육 참여		
		학부모 교육	학부모 교육이수·통신 교육 참여		
학생이 폭력행동을 억제하도록 도와야 한다.	규율	학급규칙	학교폭력 규칙 인지	폭력에 대한 허용적 태도 감소	학교 폭력 발생률 감소
		학급회의	학급회의 실시		
		칭찬과 제재	학교폭력 제도 인지		
학생의 폭력 발생 시 개입이 필요하다.	개입	상담전화 개설	상담전화 이용 인지		
		가해- 피해상담	의뢰사례 상담 참여		
		신고함	신고함 이용 인지		
학생, 교사, 부모, 지역사회는 폭력 예방을 위해 조직화된 체계를 갖추어야 한다.	모임/ 조직화	수호천사	수호천사 활동	폭력에 대한 대처능력 증가	학교 내 안전감 증가
		지역순찰대	지역순찰대 활동		
		폭력예방 협의회	분기별 위원회 모임		
		지역사회 네트워크	지역사회 기관 참여		
학생, 교사, 부모, 지역사회가 폭력문제에 대해 관심을 갖고 참여하도록 유도해야 한다.	관심/ 참여	실태조사	매월 실태 조사 실시		
		소식지	부모, 교직원 소식지 수령		
		게시판	학생들의 게시판 확인		
		홍보행사	전교생 행사 참여		

[그림 3-8] 학교폭력예방시범학교 운영프로그램의 논리모형

요약

1. 선형적 모형은 프로그램 개발을 위한 접근방법 중 가장 일반적으로 활용되며, 프로그램 개발을 단선적으로 일어나는 현상으로 전제하여 그 과정을 단계별로 세분화하여 프로그램을 개발하는 모형이다. 비선형적 모형은 선형적 모형이 각 단계에 하나의 절차만이 수행되는 것에 비해 동시에 여러 개의 절차가 이루어져 시간 계열상의 제약을 받지 않으며 각 단계가 계속적으로 순환되는 특징을 가지고 있다. 비선형적 모형은 선형적 모형에서처럼 프로그램을 획일적인 절차에 의해 개발하는 것이 아니라 개발자의 풍부한 경험을 통해 얻은 독특한 개발기법이 적용된다.

2. 통합적 모형은 프로그램 개발에 영향을 미치는 요인들을 종합적으로 고려하는 방식으로 체제분석모형이라고 하며, 이러한 체제분석과정을 활용하여 프로그램을 개발하는 접근방법을 말한다. 이 모형은 모든 조직의 프로그램 개발에 적용될 수 있는데 주로 투입과 산출, 외부환경과의 상호작용 등을 주변요인으로 설정하여 프로그램을 개발한다. 비통합적 모형은 프로그램을 새롭게 개발하기보다는 다른 조직의 프로그램을 거의 그대로 모방하는 방법을 말한다. 즉, 프로그램 개발자가 프로그램 개발 과정에서 기존에 존재하는 다른 프로그램을 차용하여 모방하는 방식을 취한다.

3. 청소년지도현장에서 활용할 수 있는 프로그램 개발의 통합적 모형은 프로그램 기획, 프로그램 설계, 프로그램 마케팅, 프로그램 실행, 프로그램 평가 이렇게 총 5단계로 설정하여 각 영역에서 수행되어야 할 다양한 절차에 대해 체계적으로 정리한 모형이다.

4. ADDIE모형은 체제적 교수설계 이론에 기반을 두고 있으며 일반적으로 가장 널리 활용되고 있는 모형 중 하나로서 분석(Analysis), 설계(Design), 개발(Development), 실행(Implementation), 평가(Evaluation)의 단계를 따르며, 이 단계들은 모두 유기적으로 연관되어 있다.

5. 논리모형은 프로그램 개발 및 평가 모형으로 프로그램을 수행하는 이유, 즉 계획하는 프로그램의 수행하려는 목표, 해결하고자 하는 문제와 프로그램의 주요 요소들 간의 논리적 관계를 나타내는 도식과 설명을 의미한다. 논리모형에서 중요한 것은 개입을 요하는 문제나 상황에 대한 분석, 프로그램의 투입, 산출, 그에 따른 성과에 대한 논리적인 관계가 반드시 포함되어야 한다.

강다연(2019). ADDIE 교수설계모형의 적용을 통한 저작권 교육 프로그램 개발 및 효과분석: 중등예비교사를 대상으로. 숙명여자대학교 대학원 석사학위논문.

김영종·권순애(2003). 논리모델(Logic model): 사회복지 프로그램 기획에의 적용가능성. 사회과학연구, 209-226.

김종명·구재관·김성철·김명근·김재원·신기원·이순호·현영렬(2014). 사회복지 프로그램 개발과 평가. 경기: 양서원.

김진화·정지웅(2000). 사회교육프로그램 개발의 이론과 실제. 서울: 교육과학사.

박지영(2005). 한-미 국가 R&D 프로그램 평가의 이론적 배경 및 평가철학 비교분석. 충북: 한국과학기술기획평가원.

박진애(2018). 프로그램 에세이 교수법과 평가 시스템 개발 및 그 효과분석: ADDIE 교수설계모형을 적용하여. 창원대학교 대학원 박사학위논문.

유영덕(2012). 2012 태화복지재단 핵심사업 평가연구. 서울: 감리회 태화복지재단 태화사회복지연구소.

이봉주·김예성·임정임(2009). 학교폭력예방프로그램 개발 및 효과성 평가 연구-논리모델에 기반하여. 한국청소년연구, 20(2), 257-281.

이석민(2011). 프로그램 논리모형(Logic Models)의 적용과 사용에 관한 연구-간접흡연제로! 서울 평가지표 개발연구 사례를 중심으로. 한국거버넌스학회보, 18(1), 211-242.

조규필·진은설·현안나·박현진·안은민·김수진(2015). 2015 학교 밖 청소년 자기계발 프로그램 운영모형 개발. 부산: 한국청소년상담복지개발원.

천정웅·김경준·김세광·김윤나(2015). 청소년 프로그램개발과 평가. 서울: 신정.

최영휴(2017). ADDIE모형을 이용한 일개 의과대학 성과중심 교육과정 분석 연구. 서울대학교 대학원 석사학위논문.

한국청소년개발원 편(2009). 청소년 프로그램개발 및 평가론. 경기: 교육과학사.

제4장

청소년 프로그램 기획

학습개요

일반적으로 프로그램 기획은 프로그램 개발 과정의 첫 번째 과정이고, 목표를 달성하기 위한 준비활동이면서 기본방향을 설정하는 체계화된 계획과정이다. 이때 청소년 프로그램을 기획할 때는 파트너로서 청소년의 충분한 참여 보장이 필요하고, 다양한 활동과 경험을 포함하여 환경과 또래집단 간의 긍정적이고 지속적인 관계를 형성할 수 있는 기회를 제공해야 한다.

이 장에서는 청소년들에게 의미 있고 도움이 되는 우수한 프로그램을 청소년 및 청소년과 관련된 주변인들에게 제공하기 위한 청소년 프로그램 기획과정 실천방법을 소개하고 설명하고자 한다.

청소년 프로그램 기획의 개념 및 특성

1) 청소년 프로그램 기획의 개념

기획은 단순히 프로그램 계획서를 작성하기 위해 서비스 단계들을 계획하는 것이 아니라 특정한 문제해결을 위해 자원을 배치하고, 해결의 우선순위를 결정하는 일종의 의사결정과정이다(York, 1982). 또한 기획은 목적과 표적물을 기대하는 과정이고, 목적과 기대에 도달하기 위해 하나의 계획을 준비하는 과정이다(Skidmore, 1995). 따라서 기획은 서비스의 생산과 전달을 결정하는 과정이므로 정확하고 구체적인 기획일수록 결과와 성과는 목표 달성에도 유리하게 작용할 수 있다.

기획과 유사한 의미의 계획은 미래의 일에 보다 세부적이고 조직적인 실천성을 고려한 틀이며 기획의 목적을 달성하기 위한 세부방침이다. 즉, 계획은 어디에 있는지, 어디로 갈 것인지, 어떻게 그곳에 도달할 것인지를 의미하는 구체적인 과정이다. 기획과 계획의 본질을 비교해 보면 대체로 기획은 목적과 방향을 설정한다. 기획은 아이디어와 제안으로부터 개괄적인 틀을 만드는 일이기 때문에 what to do의 의미를 지닌다. 반면, 계획은 구체적인 방법론적 측면이 강조되고, 구체적 해결책과 방안을 제시하는 일이기 때문에 기획 실현을 위한 how to do의 의미를 가지고 있다.

프로그램 기획은 프로그램과 기획의 합성어로 어떤 기관에서 구체적인 프로그램을 설계하기에 앞서 어떤 목적하에 언제, 어디서, 어떤 방법으로, 어느 정도의 예산으로, 참여 대상자와 운영 인력 등의 범위를 어디까지로 할 것인지 등을 개략적으로 수립하는 것을 의미한다. 또한 해야 할 일과 하는 방법 및 시기, 해야 할 일의 필요성, 일에 책임질 사람을 구체적으로 정하는 것으로, 선택할 수 있는 여러 가지 대안들 중 적절한 것을 가려내는 작업이기도 하다. 프로그램 기획은 프로그램 개발의 첫 번째 수행단계로서 프로그램 목적 설정에서 실행 및 평가에 이르기까지 발전 과정에서 필요한 사항을 합리적으로 결정·고안하는 과정이다(정영숙, 2014). 따라서 프로그램 기획은 문제상황 분석, 욕구사정, 목적과 목표 형성, 여러 행동 방안의 결과 예측, 개입전략 선택 및 실행, 평가와 피드백을 포함하는 과정이다(Moroney, 1977).

프로그램 기획은 프로그램 개발 과정의 첫 번째 과정이고, 프로그램의 목표를 달성하기 위한 전반적인 준비활동이다. 즉, 프로그램 개발의 기본방향을 설정하는 체계화된 계획과정이다. 프로그램 기획에는 프로그램 개발 여부(타당성 분석), 프로그램 개발팀 구성 및 자문위원회 구성, 상황분석(기관 분석/지역사회 분석/잠재적 참여자 분석) 등이 포함된다(김용현 · 김종표 · 문종철 · 이복희, 2010). 프로그램 기획은 마스터플랜으로서 프로그램의 목표나 목적 수립에 필요한 근거를 제공해 줄 수 있으며, 다른 조직의 기능과 발생 가능한 갈등의 소지를 줄여 줄 수 있고, 기관 운영 시 필요한 잣대와 지표 역할을 할 수도 있다(Kowalski, 1988).

청소년 프로그램의 기획이 필요한 이유는 다음 일곱 가지로 설명할 수 있다(신원식 · 신근화, 2016; Skidmore, 1995).

첫째, 기획은 불확실성을 줄인다. 기획과정이 없다면 프로그램 운영 담당부서는 불확실한 미래 상황과 급변하는 환경에 대한 대응력이 낮아져 혼돈하게 된다. 이로 인하여 운영 주관부서 또는 프로그램 목표가 혼동될 수 있고, 구성원뿐만 아니라 이용 대상자에게도 부정적인 영향을 주게 되어 신뢰성을 잃게 될 수도 있다.

둘째, 기획은 합리성을 증진시킨다. 프로그램 목적을 객관적인 자료에 근거하여 합리적으로 수립함으로써 행정적으로 일관성 없는 정책이나 방침 변경 등을 배제할 수 있다. 프로그램 진행 기준을 마련하여 프로그램의 정책 수행과 운영에 만전을 기할 수 있다.

셋째, 기획은 확정된 목표를 가장 효율적으로 달성할 수 있는 대안을 선택하게 함으로써 효율성을 증진시켜 준다. 효율성이란 목적을 경제적으로 달성하는 것으로, 인력과 재원이 제한되어 있는 기관 또는 주관부서에서는 최소한의 비용과 노력으로 프로그램 목표를 달성하려 노력하며, 효율성이 높을수록 그 프로그램의 결과와 부서는 안정적이라고 할 수 있다.

넷째, 기획은 효과성을 증진시켜 준다. 이용자에게 제공한 서비스는 그의 문제나 욕구를 해결하는 데 효과가 있어야 한다. 효과를 얻기 위해서는 사전에 충분한 기획 수립이 필요하다.

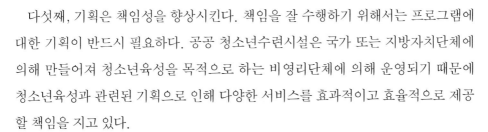

다섯째, 기획은 책임성을 향상시킨다. 책임을 잘 수행하기 위해서는 프로그램에 대한 기획이 반드시 필요하다. 공공 청소년수련시설은 국가 또는 지방자치단체에 의해 만들어져 청소년육성을 목적으로 하는 비영리단체에 의해 운영되기 때문에 청소년육성과 관련된 기획으로 인해 다양한 서비스를 효과적이고 효율적으로 제공할 책임을 지고 있다.

여섯째, 기획은 프로그램 관련자들의 이해와 욕구 충족을 돕는다. 프로그램 기획에서는 프로그램 관련 전문가 또는 청소년 전문가, 지역사회 관계 인사, 이용자들이 참여하기 때문에 프로그램에 적극적인 관심을 갖게 하는 목적도 있다. 청소년 프로그램은 이용자, 특히 청소년의 욕구가 반영된 프로그램 개발과 적용이 매우 중요하다.

일곱째, 기획은 청소년수련시설의 청소년지도사의 사기를 진작한다. 프로그램 기획에는 많은 조직 구성원이 참여할 수 있고, 참여를 통해 자신의 생각이 받아들여지고 자신이 프로그램과 기관에 기여하였다고 여긴다. 또한 자신들의 참여로 어떤 계획이 이루어졌다는 데에 타인으로부터 인정받고 성취감을 얻을 수 있다. 이러한 프로그램 기획과정을 통해 조직 구성원은 직무에 대한 성취감이나 만족감을 가질 수 있다.

또한 오스틴과 솔로몬(Austin & Solomon, 2000)은 기획을 기관의 운영차원에서 전략적 기획, 운영 기획, 프로그램 기획, 상황 기획, 예산 기획 등으로 분류하였다. 전략적 기획은 전략적으로 조직 및 기관 운영을 위하여 3년에서 5년 사이의 중장기 기간 동안 외부환경 대응에 알맞게 조직을 변화시키기 위해서 수립하는 것을 의미한다. 또한 전략적 기획을 실행하기 위한 것이 운영 기획이다. 운영 기획은 일반적으로 1년 단위로 하거나 상반기와 하반기로 연 2회 나누어서 설계할 수 있다. 운영 기획은 전략적 기획보다 더 구체적인 목적과 목표가 필요하고, 더 많은 직원들이 함께 참여하고, 수행해야 한다. 이때 운영 기획을 구성하는 것이 프로그램 기획이다. 프로그램 기획은 조직의 목적을 성취하기 위한 구체적인 프로그램을 설계하는 과정이고, 청소년들과 그와 관련된 다양한 환경의 욕구를 충족하기 위하여 실천 가능한 상세한 계획을 수립하는 과정을 포함한다([그림 4-1] 참조).

[그림 4-1] 청소년기관에서 이루어지는 기획의 유형

　이와 더불어 프로그램을 기획하고자 할 때 중요하게 고려되어야 할 사항은 기관의 운영과 기관에 대한 분석이다. 즉, 전략적 기획, 운영 기획, 프로그램 기획은 서로 관련성이 높은데, 이때 기관의 설립 및 운영 목적, 기관의 주요사업, 시설현황 등과도 연계한 합리적 분석이 필요하다. 이러한 분석을 위해 일반적으로 환경 분석을 실시한다. 가장 대표적인 것이 SWOT 분석이다.

　SWOT 분석은 마케팅 전략의 방향을 도출하는 도구로서 최근 들어 경영학 이외의 다양한 분야에서 사용하고 있는 하나의 기본적인 틀이 되었다. SWOT 분석은 1960~1970년대 미국 스탠퍼드 대학교에서 연구 프로젝트를 이끌었던 앨버트 험프리(Albert Humphrey)에 의해 고안된 전략개발 도구이다. 이 도구는 이해하기 쉽고 간단해서 이후 전 세계적으로 확산되었다.

　[그림 4-2]는 SWOT 분석의 개념으로 이 기법을 통하여 기관의 외부환경과 내부환경(자원)을 분석하는데 기관 내부의 강점(Strength: S), 약점(Weakness: W)과 같은 역량을 파악하고 외부환경의 기회요인(Opportunity: O)과 위협요인(Threat: T)을 분석한 후 전략적 대안을 도출하는 방법이다. 이러한 분석을 통해 기관의 강점을 최대한 활용하면서 새로운 기회를 확인하고, 약점을 최소화하면서 위협요인에 대응하는 전략을 다각적으로 모색한다. 다시 말해, 각 기관의 내부환경을 분석하여 강점과 약점을 발견하고, 외부환경을 분석하여 기회와 위협을 찾아내어 이를 토대로 강점은 살리고 약점은 보완하고, 기회는 활용하고 위협은 억제하는 전략을 수립하는 것

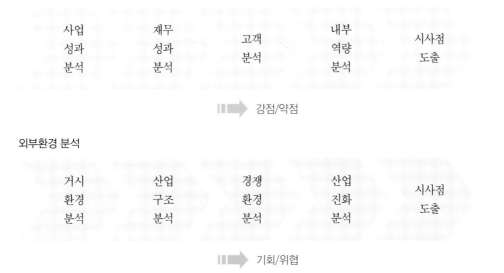

[그림 4-2] SWOT 분석의 개념

이다.

다음은 환경 분석을 위한 질문으로 내외부 이해관계자의 의견과 내용을 분석자료로 활용할 수 있다.

- 우리는 무엇을 할 수 있을까? (조직의 역량에 관한 질문)
- 우리는 무엇을 하고자 하는가? (조직 및 사업의 가치)
- 우리가 무엇을 하게 될 것인가? (외부의 기회와 위협)
- 다른 사람들은 우리가 무엇을 하길 기대하고 있는가? (조직을 둘러싼 이해관계자의 기대)

2) 청소년 프로그램 기획과정

프로그램 기획과정은 합리적인 기획모형을 통하여 집약적으로 설명될 수 있는데 다음 [그림 4-3]과 같다. 문제분석 및 욕구조사, 목적 선택, 목표의 구체화, 개입전

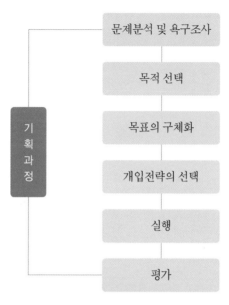

[그림 4-3] 합리적 기획모형

*출처: Judith, Thomas, & Michael (2012).

략의 선택, 실행, 평가의 여섯 단계로 이루어진다.

1단계는 문제분석 및 욕구조사이다. 프로그램을 구성하는 가장 기초적인 단계로 서 어떠한 프로그램의 개입을 필요로 하는지에 대한 문제와 욕구를 조사하는 것이 다. 이것은 프로그램의 의도나 미션의 준거틀을 제공해 주므로 욕구를 통한 문제분 석이 정확히 이루어져야 한다. 특히 청소년의 욕구를 파악하는 것이 중요하다.

2단계는 목적 선택이다. 목적은 욕구조사를 통하여 확인된 참여자들의 욕구와 기 관 서비스와의 직접적인 연계여야 한다. 청소년 프로그램은 특히 청소년들이 자발적 으로 참여할 수 있는 프로그램이면서 청소년 중심의 프로그램이어야 한다. 그러므로 목적선택은 기관이 수행 가능하고, 청소년들이 성장할 수 있는 것을 선택한다.

3단계는 목표의 구체화이다. 목적이 프로그램에 의해서 시도되는 성과에 대한 폭 넓은 규정이라면 목표는 성과에 대한 좀 더 구체적인 실천과 변화노력에 대한 명확 한 방향이 설정되는 단계라고 할 수 있다. 하나의 목적을 성취하기 위해서는 세분화 된 목표들이 세워져야 한다. 목표는 정량적 목표, 정성적 목표로 설정할 수 있는데 목표명과 산출방법은 측정 가능한 것을 구체화하여 선정해야 한다.

4단계는 개입전략의 선택이다. 목적과 목표가 결정되고 나면 목표를 현실화하기 위하여 개입전략을 수립한다. 이것은 프로그램의 목적을 어떠한 방법으로 실현할 수 있는가에 해당되는 것으로 프로그램의 목적과 목표를 실현하기 위해 사용되는 접근방법과 접근내용이다. 개입전략에는 장점과 단점이 존재하기 때문에 개입을 방해하는 문제들을 감안하여 대안과 대처방법들도 예측하여 관리해야 한다.

5단계는 실행이다. 명확한 목적과 목표, 적용 가능한 개입이론과 개입전략, 이를 지원해 줄 수 있는 집단이나 조직이 갖추어졌을 때 비로소 실행한다. 문제나 욕구를 가지고 있는 개인(청소년, 학부모, 청소년지도사 등)이나 집단(청소년들, 학교, 청소년단체, 동아리 등), 지역사회에서 프로그램이 진행된다.

6단계는 평가이다. 프로그램이 바람직한 방향으로 진행되고 있는가를 알아보는 것이다. 평가의 목적은 목표들이 성취되는 정도를 결정하고, 프로그램의 성공과 실패에 대한 이유를 확인하기 위함이다. 궁극적으로 예산 지원 및 투입 여부를 통한 프로그램의 지속 여부와 개선 및 수정을 정당화하기 위한 단계이기도 하다.

프로그램 기획의 또 다른 모형은 성과중심모형인 논리모형이다. 논리모형은 프로그램 대상자에게 나타나는 성과 달성(성취)을 위해 필요한 자원과 활동, 산출을 논리적 차원에서 연결시켜서(United Way of America, 1996) 전략적 프로그램에 대한 설계ㆍ수행과 평가를 용이하게 한다(Miller, Simeone, & Carnevale, 2001). 논리모형 구축 및 활용은 기존의 프로그램 관리 방법과는 차이가 존재하는데, 핵심은 성과를 강조한다는 것이다.

논리모형은 특정 프로그램의 개입활동을 논리적으로 설명하는 개념틀이 되기도 한다. 그러나 실제적으로 프로그램 기획/관리를 위한 수행 준거틀(performance framework)이다. 청소년을 둘러싸고 있는 환경의 특정 문제상황이나 조건을 분석하고, 변화상황(성과)에 대한 합의가 이루어지고 나면 실제적으로 프로그램 실행을 위한 구체적인 자원과 활동을 결정하게 된다. 이러한 활동을 돕기 위하여 논리모형은 프로그램 기획자 및 실행자에게 로드맵(road map)을 제공하고 있는데 로드맵에 포함되는 구성요소는 상황분석, 투입/자원(input/resources)과 활동(activity), 산출(output), 성과(outcomes)이며, 다음 [그림 4-4]와 같이 설명할 수 있다(McLaughlin & Gretchen, 1999).

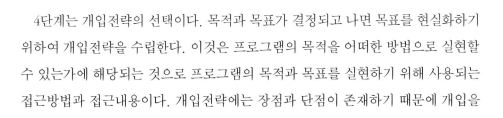

[그림 4-4] 논리모형

① **상황분석**: 상황분석은 변화가 필요한 문제 또는 욕구, 자원의 현황, 연계 프로그램의 개선, 정책 등에 관한 분석을 의미한다. 청소년 프로그램과 관련해서는 청소년들의 문제나 청소년을 둘러싸고 있는 사회 및 환경 현황이라고 할 수 있고, 청소년의 욕구, 청소년지도사의 욕구 등을 의미한다. 특히 청소년 정책에 대한 다양한 분석을 통해서 프로그램 기획에 반영될 수 있도록 분석해야 한다.

② **투입/자원**(input/resources): 투입과 자원은 청소년을 둘러싸고 있는 지역 및 특정 환경 내에서 해결되어야 하는 조건이나 상황이 존재하는데 이것을 해결하기 위해 혹은 프로그램을 수행하기 위해 필요 또는 적용 가능한 자원들을 의미한다. 프로그램 대상자에 해당하는 집단 욕구에 대한 정보는 프로그램의 필수적인 자원이다. 자원은 인력, 재정, 물적, 법안, 제도, 혹은 서비스까지도 포함된다.

③ **활동**(activity): 청소년들의 문제 또는 욕구해결을 위한 특정한 개입활동이라고 할 수 있다. 프로그램 산출을 생산해 내기 위해 필요한 모든 행동들이 포함된다. 이것은 사회 또는 환경의 조건이나 문제해결을 위한 특정한 행동, 프로그램, 개입의 형태로 나타난다. 활동은 실제로 목표달성을 위한 구체적인 내용들이어야 한다.

④ **산출**(output): 프로그램의 직접적인 이용자들에게 제공되는 생산물의 유형과 양적 결과들이다. 프로그램 활동의 적절한 산물로 참여 인원수, 프로그램 진행 횟수, 이용자수, 제공시간, 예산집행, 전체 투입인력수 등이다.

⑤ **성과**(outcomes): 활동과 산출로부터 나타난 변화와 효과로 특징지어진다. 성과는 활동 참여나 프로그램을 통해 나타나는 참여 대상자의 변화이며, 개인, 가족, 참여집단, 지역사회, 기관 수준 등에서 다양하게 나타날 수 있다. 논리모

형의 특징적인 것은 성과를 세 가지 단계로 구분하는 것이다. 단기성과(short-term outcomes)는 프로그램의 산출에 의해 야기되는 변화이다. 중기성과(intermediate outcomes)는 단기성과의 적용으로부터 나타나는 성과이다. 장기성과(long-term outcomes)는 프로그램의 영향, 중기성과로부터 얻어지는 변화이다. 프로그램 활동과정과 종료 후의 청소년과 기관, 더 나아가서는 사회환경에 돌아가는 혜택과 성장을 의미한다. 향상도, 만족도, 태도와 가치 변화, 행동상의 변화, 지위 변화, 다양한 기능의 향상도, 부정적인 행동(태도, 인식 포함) 감소 등이 여기에 속한다.

3) 청소년 프로그램 기획

일반적으로 청소년 프로그램 기획이란 청소년들의 전인적인 성장발달 등을 목적으로 청소년 단체 및 기관, 지역사회, 국가가 최적의 수단에 의해서 청소년들에게 다양한 경험과 활동을 지속적이고 체계적으로 제공하기 위한 일련의 의사결정과정으로 정의한다(한국청소년개발원 편, 2005). 또한 청소년 프로그램은 청소년이 참여할 수 있도록 설계된 활동으로 청소년들이 참여해서 자신들의 발달적 요구를 충족해 나가서 그들의 삶을 향상시켜 나가도록 하는 것이라고 한다. 이때 청소년 프로그램의 정의를 일상적 의미, 교육적 의미, 통합적 의미로 파악하여 살펴보았다(권일남 · 전명순 · 김태균 · 김정율, 2016). 일상적 의미에서 청소년 프로그램은 청소년 개인과 집단의 어떤 순서나 절차를 제시하여 주는 것을 말하며, 교육적 의미에서는 전문가가 청소년이 반드시 알아야 하는 것을 제공해 주는 체계적인 교육을 말한다. 마지막으로 통합적 의미에서 청소년 프로그램은 프로그램 내용을 포함하여 프로그램을 통해서 얻고자 하는 목표, 장소, 매체 등 모든 요소들이 하나로 통합된 것을 말한다.

따라서 청소년 프로그램 기획은 청소년들에게 필요한 다양한 욕구 해결과 건강한 성장을 지원하기 위한 환경 조성을 목적으로 구체적인 목표, 내용, 매체, 예산 등을 청소년 전문가에 의해서 실행하는 과정이다. 다시 말하면, 청소년 프로그램 기획은 청소년들이 건강하게 성장할 수 있도록 전인적인 발달을 목적으로 청소년들에게 다양한 활동 제공을 청소년 단체 및 기관, 지역사회, 국가의 책임하에 전문적 ·

체계적으로 지원하는 것이다. 이때 청소년지도사는 프로그램을 통해서 청소년과 청소년, 청소년과 다양한 인적 및 물리적 환경 간에 활발한 활동을 가능케 하는 중요한 매개체이기 때문에 기획자로서 중요한 역할을 수행해야 한다.

청소년 프로그램을 기획할 때 중요하게 다루어야 할 점은 다음과 같다.

첫째, 청소년 프로그램은 무엇보다도 일반적인 프로그램 기획과 마찬가지로 일회적인 것이 아니고, 계속적이고 순환적인 과정이기 때문에 모니터링을 통한 관리와 환류를 반영한 개선과 지속성이 필요하다.

둘째, 긍정적 미래를 지향하고, 청소년들의 욕구 해결, 삶의 질 향상 및 행복 지원, 그리고 청소년의 긍정적 환경 변화를 이끌어 주어야 한다. 이를 위해 청소년들의 문제나 욕구에서 출발해야 하고, 청소년들과의 상호작용 과정에서 파악되는 현장성을 높이는 데 출발점을 두어야 한다.

셋째, 프로그램을 구성하는 요소들을 탐색하는 과정이다. 프로그램을 구성하는 다양한 요소를 선정하고 선택하면서 프로그램 결과를 예측하기도 한다. 그러므로 기획에서는 다양한 프로그램 개발의 요소들이 탐색되어야 한다. 그리고 요소들을 탐색하고 결정하는 데는 합리성과 타당성, 실현가능성, 청소년정책과의 연관성, 청소년들의 다양한 요구와 현황, 투입 가능한 예산, 동원 가능한 자원과 인력 등의 기준을 기반으로 결정해야 한다.

넷째, 공공성의 가치에 기반을 둔 합리적 의사결정과정이기 때문에 청소년들의 의사결정을 중요하게 다루어야 한다. 즉, 수련시설과 지방자치단체 등에 속해 있는 청소년운영위원회, 청소년참여위원회가 기획 단계부터 투입되어 의사결정할 수 있도록 한다.

다섯째, 프로그램을 기획하는 청소년지도사는 분석과 형성, 정책형성, 대안구성, 선택, 의사결정, 집행방법 등의 핵심적인 사항을 이해하는 지식이 선행되어야 한다. 즉, 청소년지도사의 역량개발과 성장도 동시에 이루어져야 한다. 문제검토, 새로운 프로그램이나 기존 프로그램의 개선을 검토하는 과정 자체가 중요한 과정이다. 기획을 통해 구성된 내용은 프로그램 계획의 기초가 되며, 프로그램 수행을 통해 얻은 경험의 체계화, 문서 작성 등은 평가의 근거가 되므로 프로그램 발전의 중요한 지표가 된다.

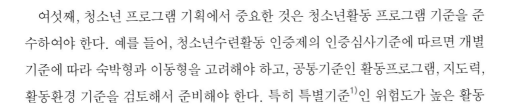

여섯째, 청소년 프로그램 기획에서 중요한 것은 청소년활동 프로그램 기준을 준수하여야 한다. 예를 들어, 청소년수련활동 인증제의 인증심사기준에 따르면 개별기준에 따라 숙박형과 이동형을 고려해야 하고, 공통기준인 활동프로그램, 지도력, 활동환경 기준을 검토해서 준비해야 한다. 특히 특별기준[1]인 위험도가 높은 활동

표 4-1 프로그램 기획 시 운영과정에 필요한 단계 및 내용

학자	단계	내용
Skidmore(1995)	6단계	• 문제의 정의 및 욕구확인 단계 • 정보 확보단계 • 해결대안의 개발 및 평가단계 • 최선의 대안 선택단계 • 대안의 실행단계 • 환류단계
Lauffer(1997)	5단계	• 문제의 정의와 개념화 • 인간관계의 구조와 네트워크 수립 • 정책의 형성과 대안 전략의 서술 • 계획안 및 프로그램 설계에 대한 감독으로서의 집행 • 환류 및 평가
이봉주 · 김기덕 (2008)	4단계	• 준비단계 • 계획단계 • 실행단계 • 평가단계
Branch(2010)	5단계	• 분석단계 • 설계단계 • 개발단계 • 실행단계 • 평가단계
유진이 · 윤혜순 (2013)	4단계	• 문제 · 욕구확인 • 프로그램 설계 · 계획 • 프로그램 실행 • 프로그램 평가

---

1) 2021년에는 코로나19 상황에 따라 비대면 청소년활동이 등장하면서 특별기준에 '비대면'이 추가되었다.

과 학교단체 숙박형 등을 고려해야 한다. 기본형 활동은 프로그램으로 인증받기 위해서 전체 프로그램 운영 시간이 2시간 이상으로서, 실시한 날에 끝나거나 1일 1시간 이상의 각 회기로 숙박 없이 수일에 걸쳐 이루어지는 활동이어야 한다.

특히 프로그램을 기획할 때 프로그램 운영과정에서 필요한 사항을 고려하여 반영하여야 한다. 학자들마다 프로그램 기획을 위한 단계는 다양하므로 프로그램 개발 및 운영 기관과 프로그램 성격에 따라 적용 가능한 것을 선택하여 활용하는 것이 중요하다. 그 내용은 앞의 〈표 4-1〉과 같다.

4) 청소년 프로그램 기획 유형

(1) 욕구중심의 기획

프로그램을 기획하기 전에 프로그램에 참여할 대상을 통하여 무엇을 원하는지, 프로그램 진행 시 참여 가능한지 등 사전에 수요조사를 통해 프로그램 기획에 반영하는 방법이다. 신규 프로그램을 발굴하기 위한 방법으로도 활용될 수 있고, 프로그램의 개선 또는 지속, 유지를 위한 자료로도 활용될 수 있다. 이때 청소년뿐만 아니라 청소년과 관련된 가족, 교사, 청소년지도사 등이 욕구조사에 대상자로 참여할 수 있다.

(2) 문제해결중심의 기획

청소년들이 스스로 인식하거나 또는 청소년들이 건강하게 성장하는 데 방해가 될 수 있는 다양한 문제들을 분석하고 파악하여 해결할 수 있도록 기획하는 프로그램이다. 문제가 발생하는 원인을 근본적으로 또는 어느 정도 해소하고 해결하기 위하여 프로그램을 기획하는 방법이다. 이 방법은 문제를 의식하는 사람이 누구냐에 따라 달라질 수 있다.

(3) 예방중심의 기획

문제로부터 보호 및 생활의 유지와 개선을 목적으로 프로그램을 기획하는 방법이다. 일반적으로 국가 또는 지방자치단체 등에서 청소년뿐만 아니라 일반 시민들

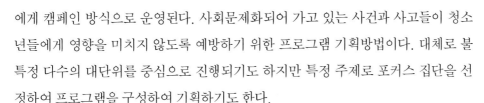

에게 캠페인 방식으로 운영된다. 사회문제화되어 가고 있는 사건과 사고들이 청소년들에게 영향을 미치지 않도록 예방하기 위한 프로그램 기획방법이다. 대체로 불특정 다수의 대단위를 중심으로 진행되기도 하지만 특정 주제로 포커스 집단을 선정하여 프로그램을 구성하여 기획하기도 한다.

 청소년 프로그램 기획자로서의 역량

청소년지도사가 담당하고 있는 직무 종류는 매우 다양하고 직능수준 또한 높은 편이다(www.ncs.go.kr). 그러나 현장에서는 청소년전문가로서 청소년지도사들은 청소년활동의 기획·운영·평가 및 행정 업무까지 동시에 수행하고 있는 경우가 많다. 청소년을 대상으로 다양한 방법을 활용하여 지도하는 전문가이지만 지도역량 외에 프로그램을 기획하는 역량도 필요하다. 특히 청소년활동을 기획하는 역량은 청소년과 청소년활동에 대한 지식을 토대로 프로그램을 설계하는 능력을 의미하기 때문에 정보활용 기술, 청소년 특성을 반영한 프로그램 설계 기술, 상황과 환경을 고려한 프로그램 설계 기술이 필요하다. 이때 태도를 구성하고 있는 3개 하위 영역인 청소년에 대한 태도, 청소년활동에 대한 태도, 직업인으로서의 태도는 프로그램 기획에 필요한 공통역량에 해당된다(서희정, 2018).

프로그램 기획에 대한 역할은 일반적으로 다음의 여섯 가지로 나눌 수 있는데 이때 청소년 프로그램 기획자의 역량과도 연결시켜 볼 수 있다.

첫째, 프로그램 기획자는 합리성과 책임성을 고양시키는 역할을 한다. 조직의 이념, 철학, 목적, 임무 등에 대해 정확히 인식하고 실천할 수 있어야 한다. 즉, 프로그램을 개발하고 운영하는 기관의 이념, 철학, 목적, 임무 등을 정확하게 인식하고 실천할 수 있어야 한다.

둘째, 프로그램 기획자는 특별한 대상을 위한 대변자로서의 역할을 한다. 프로그램이 필요한 대상자들을 파악하여 적용 가능한 분야를 개발하고 운영할 수 있어야 한다. 즉, 청소년들에게 필요한 것을 파악함으로써 적용 가능한 분야를 개발하고 운영할 수 있어야 한다.

셋째, 프로그램 기획자는 중요한 자원을 요구와 연결하고 제한된 자원에 대한 갈등을 중재하는 중개인으로서의 역할을 한다. 기획자는 사람들과의 관계 속에서 일어나는 다양한 갈등상황들을 조정하고 해결하는 능력이 필요하다. 즉, 지속적으로 변화하는 청소년의 문제와 청소년들의 잠재적 욕구를 민감하게 파악하고 이를 객관적으로 파악하는 방법을 알고 있어야 한다.

넷째, 프로그램 기획자는 코디네이터로서의 역할을 한다. 기획자는 프로그램 내에서 일어나는 일련의 과정을 이해하고 있어야 한다. 그리고 내·외부의 인적자원을 필요시 적절하게 활용하고 적용시킨다. 이때 관련된 사회문화적 환경(상황)에 대하여 철저히 이해하고 있어야 한다. 즉, 프로그램 계획에 따른 진행 과정을 인식하고, 필요한 경우에 조정 및 활용을 할 수 있어야 하며, 안내할 수 있어야 한다.

다섯째, 프로그램 기획자는 촉진자로서의 역할을 한다. 기획자는 단순히 프로그램 기획과 프로그램 운영을 위한 다양한 기술과 도구를 활용하는 데에 그치지 않는다. 즉 참여하는 청소년들의 행동을 유도하고 활발하게 참여할 수 있도록 지지하고 지원하는 역할을 한다.

여섯째, 프로그램 기획자는 분석가로서의 역할을 한다. 기획자는 욕구 파악을 통해서 프로그램 목적과 목표로 전환하는 요령, 목표 달성에 필요한 내용의 선정, 조직의 방법, 실행과 평가 기법도 잘 알아야 한다. 또한 표적대상자를 확인·분석하는 데 능숙해야 한다. 즉, 프로그램 설계에서부터 대내외 환경 분석은 물론 프로그램 성과 분석의 지표개발과 측정 등을 이해하고 실시할 수 있어야 한다.

이처럼 프로그램 기획자의 역할은 다양하다. 역할수행을 위해 필요한 직무능력을 국가직무능력표준(National Competency Standards: NCS)을 기준으로 살펴본 결과, 청소년 프로그램 기획자는 청소년활동 직무의 능력단위인 청소년사업 기획에 포함된다. 다음 〈표 4-2〉는 청소년 프로그램 기획 직무의 주요 업무별 내용을 구체적으로 설명한 것이다. 즉, 청소년 프로그램 기획자는 청소년지도사의 전년도 사업결과보고서를 바탕으로 사업성과, 즉 문제점과 현황을 파악하고 기관의 당해 연도 사업계획을 수립한다.

표 4-2 청소년 프로그램 기획자의 주요 업무 및 내용

주요 업무	주요 내용
전년도 사업성과 분석하기	• 전년도 사업결과 보고서에 근거한 문제점을 파악하여 개선사항을 도출할 수 있다. • 소요예산 대비하여 수익률을 분석할 수 있다. • 설문결과 분석자료를 토대로 만족도를 파악할 수 있다. • 사전 · 사후평가를 근거로 사업의 효과성을 분석할 수 있다.
상황 분석하기	• 최근 연구자료를 바탕으로 청소년들의 요구를 파악할 수 있다. • 청소년정책기본계획에 근거하여 청소년정책의 동향을 파악할 수 있다. • 유관기관의 운영백서를 참조하여 유사사업들의 현황을 비교분석할 수 있다.
사업 방향 결정하기	• 기관의 중장기 발전계획, 청소년정책기본계획, 기관 자체 평가결과 등에 따라 당해 연도 사업계획을 수립할 수 있다. • 기관 연간 운영계획에 따라 회의계획을 수립하여 개최할 수 있다. • 회의 결과에 따라 사업 방향을 검토 · 수정 · 보완할 수 있다. • 사업 방향 결정에 따라 우선순위를 결정할 수 있다.
사업계획서 작성하기	• 사업 방향에 따라 사업의 목적과 목표, 세부내용을 포함하여 사업계획서를 작성할 수 있다. • 작성된 사업계획서를 심의 요청할 수 있다. • 예산 지침에 의거하여 사업계획서 최종본과 회의록을 첨부하여 승인권자에게 제출할 수 있다.

03 청소년 프로그램 기획을 위한 사전 준비 사항

1) 프로그램 기획을 위한 예산수립 및 편성

(1) 예산의 개념과 특성

예산은 일정 기간 동안의 계획된 지출과 그 지출을 위한 자금조달 계획의 서술이라 할 수 있다. 예산은 조직 내에서 자금을 배분하는 자료로서 경영관련 저자들이나 컨설턴트들은 예산이 조직을 제어하는 가장 중요한 관리 도구라고 설명한다. 예산

을 세우는 과정은 크게 다섯 가지로 나누어 살펴볼 수 있다(Rapp & Poertner, 1990).

- 예산은 현재의 성과보다 증진할 수 있는 전략을 점검하도록 자극하는 매개물의 역할을 한다.
- 예산은 효율성을 제공한다. 즉, 이들 활동에 투입된 자금과 참여자들의 비율을 비교하여 성과를 나타낼 수 있다.
- 최종예산은 성과를 증가시키는 능력에 기초하여 검증되어야 한다.
- 예산이 성립되면 예산의 규모 등 재정에 관한 일반 사항을 인쇄물이나 기타 적당한 방법으로 국민에게 알려야 한다.
- 예산 집행 이전에 국회의 의결을 거쳐야 하고 예산이 정한 목적 외에 경비를 사용하거나 이용할 수 없으며, 전체 예산을 균형 있게 유지하기 위해 단일하게 관리해야 한다.

(2) 예산의 유형

예산의 유형은 비예산, 항목별 예산, 기능별 예산, 프로그램 예산, 영기준 예산 등이 있다. 이는 재정적 관점과 프로그램 관점에 따라 다르게 활용된다.

- 비예산은 일차적으로 수입에만 초점을 두고, 수입과 지출을 분리하지 않으므로 투입예산관리라고 한다. 총계로서의 수입과 지출에만 관련된다.
- 항목별 혹은 품목별 예산은 가장 흔히 쓰이는 방법으로 크게 인건비, 사무실 집기, 시설기자재, 소모 물품비, 계약비, 교통비 등으로 분류하고, 각 항목별로 세부 항목의 지출을 계산하는 예산편성 방법이다.
- 프로그램 예산은 프로그램 목표와 연계하고, 프로그램의 시행 결과 나타나는 성과와 연결한다. 이때 각 프로그램별로 지출을 분류하되 단위당 비용 산출이 가능하도록 기술한다.

다음은 청소년 프로그램은 대부분 청소년육성기금으로 진행되기 때문에 정부 예산에 대한 이해를 높이기 위한 내용이다.

1) 정부 예산의 특징

① 예산은 정부가 이용 가능한 자원의 범위를 의미하며 그 사회에 존재하는 모든 자원의 총량을 의미

② 민간의 예산은 이윤을 남기려는 목적으로 이해될 수 있지만 정부 예산은 공공의 이익을 실현하고자 하는 목적을 지님

③ 민간이 공급하는 서비스의 대부분이 특정 개인이나 조직을 통해 이용되지만 정부가 공급하는 서비스는 사회 전체에 의해 소비되고 영향을 미침

④ 정부 예산의 결정과 집행은 민간부분보다 훨씬 복잡한 과정을 거침

2) 정부 예산의 종류

① 일반회계
- 일반적인 국가 활동을 위한 세입과 세출을 포괄
- 주로 내국세, 관세 등 조세수입을 주요재원으로 하여 국방이나 치안, 경제개발, 사회개발 등 국가의 기본 기능을 수행하는 회계로 구분되는 예산

② 특별회계
- 경제구조가 복잡해지고 국가의 기능이 복잡해짐에 따라 일반회계와 구분되는 예산. 즉, 특별한 사업이나 자금운용을 위한 예산을 의미
- 정부가 특정사업을 운영할 때나 특별자금을 보유·운용할 때, 특정세출을 특정세입에 의해서만 충당할 때에 법률에 의해 일반회계에서 분리된 특별회계를 설치하여 독립계정으로서 관리하는 예산
* 특별회계는 반드시 법률에 의해서만 설치될 수 있다.

③ 본예산
일반적이고 정상적인 예산편성과 심의과정을 거쳐 최초로 확정된 예산

④ 수정예산
정부가 국회에 예산안을 제출한 후 예산이 의결되기 전에 정부가 제출한 예산안을 수정한 예산

⑤ 추가경정예산
예산이 국회를 통과하여 성립한 이후에 발생한 여러 가지 사유로 인해 이미 성립된 예산에 변경을 가할 필요가 있을 때 사용 가능

(3) 예산과정

① 예산과정의 의미

예산과정이란 일반적으로 예산편성에서부터 책임해제에 이르는 일련의 기간을 말한다. 예산과정은 예산을 규율하고 제약하며, 동시에 지속적으로 예산에 영향을 미치는 제도적 환경이다. 예산과정은 특정기관이 예산운영을 전환하지 못하도록 시각적 차원과 주체의 차원에서 서로 견제와 균형이 가능하도록 한 제도적 장치, 즉 재정민주주의를 실현시키기 위한 제도적 장치라 할 수 있다.

예산이 매년 행정부에 의해 편성되어 국회의 심의/의결을 거친 다음, 행정부에 의해서 집행되고 결산되면 이 결산에 대해 감사원의 검사를 받아 국회에 보고하여 승인을 받은 후 행정부의 예산집행에 대한 책임이 해제되는 일련의 과정이다. 즉, 행정부가 예산의 편성 및 집행에 대한 책임을 지고, 입법부가 심의 및 회계검사를 담당하게 함으로써 예산권한을 균형화시키고 있는 것이 특징이다.

② 예산과정 단계

예산편성 ⇒ 예산심의/의결 ⇒ 예산집행 ⇒ 예산결산 ⇒ 결산검사 ⇒ 결산승인

주요업무	주요내용
예산편성	예산편성은 중앙예산기관과 행정부처 사이의 상호 의사전달, 즉 상향적 · 하향적 의사전달을 통하여 이루어진다.
예산심의/의결	행정부가 제출한 예산안을 국민의 대표기관인 입법부가 검토 · 분석 · 심사하는 정치적 의사결정과정이다.
예산집행	예산이 확정되어 실제로 프로그램이나 사업이 진행될 때 집행되는 과정이다.
예산결산	예산과정의 최종단계로서 '한 회계연도 동안의 국가의 수입과 지출의 실적을 확정적 계수로서 표시하는 행위'를 말한다. 결산은 정부의 재정운영실적에 대한 사후 재정보고이다.
결산검사	감사원이 정부의 결산을 검사 · 확인하는 단계이다. 정부가 국회에 제출하는 세입 · 세출의 결산(안)은 감사원의 회계검사를 반드시 거쳐야 한다.

결산승인	집행결과가 정당할 경우 예산집행책임을 해제하는 법적 효과가 있고, 결산 검사위원은 계산의 과오 여부, 실제의 수지와 수지명령의 부합 여부, 재무운 영의 합당성 등 엄밀한 결산검사를 통하여 결산승인이 적정하게 이루어질 수 있도록 지원하여야 한다.

(4) 예산안 작성

프로그램 기획자는 예산안을 편성하고 관리한다. 프로그램에 직간접적으로 참여할 청소년지도사와 협의하는 것이 바람직하다. 특히 예산안 작성 준비를 위해 기관의 구성원 및 청소년운영위원회 등 이해당사자들이 참여하여 의견수렴을 할 수 있다. 다음은 기본적인 예산안 작성 순서와 주요 내용이다.

단계	주요 내용
1	총지출을 나타내는 단일 예산을 만든다.
2	기관의 프로그램 구조를 확정한다. 기관의 모든 프로그램을 조사하고, 프로그램별로 전년도에 해당 예산과 신규 프로그램을 검토한다.
3	프로그램에 들어가는 항목별 비용 할당표를 작성한다.
4	직접비용과 간접비용을 확인한다.
5	프로그램에 소요되는 직접경비를 계산한다.
6	프로그램에 소요되는 간접경비를 계산한다.
7	총 프로그램 소요 비용을 결정한다.

(5) 예산수립의 원리

프로그램 예산수립은 기업 경영과 유사한 원리가 적용된다. 프로그램은 예산에 따라 달리 운영되고 다음의 요소들을 고려해야 한다.

① 전년도 프로그램의 평가에 따른 환류 내용을 분석한다.
② 기관의 중장기 전략 및 기관 운영계획을 고려한다.
③ 국가 및 지방자치단체의 보조금을 고려한다.
④ 참가자들의 부담금(참가비)을 정한다.
⑤ 다른 프로그램에서 간접적으로 비용 충당 가능 여부와 방법을 고려한다.

2) 프로그램 기획을 위한 인력 구성

(1) 의사결정 인력 구성: 청소년운영위원회, 외부 전문가 등

프로그램 기획은 협동적 의사결정과정이다. 일반적으로 프로그램 기획과정에 도움을 줄 위원회를 구성하는 것이 필요하다.

① 청소년운영위원회

지역사회의 청소년수련시설을 기반으로 지역 내 청소년들을 참여시켜야 하며, 이를 통하여 청소년수련시설이 청소년들이 진정으로 원하는 시설 및 프로그램으로 이루어질 수 있도록 중추적인 역할을 하여야 한다.

청소년운영위원회 운영 규정은 청소년운영위원회의 효율적인 운영을 위해 위원회의 목적과 역할 및 운영에 필요한 내용을 규정하는 것이 중요하다. 청소년운영위원회 운영규정은 청소년운영위원회의 운영뿐만 아니라 대내외적인 역할과 책임을 규정하고 있는 공신력 있는 규정으로서의 의미를 가지고 있으므로, 청소년운영위원회 운영규정에 대한 스스로의 신뢰와 자발적 준수가 중요하다. 청소년운영위원회 운영규정을 재개정할 때에는 전체 회의를 개최(2/3 이상 참여)하여 수정(안)을 의결하고 재개정된 규정 내용은 바로 담당 청소년지도사에게 알려주도록 한다.

② 외부 전문가

프로그램 담당자가 프로그램을 기획하는 것은 성공적인 프로그램 개발과 운영에 어려움을 줄 수 있다. 따라서 프로그램 기획 시 다양한 아이디어와 효과적인 운영을 위해 기획 관련 영역에서 전문가 자문과 같은 의견수렴과정이 필요하다.

기획을 위한 자문위원회의 경우 어떤 프로그램이 청소년들에게 필요하고 그에 따른 예산을 어느 정도 사용해야 하는지에 대한 사전조사로서의 전문가 역할이 이루어져야 한다. 이때 청소년 전문가도 중요하지만 프로그램 진행에 있어서 문화, 시설, 환경과 관련된 전문가를 섭외할 수도 있다.

(2) 수행인력 구성

청소년수련시설 및 청소년단체에서는 프로그램 수행을 위해서 담당자가 있는 것이 일반적이다. 프로그램 담당자가 프로그램 전 과정을 운영하고 있지만 프로그램을 수행하는 인력은 담당자 외에 프로그램 기획부터 진행 및 평가에 참여하는 모든 인력을 포함해야 한다. 예를 들어, 프로그램 기획자, 프로그램 운영 책임자, 프로그램 운영 내외부 전문가 등과 프로그램 대체인력 등을 포함한다. 청소년 프로그램은 담당자 1인이 진행하기보다는 수행인력을 구성하여 팀체계로 협력하여 진행되기 때문에 기획단계에서부터 책임자, 담당자, 외부 전문가, 자원봉사자 등을 구성하여 잘 운영하도록 한다. 이때 준비와 회의, 자문을 위한 별도의 예산 계획도 반영될 수 있다.

3) 프로그램 운영체계 마련

프로그램 기획 시 반드시 고려해야 할 사항은 갑작스럽게 발생할 수 있는 다양한 환경들에 대한 대응을 위한 운영방식 준비와 대안 마련이다. 대부분 대체 프로그램과 대체인력을 통해서 프로그램을 지속적으로 진행할 수 있다. 그러나 코로나19와 같은 장기적이고, 보편적인 상황에서는 프로그램 진행방법을 다양화하거나 비대면 중심의 진행방식을 개발할 필요가 있다. 특히 청소년활동이 대부분 야외활동, 공동체활동, 상호교류활동 중심이기 때문에 혁신적인 방법의 적용이 중요하다. 이를 위해 실시간 쌍방향 활동 운영체계가 마련되어야 한다.

〈표 4-3〉은 청소년수련활동인증제의 인증기준 중 특별기준에 의해서 진행할 수 있는 비대면 방식에 필요한 요소들이다. 이러한 요소들을 통해서 프로그램 기획 시 함께 제시하면 프로그램 운영과 목적 달성에도 기여할 수 있다.

표 4-3 비대면 방식에 필요한 요소

구분	필요 요소
실시간 쌍방향 활동 운영 및 관리	특별 1-1. 실시간 쌍방향 활동을 원활히 진행할 수 있는 플랫폼을 제시하고 있다.
	특별 1-2. 실시간 쌍방향 활동의 내용 및 준비 사항을 사전에 안내하고 있다.
	특별 1-3. 실시간 쌍방향 활동에서 제작된 콘텐츠에 대한 사후관리 계획이 적절히 수립되어 있다.
	특별 1-4. 실시간 쌍방향 활동에 적합한 참가자 확인 수단 또는 방법을 확인할 수 있다.
	특별 1-5. 실시간 쌍방향 활동 운영 시 보안사항 준수 계획을 확인할 수 있다.
콘텐츠 활용 중심 활동 운영 및 관리	특별 1-1. 콘텐츠 제작물 또는 확보계획과 콘텐츠를 제공하는 플랫폼을 확인할 수 있다.
	특별 1-2. 콘텐츠 활용 중심 활동의 내용 및 준비 사항을 사전에 안내하고 있다.
	특별 1-3. 콘텐츠의 품질관리를 위한 윤리성, 저작권, 무결성, 콘텐츠 설계 및 구성, 콘텐츠 내용, 접근성을 확인할 수 있다.
	특별 1-4. 콘텐츠 활용 중심 활동에 사용된 콘텐츠의 사후관리 계획이 수립되어 있다.
	특별 1-5. 콘텐츠 활용 중심 활동에 적합한 참가자 확인 수단 또는 방법을 확인할 수 있다.
	특별 1-6. 콘텐츠 활용 중심 활동 운영 시 보안사항 준수 계획을 확인할 수 있다.
과제수행 중심 활동 운영 및 관리	특별 1-1. 과제수행 중심 활동을 운영할 수 있는 플랫폼을 확보하고 있다.
	특별 1-2. 과제수행 중심 활동의 내용 및 준비사항을 사전에 안내하고 있다.
	특별 1-3. 과제수행 중심 활동의 결과를 공유하고 소통할 수 있는 내용을 확인할 수 있다.
	특별 1-4. 과제수행 중심 활동에 적합한 참가자 확인 수단 또는 방법을 확인할 수 있다.
	특별 1-5. 과제수행 중심 활동 운영 시 보안사항 준수 계획을 확인할 수 있다.

*출처: 청소년수련활동인증제 운영규정 [별표 1]

요약

1. 프로그램 기획은 구체적인 프로그램을 설계하기에 앞서 어떤 목적하에 언제, 어디서, 참여 대상자와 운영 인력 등의 범위를 어디까지로 할 것인지 등을 개략적으로 수립하는 것을 의미한다. 프로그램 기획은 프로그램 개발의 첫 번째 수행단계로서 프로그램 목적 설정에서 실행 및 평가에 이르기까지 발전 과정에서 필요한 사항을 합리적으로 결정, 고안하는 과정이다.

2. 프로그램을 기획하고자 할 때 중요하게 고려되어야 할 사항은 기관의 운영과 기관에 대한 분석이다. 일반적으로 환경 분석을 실시하는 데 가장 대표적인 것이 SWOT 분석이다.

3. 프로그램 기획과정은 합리적인 기획모형을 통하여 집약적으로 설명될 수 있는데 문제분석 및 욕구조사, 목적 선택, 목표의 구체화, 개입전략의 선택, 실행, 평가의 여섯 단계로 이루어진다.

4. 프로그램 기획과정은 논리모형으로 설명할 수 있는데 논리모형의 로드맵에 포함되는 구성 요소는 상황분석, 투입/자원과 활동, 산출, 성과이다.

5. 청소년활동을 기획하는 역량은 청소년과 청소년활동에 대한 지식을 토대로 프로그램을 설계하는 능력을 의미하기 때문에 정보활용 기술, 청소년 특성을 반영한 프로그램 설계 기술, 상황과 환경을 고려한 프로그램 설계 기술이 필요하다. 이때 태도를 구성하고 있는 3개 하위 영역인 청소년에 대한 태도, 청소년활동에 대한 태도, 직업인으로서의 태도는 프로그램 기획과정에서 필요한 공통역량에 적용된다.

6. 프로그램 기획자는 예산안을 편성하고 관리한다. 프로그램에 직간접적으로 참여할 청소년지도사와 협의하는 것이 바람직하다. 특히 예산안 작성을 위한 준비를 위해 기관의 구성원 및 청소년운영위원회 등 이해당사자들이 참여하여 의견수렴을 할 수 있다.

 참고문헌

권일남 · 전명순 · 김태균 · 김정율(2016). 청소년프로그램 개발과 평가. 서울: 창지사.

김용현 · 김종표 · 문종철 · 이복희(2010). 평생교육프로그램개발론. 경기: 양서원.

서희정(2018). 청소년지도사의 역량강화 방안: 청소년지도사의 활동역량모델을 중심으로. 한국청소년학회 학술대회 자료집, 3-20.

신원식 · 신근화(2016). 사회복지 프로그램 개발과 평가. 경기: 공동체.

유진이 · 윤혜순(2013). 청소년 프로그램 개발과 평가. 경기: 양서원.

이봉주 · 김기덕(2008). 사회복지 프로그램 기획의 이해와 적용. 서울: 신정.

정영숙(2014). 초등학교 부적응학생을 위한 진로집단상담 프로그램 개발 및 효과. 인제대학교 대학원 박사학위논문.

한국청소년개발원 편(2005). 청소년 프로그램개발 및 평가론. 서울: 교육과학사.

Austin, M. J., & Solomon, J. R. (2000). Managing the Planning process. In R. Patti (Ed), *The handbook of social welfare management*. Thousand Oaks, CA: Sage.

Branch, R. M. (2010). *Instructional design: The ADDIE approach*. New York: Spring Science Business Media, LLC.

Judith, A. L., Thomas, R. P., & Michael, D. L. (2012). *Management of Human Service Program*. Belmont, CA: Brooks/Cole.

Kowalski, T. J. (1988). *The Organization and Planning of Adult Education*. New York: State University of New York Press.

Lauffer, A. (1997). *Grants, etc*. Thousand Oaks, CA: Sage.

McLauglin, J. A., & Gretchen, B. J. (1999). Logic Model: A Tool for Telling Your Program's Performance Story. *Evaluation and Program Planning, 22*, 65-72.

Miller, A., Simeone, R. S., & Carnevale, J. T. (2001). Logic models: A systems tool for performance management. *Evaluation and Program Planning, 24*, 73-81.

Moroney, R. (1977). Social Planning: Tools for Planning. *Encyclopedia of Social Work*, 17th Issue.

Rapp, C. A., & Poertner, J. (1990). *Social Administration: A Client-Centered Approach*. New York: Longman.

Skidmore, R. A. (1995). *Social Work Administration*. Needham Heights, MA: Allyn & Bacon.

United Way of America (1996). Measuring Program Outcomes: A Practical Approach. *Evaluation/Reflection, 47*.

York, R. (1982). *Human Service Planning*. NC: The University of North Carolina Press.

www.ncs.go.kr

제5장

청소년 프로그램 요구분석

학습개요

청소년 프로그램은 잠재적인 참여자들의 요구가 전적으로 반영되어 개발되어야 한다. 요구를 정확히 분석하고 진단하여 프로그램을 설계하고 운영하여야 하는데, 이때 요구분석이 프로그램 설계 프로세스의 첫 단계이다. 충분한 요구분석을 반영한 프로그램이 개발되고 운영되어야 개발자가 기대하는 성과를 달성할 수 있기 때문에 요구분석이 매우 중요하다.

이 장에서는, 첫째, 요구분석에 대한 개념과 목적에 대해 여러 학자들이 정의 내린 내용을 중심으로 요구분석에 대한 이해를 돕고자 한다. 둘째, 요구분석 자료수집방법을 설명하고, 각 방법의 장점과 단점을 통해서 프로그램 개발을 위한 적절한 수집방법을 결정할 수 있도록 돕는다. 수집된 요구분석 자료를 통해 요구분석 절차, 요구분석 통계방법, 우선순위 결정 방법을 설명하고, 실제로 요구분석에 대한 개념, 절차, 통계방법 등에 관한 다양한 주장과 접근방법이 제시되고 있지만 최종적으로 우선순위를 결정한다는 것은 매우 어려운 과제이므로 여러 학자들이 사용한 접근방법을 통해서 우선순위를 결정하는 데 도움을 주고자 한다.

01 청소년 프로그램의 요구분석 개념 및 목적

프로그램 개발 과정에서 가장 어렵고 중요한 과업 가운데 하나가 잠재적인 활동 및 학습 대상자들의 요구를 정확하게 분석하여 반영하는 것이다(한국청소년개발원 편, 2005). 일반적으로 요구란 현재 상태(What it is)와 바람직한 상태(What should be) 간의 격차를 의미하는데 요구의 정의는 다양한 방법과 기준에 의해 정의 내릴 수 있다(Knowles, 1980).

요구는 크게 세 가지 차원, 즉 생물학적 차원, 심리학적 차원 그리고 교육학적 차원에서 다양한 의미로 정의 내릴 수 있다. 먼저, 생물학적인 차원에서 보면, 인간은 내분비를 통해 배고픔, 목마름, 상처, 성욕 등으로 일차적인 동기화가 이루어진다. 이러한 이유로 생물학적 요구는 보통 충동이라는 용어로 사용되기도 한다. 충동은 신체의 일부분인 내분비선에서 다양한 충동물질을 장과 생식기 등과 같은 신체의 특정 부분에 강하게 자극함으로써 발전된다(김진화, 2001). 심리학적 차원으로 접근해 보면 기본적인 시각은 인간이 왜 행동하는가에 대한 해답을 제시하는 데 있다. 인간의 행동을 이해하기 위해 요구와 동기의 개념이 필요하다. 요구란 한 인간이 특정 방향으로 행동할 수 있도록 기회를 창출하는 조건이며, 동기란 인간이 요구를 충족시키기 위해 행동할 수 있도록 하는 일종의 내적인 힘이라 할 수 있다. 한 개인의 행동은 일정한 방향성이 있고, 지향하는 목적이 있다. 이 때문에 심리학적 의미에서 요구의 개념은 동기라는 용어와 대칭되는 경우가 많다(Long, 1983). 요구는 교육학적 차원으로 접근할 수 있다. 학습자가 미래에 희망하는 바람직한 상태와 학습자가 처해 있는 현재의 상태 사이의 격차 혹은 차이를 충족시킬 수 있는 교육요소를 말한다. 다시 말해, 학습자가 보유하고 있는 현재의 능력과 원하는 능력 사이의 격차로 인해 발현된 것을 교육 행위로 해결될 수 있도록 하는 것을 의미한다(김진화, 2001).

브링커호프(Brinkerhoff)는 네 가지 관점에서 요구를 구분하고 있다. 첫째, 수행결핍의 관점이다. 이는 기대되는 상태와 현재 상태 간의 차이에서 발생하는 불일치의 관점이다. 둘째, 민주적 관점으로 다수가 원하고 선호하는 요구로서 다수의 의견이 요구의 기준이 된다. 셋째, 진단적 관점으로 기준이 되어야 하는 원칙, 개념, 절차, 원리 등의 문제로 인하여 발생하는 요구를 말한다. 이는 성과 달성을 위해 필요한 조건 요소 등에 대한 점검을 수행하고 이를 기반으로 요구를 파악하는 것이다. 넷째, 분석적 관점으로 수행성과 향상을 위해 전문가의 의견을 통해 요구를 추출한다 (Brinkerhoff, 1986).

앞의 네 가지 관점 중 가장 일반적으로 사용되는 관점은 수행결핍의 관점으로 요구의 차이를 현재 수준과 필요로 하는 바람직한 수준 간의 격차로 인해 발생하는 불일치로 보는 것이다. 이를 그림으로 나타내면 [그림 5-1]과 같다. 정의 내린 요구를 중심으로 요구분석을 정의하면 요구분석이란 기대되는 성과수준과 현재의 성과수준의 차이를 찾아내고, 이 차이를 줄이기 위해 현재 자원배분의 우선순위를 정하도록 하는 것이다. 다시 말해 요구가 프로그램 대상자 자신의 '현재의 상태'와 '바람직한 상태' 사이의 차이를 의미한다면, 요구분석은 현재의 상태와 바람직한 상태의 격차를 확인하고 이를 해결하기 위하여 체계적인 과정과 절차를 거쳐 우선순위를 합리적으로 결정하는 것이라 할 수 있다.

또한 요구는 눈에 보이지 않으면서도 인식될 수 있지만 실제로 발생하여 곤란을 야기할 수도 있으며, 장차 일어날 조짐이 보이는 것일 수도 있다. 따라서 문제의 발생 시점에 상관없이 불확실한 문제의 본질을 규명하여 그 문제를 해결할 수 있는 가

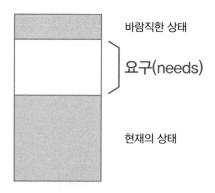

[그림 5-1] 요구의 개념

*출처: 김용현 · 김종표 · 문종철 · 이복희(2010).

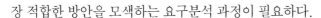

장 적합한 방안을 모색하는 요구분석 과정이 필요하다.

따라서 요구분석은 찾아낸 요구를 기반으로 조직, 프로그램 등의 성과 증진과 자원배분에 관한 우선순위를 결정하도록 하는 시스템적인 과정이라고 정의할 수 있다 (Witkin & Altschuld, 1995). 초기 요구분석들은 기계적이며 참여자의 견해를 고려하지 않았지만, 인본주의적 접근방식과 청소년 눈높이에 맞거나 청소년 참여를 보장하는 청소년 프로그램 개발은 청소년의 요구를 반영하도록 변화되어 왔다.

요구분석의 목적은 요구분석의 정의에서 나타났듯이 조직 또는 프로그램 환경 내 요구에 근거한 프로그램 과정을 개발하도록 돕는 과정이다. 개인이나 조직 또는 프로그램 환경의 요구가 프로그램에 수용되도록 하는 절차 또는 일련의 과정이라고 할 수 있다. 따라서 조직에서의 요구분석은 효과적인 교육과정 수행을 위한 핵심 단계일 수밖에 없다(Brown, 2002). 요구분석의 결과에 따라 프로그램 과정이 구성되고, 프로그램 내용, 프로그램 진행방법, 프로그램 운영자, 프로그램 장소, 프로그램 교재 개발, 프로그램 평가, 프로그램 일정 등 프로그램 개발 과정에 영향을 끼치게 된다는 점에서 요구분석은 프로그램 운영의 성공과 실패를 좌우할 수 있다.

한편, 노아(Noe)는 요구분석을 프로그램의 필요성을 결정하기 위해 사용되는 프로세스로 정의하였으며, 요구분석이 설계 프로세스의 첫 단계이기 때문에 이를 충분히 수행하지 않으면 프로그램 진행방법 또는 활동환경과 무관하게 개발자가 기대하는 성과를 달성할 수 없다고 강조하고 있다(Noe, 2002). 또한 요구분석은 교육과정 설계, 과제 구성, 교재 설계를 위한 출발이라고 하였다(Flowerdew & Peacock, 2001). 요구분석의 목적과 단계를 청소년 프로그램에 적용하면 [그림 5-2]와 같이

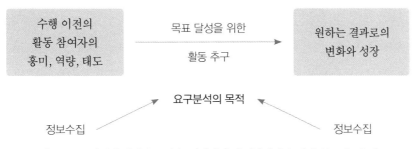

[그림 5-2] 요구분석의 목적과 단계

도식화될 수 있다(Graves, 1996).

또한 요구분석은 다양한 정보 입력을 획득하는 수단을 제공하고, 이를 통해 목적, 목표, 내용을 개발하는 데 사용된다. 특히 현재의 프로그램 과정을 반성하고 평가하기 위한 데이터로 사용될 수 있다(Richards & Rodgers, 1984). 요구분석의 장점은 시간과 노력의 낭비를 최소한으로 줄이고 개인과 조직의 이익에 이바지할 수 있는 것이다(Queeney, 1995).

요약하면 요구분석은 프로그램에 참여할 예정이거나 대상자인 사람들의 요구를 파악하는 수단이고 특정 집단 사람들의 만족스러운 삶을 보장하기 위해 부족한 것을 충족시켜 주는 도구이다. 또한 프로그램 개발자, 정책 입안자, 행정가 모두에게 필요한 기술이면서 잘 계획된 요구분석은 조직차원의 정보수집과 조직의 장기적인 미래 비전을 설정하는 기본 자료를 제공하는 기능을 할 수 있다. 그리고 프로그램 개발의 핵심적인 과정으로 요구조사, 요구진단 등과 유사 용어로 활용되고 있으며 분석결과는 잠재적 학습자들에게 프로그램에 대한 기대를 갖게 하여 참여를 촉진시키고 다양한 방법과 절차를 총괄하는 일반적인 프로그램 주제 선정을 위한 정보를 제공하기도 한다. '당신이 원하는 것이 무엇인지 말하시오.'와 같이 간단한 물음에서부터 고도의 기술을 요구하는 복잡한 과정까지 포함한다. 또한 요구분석의 방법과 기법은 목적과 프로그램의 내용에 따라 달라질 수 있으며 요구분석의 목적에 따라 요구가 다르게 분류되고 요구의 분류에 따라 사용되는 기법도 달라질 수 있다.

요구분석을 할 때 주의할 점은 요구분석 대상자가 청소년들의 경우 즉흥적 요구, 미성숙한 의견, 개인적 요구라는 한계가 있음을 고려해야 한다는 점이다. 즉, 여러 집단과 조직에 따라 요구가 다양하게 변화하기 때문에 정책수립과 의사결정의 유용성을 높이기 위해서는 다양한 집단과 조직의 요구를 정확하고 체계적으로 파악할 필요가 있다(이귀윤, 2000). 예를 들어, 중학생을 대상으로 하는 프로그램을 개발하기 위해서는 프로그램 당사자인 중학생 외에 부모, 교사, 청소년지도사, 청소년육성업무 지도자, 청소년운영위원회, 더 나아가서는 중학생 시기를 경험한 고등학생을 대상으로 요구분석을 실시하는 방법도 있다.

02 청소년 프로그램의 요구분석 자료수집

요구분석을 통해 정확한 자료를 획득하기 위해서는 대상자 관찰, 단순하고 명백하고 쉽게 이해할 수 있는 어휘와 문장 구조를 사용한 신뢰성 있는 질문지, 조사도구, 전문 매뉴얼 및 기록지, 전문가 인터뷰 등의 방법이 사용된다(Noe, 2002). 최정임(2002)은 자료분석 방법으로 현재 존재하고 있는 다양한 자료분석, 면담, 관찰, 그룹회의, 설문조사, 결정적 사태 분석을 예로 들었으며, 질문지법, 면접법, 관찰법, 델파이 기법, 비형식적 대화, 테스트, 대중매체와 전문문헌 검토 등도 요구분석 자료로 활용될 수 있다(이화정·양병찬·변종임, 2003). 요구분석 유형과 요구 정보의 상세 수준에 따라 자료수집 방법은 다양하기 때문에 한 가지 방법이 다른 방법보다 우수한 것은 아니다. 요구분석 자료수집 방법 중 대표적인 방법을 설명하면 다음과 같다.

1) 서베이 기법

서베이 기법은 잠재적 참여자가 요구하는 것에 대해 통합적이고 체계적인 방법으로 정보를 얻을 수 있는 가장 널리 쓰이는 기법이다. 서베이 기법은 대체로 다음과 같은 단계를 거쳐 이루어지는 것이 바람직하다. ① 서베이의 필요성을 결정하고, ② 목적의 설정과 필수적인 정보를 확인하여야 한다. ③ 기본계획서 작성과 응답자의 눈높이에 맞도록 서베이 측정도구 등을 검토한 후, ④ 정보 수집 방법을 결정한다. ⑤ 서베이에 적절한 도구를 설계하는데 이때 대상자와 지역적 특성 등을 고려해야 한다. ⑥ 예비 테스트를 통해 수정하고, ⑦ 질문지의 안내문 작성, 그리고 마지막으로 서베이 결과 활용의 계획을 수립한다.

서베이를 실시하는 방법으로는 크게 질문지법과 면접법이 있다.

(1) 질문지법

질문지법은 응답자와 접촉이 거의 없이 이뤄지는 우편이나 분배 형식을 통해 정보를 얻는데 많은 사람들을 요구분석에 참여시킬 수 있어서 다양한 정보를 수집할 수 있는 큰 장점이 있다. 그러나 상세한 정보를 획득하는 데는 다소 무리가 있다.

질문지법은 대답하기 쉬워야 하고, 간단·간결해야 한다. 무엇보다도 논리적인 방법으로 구성되어야 하고, 익명이라도 민감한 개인정보를 유출할 수 있는 항목은 제외해야 한다. 최근 「개인정보 보호법」이 강화됨에 따라 질문지법을 활용할 경우 개인정보 동의 여부를 체크할 수 있도록 하여 개인정보의 수집·이용·제공 등에 대한 단계별 보호기준을 준수하여야 한다.

(2) 면접법

면접법은 응답자와 대면하거나 전화를 통해 정보를 얻는 형식으로 이뤄진다. 면대면 면접이나 전화 인터뷰는 시간이 많이 소비되지만 근로자의 요구에 대한 보다 상세한 정보를 모을 수 있다. 특히 그중 하나가 포커스 집단 면접이다. 포커스 집단 면접은 면접에서 참여자들에게 심도 있는 일대일 질의를 통해 의견을 수집하고 수집된 의견에 대한 참여자들의 합의를 도출하는 방법으로 합의를 통한 잠재적인 해결 방안을 제시할 수 있다. 또한 대부분의 집단 면접은 생성된 의견이나 요구에 관련된 사항에 대해서 더 심도 있는 후속 토의를 가능하게 하므로 자료를 수집하는 데만 도움이 되는 것이 아니라 참여자들의 요구가 반영된 활동프로그램에 대해서 추후 궁극적으로 지원할 수 있는 분위기를 조성하는 데 도움이 되기도 한다(Eastmond, 1994). 집단 면접은 요구에 대해 기대하지 못했던 결론을 얻기도 하고 또 요구의 다양한 목적의 충족을 가능케 하므로 특히 포커스 집단 면접과 같은 기법은 요구 자료를 수집하는 데 가장 많이 사용되는 방법 중의 하나이다(McClelland, 1994). 이런 장점이 있는 반면, 자료수집 시간이 오래 걸리기도 하고 개별 면접이나 집단 면접을 실시할 경우 응답을 이끌어 내는 과정에서 면접 수행자에게 숙련된 기술과 경험이 요구되는 제한점이 있다(Goldstein, 1993).

2) 관찰법

관찰법은 도구를 사용하지 않는 측정이며, 만약 도구를 사용해도 그것을 측정하는 사람에게 영향을 미치지만 측정받는 대상에게는 영향을 미치지 않는 측정이어야 한다. 관찰자가 조사 대상의 개인, 사회집단, 또는 지역사회의 행동이나 사회현상을 현장에서 직접 보거나 들어서 필요한 상황을 정확히 알아내려는 방법이다. 이러한 관찰법에는 사람이 행하고 말하는 것을 관찰하는 방법과 사람들에게 자신과 타인의 행동에 대하여 질문하는 방법이 있다(김진화, 2001).

관찰은 대상자의 행동을 방해하지 않고 환경에 가장 적합한 정보를 습득할 수 있다는 장점이 있지만, 관찰 사실을 대상자가 알고 있다면 대상자의 행동에 영향을 받을 수 있고 전문적인 기술을 필요로 한다는 단점이 있다. 일차적 목표는 비언어적 행동에 대한 자료를 수집이고, 시각뿐만 아니라 모든 감각을 동원한다. 정밀한 관찰이 필요할 경우 측정도구를 이용하기도 하지만 무엇보다도 중요한 것은 관찰하는 방법도 타당하고, 신뢰할 수 있고, 객관적으로 이루어져야 정확하게 분석될 수 있는 자료수집이 될 수 있다.

3) 델파이 기법

델파이 기법은 1950년대 초에 미국의 랜드연구소(Rand Corporation)에서 개발한 의견조사 방법으로 전문가의 경험적 지식과 판단을 통해 앞으로 일어날 사건 또는 그 사건이 발생할 가능성들을 예측하는 데 있어 효과적 자원으로 구성될 수 있는 전문가 합의법이라고 한다. 따라서 델파이 기법에 있어서 전문가 선정에 대한 문제는 매우 중요한 문제이다. 원래 델파이 기법이 전문가적 직관을 객관화된 수치로 나타내는 방법이기 때문에 조사에 참여한 전문가의 자질은 매우 중요할 수밖에 없다. 델파이 기법은 요구 및 문제의 원인과 해결책을 밝히는 데 유용하지만, 시간이 많이 소요되고 자료의 분석에 어려움이 있는 것이 단점이다.

⑴ 전문가의 선정 기준
① 전문가들은 응답을 하는 데에 적어도 평균적인 수준 이상의 필수적인 지식을 갖추고 있어야 한다.
② 조사에 참여하는 전문가들은 지역적인 부분을 고려해야 한다.
③ 전문가들은 합리적이고 객관적이며 편향되지 않은 사고를 갖고 있어야 한다.

④ 전문가들은 조사에 적극적으로 참여하여야 한다.

⑤ 전문가들은 델파이 과정에 소요되는 기간 동안 지속적으로 시간을 낼 수 있어야 한다.

(2) 델파이 기법의 단계

① **전문가 집단 구성**: 분석하고자 하는 내용에 대해 가장 잘 알고 있는 전문가를 30명에서 최고 100명까지 선정하여 패널을 구성한다.

② **1차 질문**: 구성된 패널을 통해 개방형 질문을 활용하여 그들의 견해를 모두 나열함으로써 가능한 한 많은 자료를 수집하고 분석하여 항목으로 구성한 후 상호 관련 있는 문장들을 연결하여 폐쇄형 질문지를 만든다.

③ **2차 질문**: 개발된 폐쇄형 설문지를 동일 대상자에게 보내는 2차 질문을 실시한다. 이때는 문항에 점수를 주거나 중요도를 측정하여 일정수의 중요 문항을 선택하게 한다.

④ **3차 질문**: 수집된 결과를 항목별로 종합하여 전문가 전체의 항목별 빈도, 평균 또는 표준편차 등을 제시하여 다시 동일 집단에게 보내어 중요 문항을 선택하게 한다.

⑤ **4차 질문 피드백**: 3차 질문의 결과를 가지고 델파이 전문가와 면담을 실시한다. 이와 같은 방법으로 전문가들 사이에 어떤 합의점을 찾을 때까지 여러 차례의 설문을 통하여 최종 결과를 얻는다.

4) 전문 매뉴얼 및 기록 고찰

전문 매뉴얼 및 기록 고찰은 절차에 대한 좋은 정보이고, 객관적인 자료로 활용될 수 있다. 또한 신규 프로그램이나 현재 진행 중인 프로그램에 대한 정보를 얻을 수 있다는 점이 장점이다. 그러나 최신의 자료가 아닐 수 있고, 표준화된 것이기 때문에 모든 연령과 대상에 적용하기에는 다소 어려움이 있으므로 이러한 단점을 고려해서 활용해야 한다.

5) 테스트(진단)

다양한 테스트, 즉 진단검사를 통해서 적절한 처치와 활동프로그램을 개발하고 결정한다. 일반적으로 표준화된 검사지를 사용해야 한다. 지식, 기술, 태도에서 부족한 부분이 무엇인지, 즉 무엇을 어떠한 내용으로 가르쳐야 하는지를 결정하는 데 유용하고, 특히 참여 대상자 선정이나 분류를 할 때 사용되거나 프로그램의 효과성

표 5-1 요구분석 자료수집방법 비교

요구분석 자료수집	장점	단점
서베이 질문지법	• 다수 정보를 단시간에 수집 가능 • 저렴한 비용 • 익명성 보장 • 자료의 요약 및 분석 용이	• 질문지 개발에 대한 시간 및 전문성 요구 • 응답 회수율 • 근본적인 문제 파악 및 분석 필요
서베이 면접법	• 문제해결과 원인 예측 가능 • 대상자 용어로 표현 가능 • 대상자들의 의사소통 강화	• 시간 소요의 문제 • 정량화 어려움 • 전문적 인터뷰 기술방법 필요
관찰법	• 피관찰자(대상자)의 일상 활동 방해 최소화 • 관찰자와 피관찰자 간의 추론 비교 가능	• 숙달된 관찰자 필요 • 작업, 상황 자료만 수집 가능(제한된 자료수집) • 반응자의 거짓반응 가능성
델파이 기법	• 요구 및 문제의 원인과 해결책 마련에 용이 • 시간 및 경비 절약	• 전문가 선정 시 대표성 문제 • 질문 또는 진술문의 모호한 작성이 각 전문가별로 달리 해석될 가능성 • 극단적 의견에 대한 처리 문제
전문 매뉴얼 및 기록 고찰	• 문제해결 구체화 • 업무 방해 최소 • 자료수집 용이	• 해결책이 명확하지 않음 • 현재보다 과거의 상황 반영으로 적용가능성 부족 • 숙련된 분석 전문가 필요
테스트(진단)	• 검증된 검사지 활용 가능 • 시간과 비용 절약 • 분류의 기준 명확	• 응답자의 불성실성 • 검사 목적에 대한 설명과 안내가 필요 • 신뢰도와 타당성이 검증된 검사지

을 검증할 때 사전-사후 검사비교에도 사용된다. 테스트 방법에서 중요한 것은 진단검사지가 신뢰성과 타당성이 높은 진단지인가에 대한 부분이다. 진단검사지가 신뢰성이 떨어지거나 타당성이 낮다면 정확한 요구분석 자료로 활용될 수 없을 뿐만 아니라 이와 연결되는 프로그램에도 영향을 줄 수 있기 때문에 타당성이 확보된 진단지 사용이 매우 중요하다.

앞의 〈표 5-1〉은 앞에서 제시한 요구분석을 위한 자료수집 방법의 장점과 단점을 비교하여 요약한 것이다.

03 청소년 프로그램의 요구분석 방법

1) 요구분석 절차

요구를 분석하는 것은 프로그램 참여자와 프로그램 필요에 해당되는 환경의 요구를 분석함으로써 왜 프로그램을 실시해야 하는지를 분석하는 것이다. 현재 문제가 무엇인지, 부족한 게 무엇인지, 기대하는 게 무엇인지를 밝히는 것이며 최종적으로는 프로그램의 목적을 도출하는 것이다.

요구분석의 과정은 상황분석, 목적 결정, 정보의 출처 확인, 도구 선정, 계획, 실행, 결과 분석 및 보고의 단계로 나누어지며 각 단계에서 수행되는 과업은 다음과 같다(최정임, 2002).

첫 번째 단계인 요구분석의 상황분석은 요구분석이 필요한 상황에 대해서 이해하고, 정보를 분석해 내는 단계이다.

두 번째 단계는 요구분석의 목적을 결정하는 단계로서 상황에 대한 분석이 이루어지면 요구분석을 통해 찾아내고자 하는 정보가 무엇인지에 대한 정확한 목적을 결정해야 한다. 요구분석을 통해 추구해야 하는 목적은 최적(Optimals), 실제(Actuals), 느낌(Feelings), 원인(Causes), 해결 방안(Solutions)의 다섯 가지 유형으로 나눌 수 있다.

세 번째 단계는 정보의 출처를 확인해야 한다. 요구분석의 상황에 따라 정보의 출

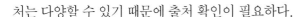

처는 다양할 수 있기 때문에 출처 확인이 필요하다.

네 번째 단계는 요구분석 상황과 목적이 결정되고 출처가 확인되면, 목적을 달성하기 위하여 요구분석의 도구를 선정해야 한다. 요구분석에 사용되는 도구는 매우 다양하지만, 일반적으로 사용되는 도구로 직접 대상자나 관련 대상자들의 면담, 관찰, 기존자료 또는 과거자료 분석, 설문조사, 결정적 사태 분석, 그룹회의 등이 있다.

다섯 번째 단계는 상황 파악과 목적 및 방법이 결정되었다면, 요구분석의 실행에 앞서 요구분석의 계획을 세워야 한다. 요구분석 계획서를 작성하여야 계획이 구체화될 수 있으며 이때 계획서에 포함되어야 할 내용으로는 문제상황, 요구분석의 목적, 사용될 요구분석 도구, 요구분석 절차, 요구분석팀 소개와 역할 분담, 요구분석 실행 일정 등이 있다.

여섯 번째 단계는 요구분석 계획이 세워지면 면담, 관찰, 그룹회의 등의 질적 자료와 설문조사를 통해 얻게 되는 양적 자료를 수집하는 실행이 이루어지고, 이때 자료 수집이 기한 내에 이루어질 수 있도록 안내가 필요하다.

마지막 단계는 결과 분석 및 보고의 단계로 요구분석의 자료수집이 끝나면 자료를 정리 및 분석하여 해결 방안에 대한 대안을 제시한다. 조사된 내용과 결과는 문서나 프레젠테이션을 통해 기관장 및 관련자들(공무원, 학부모, 지역사회 시민, 청소년 등)에게 보고하게 된다. 보고의 형태와 방법은 기관의 요구와 상황에 따라 결정될 수 있다.

일반적으로 이러한 단계를 거쳐 프로그램 요구분석이 이루어지지만, 요구분석에서 프로그램 개발을 해야 할 타당성이 없다고 밝혀질 경우에는 더 이상 프로그램 개발이 진행되지 않고, 요구분석 절차가 종료될 수 있다(윤순덕, 2007).

[그림 5-3] 요구분석 절차

2) 요구분석 통계방법

요구분석 처리 절차는 요구분석의 자료수집을 통해서 결과물을 생성하여 프로그램을 구체적으로 설계하는 과정이다. 요구분석의 자료들은 다양한 통계방법을 통하여 처리될 수 있다.

(1) 요구분석의 단순평균 산출

요구분석의 단순평균 산출방법은 그동안 요구분석 처리 과정 중에서 가장 기본적인 요구를 점수화한 처리 과정이다. 일반적으로는 요구분석에서 시행하고 있는 리커트 척도를 사용하여 기본 요구를 점수화하여 요구도로 분석한다. 그러나 이는 프로그램을 구성하는 내용항목을 설계하는 데 참고 자료가 될 수 있지만, 복수 집단이 요구조사 대상이라면 각 집단별로 요구도가 통계적으로 유의미한 차이를 보이기도 하므로 각 집단의 요구도를 단순하게 결합하여 내용항목 설계의 근거로 삼는 것은 프로그램을 개발하는 데 다소 미흡할 수 있다.

(2) 요구분석 평균에 대한 표준화 점수

다음으로는 첫 단계가 지니는 단점을 보완하기 위해서 표준화된 점수를 산출하는 방법이 있다. 요구도의 단순평균 산출방법은 각 집단별로 요구도가 통계적으로 유의미한 차이를 보일 경우 자료 해석에 적절성 문제가 발생할 수 있다. 따라서 각 집단의 요구도를 일정한 기준하에 동일한 수준으로 표준화하는 것이 객관적이다. 결국 표준화는 이질적인 집단을 대상으로 하는 요구분석에서 객관화 작업이라고 할 수 있다. 그러나 표준화 점수는 설문응답의 분포도를 의미하므로 설문조사를 통해서 얻어지는 각 집단의 요구도의 평균값의 최소값과 최대값의 차이에 비해 더 큰 차이를 보이므로 표준화 점수의 단순 합산값은 자료 해석의 왜곡이 가능하다. 따라서 이 표준화 점수만을 근거로 내용항목을 설계하는 것도 부적절할 수 있다.

(3) 표준화 점수에 대한 누적 표준정규분포 함수값 변환

표준화 점수의 단점을 보완하기 위해 누적 표준정규분포 함수값을 산출하는 방법이 있다. 누적 표준정규분포 함수값은 표준화 점수를 다시 적분하여 0에서 1까지의 분포값으로 나타낸다. 따라서 각 항목별 평균값의 최소값과 최대값의 범위가 축소되어 표준화 점수가 지니고 있는 자료 해석의 단점을 해소할 수 있다. 이로써 각 집단의 기본 요구도를 면밀하게 객관화하는 과정을 거친다. 표준화하는 자료의 값이 중심 경향에서 떨어져 있을 때 원래 자료값의 범위에 비해 전체의 범위가 넓어지는 단점을 가지고 있다. 이런 단점을 해소하기 위하여 누적 표준정규분포값으로 변환하여 산출한다.

⑷ 가중치를 고려한 가중 요구도 산출

앞의 세 단계는 각 집단의 요구도를 객관화하여 프로그램 내용항목 설계에 반영하고자 설정한 단계이다. 그러나 복수 집단의 요구도를 내용항목에 반영할 때 각 집단별 요구도가 동일하게 반영되는 것은 학습자와의 상호작용의 정도가 다르므로 적절하지 않다. 그런데 프로그램 참여자 집단, 특히 청소년의 요구와 관계자들의 요구가 그 중요성에서 차이가 있음에도 불구하고, 그 중요성 정도를 정확하게 파악하는 것은 현실적으로 어렵다. 따라서 이를 보완하기 위해 청소년 전문가 판단을 가중치로 부여하는 방법이 있다.

가중치는 비중을 달리하는 여러 가지 항목들에 대한 하나의 평균치를 산출할 때 단순한 산술평균만으로는 합리적인 수치를 뽑을 수 없으므로 비중에 따라 개별 항목에 알맞은 중요도를 결정하고, 이를 적용하여 평균치를 얻기 위한 방법으로 적용한다. 가중치 부여방식으로 가장 많이 사용되는 것은 전문가에 대한 설문조사를 통해 가중치를 구하는 것이다. 전문가의 판단에 의해 가중치를 산출하는 방식으로는 전문가 그룹의 토의와 전문가 다수에 대한 설문을 통해 항목별 및 지표별 가중치를 부여하고 이들 결과를 합산하여 가중치를 산정하는 방식이다.

3) 우선순위 결정

(1) 요구도 공식 활용

요구분석은 합리성과 타당성을 지닌 정보 및 근거자료의 확보와 이를 토대로 의사결정을 통하여 프로그램 개발 과정에서 목표 설정에 반영하는 것이 최종 목적이라 할 수 있다. 요구분석이 실제 현장계획을 위한 의사결정 자료로 활용되지 못한다면 요구분석은 완성된 것이라 할 수 없을 만큼 요구분석에서 결과의 해석과 의사결정은 중요한 부분이다. 그러나 요구분석과 관련한 연구에서 요구분석의 우선순위 결정에 관한 이론적 또는 실용적 기법이 많지 않을 뿐 아니라 요구분석의 우선순위에 대한 연구자의 관심이나 연구물이 많지 않은 편이다. 요구분석에 있어서 개념, 절차, 통계방법 등에 관한 다양한 주장과 접근방법이 제시되고 있지만 최종적으로 우선순위를 결정한다는 것은 매우 어려운 과제이다(김정일, 1997). 요구분석에 있어 우선순위를 측정할 때 요구분석의 목적, 프로그램 주체, 내용, 방법, 청소년지도사의 역량, 장소, 청소년 연령 등 대내외적 환경의 여러 측면이 감안되어야 하기 때문에 표준화하여 일률적으로 제시할 수 없는 한계가 있다.

프로그램 요구분석에서 획득한 정보의 우선순위를 결정하기 위하여 헤르슈코비

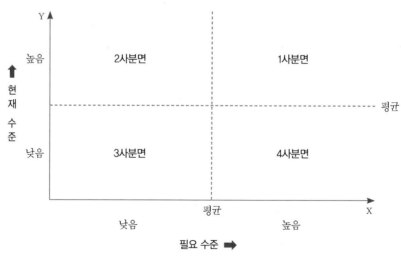

[그림 5-4] 헤르슈코비츠의 임계 함수

*출처: 나승일(2001).

츠(Herschkowitz)의 임계 함수(criticality function)를 사용하는 방법이 있다([그림 5-4] 참조). 이 함수는 필요 수준의 평균값과 현재 수준의 평균값을 기준으로 4분면으로 구분한 후, 세부 요소별로 조사된 수치들을 좌표로 점을 찍어 각각 '1사분면 = 필요 수준과 현재 수준이 모두 높은 분면' '2사분면 = 필요 수준은 낮지만 현재 수준은 높은 분면' '3사분면 = 필요 수준과 현재 수준이 모두 낮은 분면' '4사분면 = 필요 수준은 높지만 현재 수준은 낮은 분면'으로 제시한다.

프로그램 개발 우선순위는 필요 수준은 높지만 현재 수준은 낮은 분면(4사분면)에 있는 하위 요소들에 두어 프로그램 개발이 이루어져야 한다. 필요 수준과 현재 수준이 모두 낮은 분면(3사분면)에 있는 하위 요소들이 그다음 순위가 되어야 한다. 또한 필요 수준과 현재 수준이 모두 높은 분면(1사분면)에 위치한 하위 요소들은 현재의 높은 능력 수준이 지속될 수 있도록 해야 하며, 필요 수준은 낮지만 현재 수준은 높은 분면(2사분면)에 있는 하위 요소들은 실제로 필요한지 또는 필요 없는지에 대한 지속적인 확인이 필요한 요소들이다. 따라서 우선순위결정은 4사분면 → 3사분면 → 1사분면 → 2사분면 순이 된다(나승일, 2001).

프로그램 요구분석 우선순위를 결정하는 또 다른 방법은 보리치(Borich)의 요구 분석 계산 방식이다. 보리치는 두 상태의 단순한 차이를 교육요구분석으로 보는 것에서 한 차원 발전된 요구도 공식을 개발하였는데, 이것은 설문조사를 통한 요구분석에서 우선순위를 결정하는 데 쓰이는 합리적인 방식이며 필요 수준에 가중치를 주는 절차는 타당한 방법이라고 평가되고 있다(Borich, 1980). 보리치의 계산 방식을

$$\text{프로그램 요구도} = \frac{\{\sum(RL-PL)\} \times \overline{RL}}{N}$$

RL: 동의 수준(바람직한 수준)
PL: 현재 수준
$\overline{RL}$: 동의 수준 평균
N : 전체 사례수

[그림 5-5] 보리치의 계산 방식

응용한 프로그램 요구분석 공식은 앞의 [그림 5-5]와 같다.

RL(Required Level)은 바람직한 수준으로 프로그램 개발을 위해 필요한 동의 수준을 의미하는 것이고, PL(Present Level)은 현재 프로그램에 대해 스스로 인식하는 수준을 의미한다. 각 사례마다 이러한 차이를 모두 합한 값[Σ(RL-PL)]에 동의 수준의 평균값을 곱한 후, 전체 사례수로 나눈 값이 프로그램 요구분석 값이다. 요구되는 수준이 높을수록, 그리고 현재의 수준이 낮을수록 요구도의 값은 더 높아지게 된다 (나승일 · 김주이, 1998). 산출된 값을 기준으로 그 크기를 비교하여 가장 높은 순서대로 요구 수준의 우선순위를 결정할 수 있다.

그러나 보리치 요구도 점수를 통해서 우선순위를 결정하는 것은 객관적이고 분석적이기는 하지만 요구도 값에 따라 우선순위를 나열할 수 있는 정보만을 제공할 수 있는 단점이 있다.

(2) T-검정

설문조사를 통한 요구분석의 경우 많은 연구들이 T-검정을 실시하여 각 항목의 바람직한 수준과 현재 수준 간의 차이를 통계적으로 분석하여 결과를 도출한다(이명숙 · 원상봉, 2013; 조혜진 · 김수연, 2013). 그러나 T-검정 결과는 하나의 항목에 대하여 현재 수준의 평균값과 바람직한 수준을 통계적으로 유의한 차이만을 분석하고 판단하기 때문에 방향성에 대한 제시가 어렵다는 단점이 있다.

(3) The Locus for Focus 모형

The Locus for Focus 모형은 최우선적으로 고려해야 할 요구들을 결정할 수 있는 모형이다. 즉, 좌표평면을 이용하여 우선순위를 결정하는 방법이다. 2개의 축으로 구성된 좌표평면에 항목들의 점수를 계산하여 우선순위를 시각적으로 결정하는데 이때 가로축은 바람직한 수준의 값이고, 세로축은 바람직한 수준과 현재 수준의 차이값을 의미한다. 또한 가로축의 중앙값은 바람직한 수준의 평균값이고, 세로축의 중앙값은 바람직한 수준과 현재 수준 차이의 평균값, 즉 불일치 수준을 의미한다.

[그림 5-6]의 The Locus for Focus 모형에서 제시된 좌표평면의 경우 분면의 해석에 따라서 우선순위 결정에 차이가 있을 수 있다. 일반적으로 1사분면에 해당하는

바람직한 수준: 낮음
불일치 수준: 높음

LH

바람직한 수준 : 높음
불일치 수준: 높음

HH

바람직한 수준
-현재 수준의
평균값

LL

바람직한 수준: 낮음
불일치 수준: 낮음

HL

바람직한 수준: 높음
불일치 수준: 낮음

낮음

낮음　　　바람직한 수준의 평균값　　　높음

[그림 5-6] The Locus for Focus 모형

*출처: 조대연(2009).

부분이 가장 우선순위가 높은 영역이고, 그다음으로 우선순위가 높은 영역이 2사분면인지 4사분면인지에 대해서는 프로그램 운영기관과 담당자마다 해석이 다를 수 있다. 또한 같은 사분면 안에서도 우선순위를 결정하기 어려운 경우가 있는데 이때 내·외부 전문가 또는 청소년운영위원회를 통한 의사결정과정이 필요할 수 있다.

요약

1. 요구가 대상자의 '현재의 상태'와 '희망하는 상태' 사이의 차이를 의미한다면 요구분석은 현재의 상태와 희망하는 상태의 격차를 확인하고, 이를 해결하기 위하여 체계적인 과정과 절차를 거쳐 우선순위를 합리적으로 결정하는 것이라 할 수 있다.

요
약

2. 요구분석의 목적은 요구분석의 정의에서 나타났듯이 조직 또는 프로그램 환경 내 요구에 근거한 프로그램 과정을 개발하도록 돕는 과정이며, 개인이나 조직 또는 프로그램 환경의 요구가 프로그램 과정에 수용되도록 하는 절차 또는 일련의 과정이라고 할 수 있다.

3. 요구를 분석할 때 요구분석의 대상자에 있어서도 청소년들 외에 요구가 다양하게 변화하기 때문에 정책수립과 의사결정의 유용성을 높이기 위해서는 다양한 집단과 조직의 요구를 정확하고 체계적으로 파악할 필요가 있다.

4. 요구분석 자료수집은 요구분석에 관한 정보의 유형뿐만 아니라 정보의 상세 수준에 따라 다양하기 때문에 한 가지 방법이 다른 방법보다 우수한 것은 아니다. 이에 요구분석 자료 수집 방법으로 서베이 기법, 관찰법, 델파이 기법, 전문 매뉴얼 및 기록 고찰, 테스트 등을 제시하였고, 각 방법의 장점과 단점을 통해서 프로그램 설계와 개발에 필요한 방법을 선택하도록 하였다.

5. 요구분석방법은 요구분석 절차, 요구분석 통계방법 그리고 우선순위 결정방법을 설명하였고, 지도자의 역량, 참여 대상자, 기관에 따라 적용 가능한 방법을 선택하여 실시한다. 일반적으로 요구분석의 과정은 상황분석, 목적 결정, 정보의 출처, 확인, 도구 선정, 계획, 실행, 결과 분석 및 보고의 단계로 나누어진다.

6. 요구분석 통계방법으로 요구분석의 단순평균 산출방법, 요구분석의 평균에 대한 표준화 점수를 활용한 방법, 표준화 점수에 대한 누적 표준정규분포 함수값 변환 방법, 가중치를 고려한 가중 요구도 산출방법을 제시하였다. 특히 가중치를 고려한 가중치 요구도는 전문가들에 의해서 가중치를 선정하도록 한다.

7. 요구분석이 실제 현장계획을 위한 의사결정 자료로 활용되지 못한다면 엄밀한 의미에서 요구분석은 완성된 것이라 할 수 없을 만큼 요구분석에서 조사결과의 해석과 의사결정은 중요한 부분이다. 즉, 요구분석에 따른 우선순위 결정은 매우 중요한 부분이므로 여러 학자들이 제시한 공식을 활용하여 우선순위를 결정할 수 있는 객관적이고 과학적인 자료로 활용하고 있다.

김용현 · 김종표 · 문종철 · 이복희(2010). **평생교육프로그램개발론**. 경기: 양서원.

김정일(1997). 노동조합간부의 리더십훈련 요구분석. 서울대학교 대학원 박사학위논문.

김진화(2001). **평생교육 프로그램개발론**. 경기: 교육과학사.

나승일(2001). **전문대학 학생의 학습능력 신장 프로그램 개발 연구**. 서울: 전문대학 교수-학습개발협의회.

나승일 · 김주이(1998). 초등 교사들의 실과 실기능력과 교육요구도. **한국실과교육학회지**, 11(1). 175-188.

윤순덕(2007). 축산업자 환경교육프로그램 개발 연구-충청남도 홍성군을 중심으로. 한국교원대학교 교육대학원 석사학위논문.

이귀윤(2000). **교육과정 연구**. 경기: 교육과학사.

이명숙 · 원상봉(2013). 기업가 정신교육 프로그램개발을 위한 교육요구도 분석: 창업자, 예비창업자, 비창업자를 중심으로. **직업교육연구**, 32(2), 99-134.

이화정 · 양병찬 · 변종임(2003). **평생교육 프로그램 개발의 실제**. 서울: 학지사.

조대연(2009). 교사 발달단계별 직무역량 요구분석: 서울초등교사를 대상으로. **한국교원교육연구**, 26(2), 365-385.

조혜진 · 김수연(2013). 어린이집 신규 원장의 직무역량 교육요구에 따른 직무교육과정 분석. **열린유아교육연구**, 18(2), 199-220.

최정임(2002). **인적자원 개발을 위한 요구분석 실천가이드**. 서울: 학지사.

한국청소년개발원 편(2005). **청소년 프로그램개발 및 평가론**. 서울: 한국청소년개발원.

Borich, G. (1980). A Needs Assesment Model for Conducting Follow-up Studies. *Journal of Teacher Education*, *3*(1), 39-42.

Brinkerhoff, R. O. (1986). Expanding needs analysis. *Training & Development Journal*, *40*(2), 64-65.

Brown, J. (2002). Training needs assessment: A must for developing an effective training program. *Public Personnel Management*, *31*(4), 569-577.

Eastmond, N. (1994). Assessing needs, developing instruction, and evaluating results, In B. Willis (Ed.), *Distance Education: Strategies and Tools*. Englewood Cliffs, NJ: Educational Technology.

Flowerdew, J., & Peacock, M. (2001). *Research Perspectives on English for Academic Purposes*. Cambridge: Cambridge University Press.

Goldstein, I. L. (1993). *Training in Organizations: Needs Assessment, Development, and Evaluation*. Pacific Grove, CA: Brooks and Cole.

Graves, K. (1996). *A Framework of Course Development Process: Teachers as Course Developers*. Cambridge: Cambridge University Press.

Knowles, M. S. (1980). *The Modern Practice of Adult Education From Pedagogy to Andragogy*. Chicago: Foollett Publishing Company.

Long, H. B. (1983). *Adult Learning: Research and Practice*. Cambridge: The Adult Education Company.

McClelland, S. B. (1994). Training needs assessment data-gathering methods: Part 3, focus groups, *Journal of European Industrial Training, 18(3), 29-32*.

Noe, R. A. (2002). *Employee training and development*(2th ed.). New York: McGraw-Hill.

Queeney, D. S. (1995). *Assessing Needs in Continuing Education :An Essential Tool for Quality Improvement*. San Francisco: Jossey-Bass.

Richards, J. C., & Rodgers, T. S. (1984). *Approaches and Methods in Language Teaching*. Cambridge: Cambridge University Press.

Witkin, B. R., & Altschuld, J. W. (1995). *Planning and Conducting Needs Assessments: A Practical Guide*. Thousand Oaks, CA: Sage Publications.

제6장

청소년 프로그램 설계

학습개요

　　프로그램 설계는 이전(기획) 단계에서 대략적으로 생각했던 프로그램을 구체화하는 과정으로 프로그램 참여 대상자의 요구를 기반으로 프로그램의 기본방향을 설정하고, 프로그램의 목적 및 목표를 설정함은 물론 내용을 선정·조직하며, 지도방법을 체계화하고, 교육매체를 개발하는 과정을 의미한다. 프로그램을 설계할 때에는 청소년의 생물학적·교육적·정의적·지각 및 운동적 특성을 파악하여야 하고 그 원리에 따라 이루어져야 한다. 또한 프로그램의 목표, 내용, 방법, 평가의 4요소를 적절하게 고려하여 작성되어야 한다.

　　이에 이 장에서는 프로그램 설계의 개념, 원리, 구성요소를 중심으로 살펴보고 마지막에는 프로그램 설계의 예시를 제시하고자 한다.

프로그램은 실제 운영을 위해 개발하는 것이므로 대략적인 스케치나 생각만으로는 프로그램이 존재할 수 없다. 실행할 수 있는 프로그램이라는 것은 구체적으로 보다 정교하게 일정한 체계(틀), 내용, 운영, 자료 등의 형태를 띠는 것을 말하며 이는 곧 '설계'를 의미한다.

01 청소년 프로그램 설계의 이해

프로그램 설계는 이전의 기획 단계에서 대략적으로 생각했던 프로그램을 구체화하는 과정으로 프로그램 참여 대상자의 요구를 기반으로 프로그램의 기본방향을 설정하고, 프로그램의 목적 및 목표를 설정함은 물론 내용을 선정·조직하며, 지도방법을 체계화하고, 교육매체를 개발하는 과정을 의미한다. 이전 단계에서의 내용들을 구체화하기 위해서 고도의 정교함이 요구되며 많은 노력과 인내가 필요한 단계이기도 하다.

건축에서의 설계 역시 집을 짓기 위한 초기의 과정으로 만일 설계가 제대로 되지 않으면 집이라고 할 수 없다. 예를 들어, 겉보기에 멋지게 설계를 했다고 하더라도 자세히 살펴보았을 때 현관 출입구를 빠뜨렸거나 화장실의 면적을 좁게 했다면 제대로 된 집이라고 할 수 없다. 그렇기 때문에 설계단계에서는 어느 단계보다도 더욱 섬세함과 꼼꼼함이 요구된다.

청소년 프로그램의 설계는 청소년을 대상으로 하는 프로그램을 설계하는 것으로, 대상인 청소년의 특성과 요구가 반영되어야 한다. 구체적으로는 청소년의 생물학적·교육적·정의적·지각 및 운동적 특성을 파악하여야 한다.

첫째, 참여 청소년의 생물학적 특성을 파악하여야 한다. 청소년들의 연령(9~24세), 성별 등의 기본적인 파악이 필요한데 이는 같은 청소년집단이라 하더라도 연령별·성별 특성이 다르게 나타나므로 이러한 특성을 프로그램 설계 시에 반영하여 효과적으로 운영될 수 있도록 하여야 한다.

둘째, 참여 청소년의 교육적 배경을 파악하여야 한다. 예를 들어, 프로그램에 참여한 같은 연령의 중학생 청소년들이라 할지라도 이들의 교육수준이나 선행 지식 및 경험은 모두 다를 수 있으므로 이를 파악하여 프로그램 설계 시에 반영하여야 한다. 이러한 교육적 배경의 파악을 통해 프로그램의 주제, 수준, 방법 및 자료 선정의 근거자료를 확보할 수 있게 된다.

셋째, 참여 청소년의 정의적 특성을 파악하여야 한다. 참여 청소년들의 가치, 신념, 흥미, 관심, 동기 등을 확인하는 것이다. 특히 청소년활동 프로그램에 참여하더라도 자발적으로 참여한(동기가 높은) 청소년과 그렇지 않은(동기가 낮은) 청소년은 수행능력에 있어 차이를 보이기 때문에 이러한 부분을 감안하여 프로그램 설계 시에 반영하여야 한다.

넷째, 참여 청소년의 지각 및 운동적 특성을 파악하여야 한다. 시각, 청각 등 개인의 지각능력과 신체적인 조건 등을 통해 프로그램에 참여하게 되는 것이므로 지각능력의 수준과 신체적인 조건 등을 고려하여 프로그램 설계가 이루어져야 한다.

02 청소년 프로그램 설계의 원리

프로그램을 설계하기 위한 원리는 다음과 같다.

첫째, 프로그램 설계는 참여자의 참여를 촉진시키고 돕는 일을 목적으로 해야 한다. 많은 지식을 전달하기보다는 참여자가 프로그램 상황에 쉽게 적응하는 것에 관심을 기울여야 한다.

둘째, 프로그램 설계에는 단기적 측면과 장기적 측면이 있다. 단기적 측면은 프로그램 지도자가 프로그램을 개발하기 불과 몇 시간 전에 프로그램을 설계하는 경우이며, 장기적 측면은 오랜 시간을 두고 다양한 상황과 특성을 반영하여 설계하는 경우를 말한다.

셋째, 프로그램 설계는 프로그램 참여자의 성장과 발달에 중요한 영향을 끼칠 수 있어야 한다. 청소년활동 프로그램의 경우 학업과는 달리 여가시간에 잠깐 하는 취

미생활 정도로 볼 수도 있으나 청소년의 조화로운 성장과 발달을 목적으로 하기 때문에 참여한 청소년의 성장과 발달을 염두에 두고 설계되어야 한다.

넷째, 프로그램을 설계할 때에는 프로그램을 구성하고 있는 여러 요소들이 하나의 체계를 이룰 수 있도록 해야 한다. 즉, 프로그램을 구성하고 있는 다양한 요소들이 제각각이라면 하나의 완성된 프로그램이 나올 수 없으므로 그 요소들이 마치 하나인 것처럼 연결되어야 한다.

다섯째, 프로그램 설계자는 참여자가 프로그램의 목표를 잘 달성할 수 있도록 프로그램을 설계해야 한다. 따라서 프로그램 설계 시에 프로그램의 목표를 달성하기 위해서 그 기반이 잘 마련되어 있는지를 검토하여야 한다.

03 청소년 프로그램 설계의 구성요소

프로그램 설계 시에는 프로그램의 목표, 내용, 방법, 평가의 4요소를 적절하게 고려하여야 한다. 이 각각의 요소에 대해 구체적으로 제시하면 다음과 같다.

1) 프로그램 목표설정

설계의 첫 단계는 프로그램 목표를 설정하고 기술하는 것이다. 프로그램 목표는 프로그램 참가자가 알아야 할 지식, 기능, 태도, 행동 등을 의미하며, 프로그램 목표를 제대로 세우지 않으면 프로그램의 시작부터 혼란을 초래하게 된다. 따라서 프로그램 목표부터 정교하게 설정되어야 한다.

프로그램 목표는 프로그램의 결과를 가시화하고, 평가기준을 제시하는 근거가 된다. 프로그램의 결과, 기대되는 활동이 목표로 기술되며, 그 목표가 분명하고 정교할 때 효과적인 프로그램 결과를 얻을 수 있다(기영화, 2001).

프로그램 목표는 프로그램의 방향성을 제시해 주며 프로그램의 효과 여부를 평가하는 기준이 된다. 프로그램 목표의 역할을 구체적으로 제시하면 다음과 같다(김용현 · 김종표 · 문종철 · 이복희, 2010).

- 프로그램 개발에서 목표 다음에 나오는 여러 가지 요소들의 방향을 제시해 준다.
- 프로그램이 중심을 잡고 운영할 수 있도록 한다.
- 프로그램의 결과에 대한 의사소통과 함께 합의를 원활하게 할 수 있도록 해 준다.
- 의도한 결과가 성취되었는지를 결정하게 해 준다.
- 프로그램의 일관성을 갖게 한다.

프로그램 목표를 설정할 때는 다섯 가지의 요소를 고려해야 한다(김용현 외, 2010).

- 요구분석의 결과를 철저하게 반영하여야 한다.
- 참여자의 관심사를 파악해야 한다.
- 참여자의 주요 관심사가 무엇인지를 파악하고 그것을 프로그램에 적극 반영해야 한다.
- 주어진 프로그램의 기간에 따라 다르게 설계한다.
- 다른 프로그램과의 관계도 고려한다.

이상의 고려사항 외에도 실제 프로그램 목표를 진술할 때에 고려할 사항을 살펴보면 다음과 같다.

- 관찰 가능한 행동동사를 사용하여야 한다. 관찰이 불가능한 추상적인 용어의 사용은 금한다.
- 참여자의 입장에서 진술하여야 한다. 즉, 프로그램 목표를 진술한 문장에서 주어는 참여자(청소년)여야 한다.
- 목표가 여러 개일 때 여러 목표들 간에 조화를 유지하여야 한다.
- 프로그램 과정이나 활동을 중심으로 진술하는 오류를 피하고, 프로그램 종료 시 기대되는 행동으로 진술하여야 한다.

〈목적과 목표 작성 예시〉

Ⅰ. 프로그램 목적(예시)

　-개인주의 현상의 심화와 야외 체험활동 기회가 저하되고 있는 중학교 연령의 청소
　　년을 대상으로 자연에서의 수련활동을 통해 협동심과 모험심을 함양시키고자 한다.

　〈TIP〉 목적의 기술방법

　-상황: 개인주의 현상이 심화되고 야외 체험활동 기회가 저하되는

　-대상: 중학교 연령의 청소년을 대상으로

　-내용: 스포츠 관련 체험활동을 통해

　-의도: 모험심을 함양시키고자 함

Ⅱ. 프로그램 목표(이러한 목적에 따른 목표 예시)

　1) 협력하여 해결할 수 있는 있는 미션 프로그램을 체험하게 하여 참여자 간에 단결해
　　야 하는 필요성을 알 수 있게 한다.

　2) 익숙하지 않은 환경과 장비를 활용하는 프로그램을 제공하여 도전해 보는 정신을
　　기른다.

　3) 협력과 도전정신이 필요한 종합적인 체험프로그램을 통해 협동심과 모험심을 프로
　　그램 참가 전보다 향상시킨다.

　〈TIP〉 목표의 기술방법: 목적을 달성하기 위한 수단과 달성점을 측정할 수 있도록 기술

용어해설

ㅇ 목적: 프로그램이 의도하는 바로 프로그램 운영을 통해 궁극적으로 성취하고자 하는 것

ㅇ 목표: 참여자가 얻게 되는 변화된 지식, 흥미, 태도 등 목적을 이루기 위해 구체적으로
　　　　달성해야 할 것

*출처: 한국청소년활동진흥원(2019).

2) 프로그램 내용 선정과 조직

　프로그램의 목표가 설정되면 그에 따른 내용을 선정하고 조직하게 된다. 프로그램의 내용을 선정하고 조직하기 위해서는 몇 가지 원리에 따라야 한다.

(1) 프로그램 내용의 선정원리

프로그램의 내용을 선정하기 위한 첫 번째 원리는 '목표와의 일관성'이다. 즉, 프로그램의 내용은 목표에 부합해야 한다. 프로그램의 목표는 신체단련인데 그 내용으로 만들기나 글쓰기 등으로 내용을 선정한다면 목표와 내용이 제각각이어서 결국 프로그램의 내용으로는 목표를 달성할 수 없게 될 것이다. 따라서 프로그램의 내용은 해당 프로그램의 목표에 따라서 일관되게 선정되어야 한다.

두 번째 원리는 '참여자 발달수준의 적절성'이다. 청소년 프로그램의 경우 성인과 비교하면 청소년만 대상으로 한다는 점에서 대상이 한정적이라고 할 수 있지만 청소년 역시 세부적으로는 그 대상이 폭넓다는 특징이 있다. 즉, 학교에 다니는 청소년의 경우 초·중·고교생, 그리고 대학생까지 포함되어 있기 때문에 이들을 구분하여 프로그램을 실시하여야 하고, 청소년의 경우 신체·정서·인지 측면에서 발달과정 중에 있기 때문에 그 발달수준이 충분히 고려되어야 한다. 프로그램 참여자들의 구체적인 발달수준을 일일이 다 고려하기는 어려울지라도 프로그램 참여 대상 청소년의 일반적인 발달수준, 특성 등을 사전에 파악하여 프로그램의 내용에 반영하여야 한다. 일례로 진로와 관련된 프로그램의 경우, 초등학교 4~6학년 대상의 프로그램과 중학생 대상의 프로그램은 내용이 다르게 구성된다. 초등학생의 경우 풍부한 진로체험을 중심으로, 중학생의 경우 진로적성검사 등을 통해 자신의 성향 등을 고려한 진로를 생각해 보는 내용을 중심으로 프로그램이 이루어질 수 있다.

세 번째 원리는 '참여자의 흥미 및 관심 고려'이다. 청소년들은 학교수업을 보충하기 위해서가 아니라 개인의 여가를 활용하기 위해 프로그램에 참여하는 경우가 많다. 그렇기 때문에 프로그램에 학교수업과는 달리 흥미나 관심을 갖게 하는 매력적인 요소가 있어야 한다. 이러한 흥미나 관심은 프로그램 신청서를 작성하게 하는 중요한 이유가 되기도 하지만 프로그램의 지속적인 참여를 위해서도 매우 중요한 요소가 된다. 이와 같은 이유로 청소년 프로그램의 내용 선정은 청소년들의 주의를 끌 수 있는 매력적인 프로그램의 제목 선정으로부터 출발할 필요가 있다.

네 번째 원리는 '참여자의 자발성'이다. 청소년 프로그램인 청소년(수련)활동은 그 개념에서부터 청소년의 자발성을 강조한다.[1] 즉, 자발적으로 프로그램에 참여하지 않는다면 청소년활동으로서의 의미가 없다고 할 수 있다. 청소년 프로그램을 운영하는 지도자가 있다고 하더라도 참여 청소년들이 무조건 지도자의 지시에 따라 수동적으로 프로그램에 참여하는 것이 아니라 프로그램 과정 중에 스스로 선택하고 주어진 문제를 해결하며 소그룹 구성원들 간에 협의하는 절차들이 주어져야한다. 이렇게 될 때 프로그램의 효과성 및 만족도 역시 향상될 수 있다.

(2) 프로그램 내용의 조직원리

프로그램 내용을 선정하였다면 이를 어떻게 조직해야 하는지가 중요하다. 프로그램의 내용을 조직하기 위한 원리는 다음과 같다(이해주 · 최운실 · 권두승 · 장원섭, 2017).

첫째, '계열성의 원리'이다. 계열성은 선정된 프로그램의 내용들 간에 일반적으로 존재하는 위계성과 상황 관련성에 따라 조직하는 원리를 말한다. 즉, 먼저 배워야 할 내용, 뒤에 배우게 될 내용을 이론적 순서와 심리적 인지과정에 따라 조직하는 것이다. 예를 들면, 구체적인 내용에서부터 시작해서 추상적인 내용으로, 쉬운 내용에서부터 어려운 내용으로 조직하여 내용의 깊이와 넓이를 더해 가는 것을 말한다.

둘째, '통합성의 원리'이다. 통합성은 프로그램 내용이 참여자의 경험 속에 의미 있게 횡적으로 통합되도록 조직하는 것을 말한다. 프로그램 계획에서 가장 중요한 것은 프로그램의 목적을 위해 모든 프로그램의 내용이 통합되도록 조직하는 것이다. 그동안에 얻은 배움의 경험들이 상호 연결되고 통합됨으로써 보다 효과적인 배움과 성장을 촉진할 수 있어야 한다.

셋째, '계속성의 원리'이다. 계속성은 동일한 프로그램 내용에 대한 반복을 말한다. 어떤 형태의 프로그램이든 참여자에게 내면화되고 습관화 · 인격화되기 위해서는 일정 기간 이상 반복이 필요하다. 따라서 프로그램의 내용을 조직할 때에는 프로그램의 효과가 나타날 수 있도록 반복해야 한다.

---

1) 청소년수련활동의 개념: 청소년이 청소년활동에 자발적으로 참여하여 청소년 시기에 필요한 기량과 품성을 함양하는 교육적 활동(「청소년활동진흥법」 제2조)

3) 프로그램 실행방법 선정

프로그램의 내용이 선정·조직되면 이를 실행할 수 있는 방법을 결정해야 한다. 프로그램의 실행 시에는 프로그램의 목표가 잘 달성될 수 있도록 적절한 방법을 선정해야 하며, 이에 대한 네 가지 원리를 제시하면 다음과 같다(이해주 외, 2017).

첫째, 자기주도성의 원리이다. 프로그램의 실행방법은 참여자의 자기주도성을 촉진시키는 것이어야 한다. 즉, 참여자 스스로 자신의 필요와 욕구를 진단하여 그것을 성취 가능한 목표로 진술한 뒤 목표 달성에 필요한 자원과 방법을 선정하여 활동을 수행하고, 성취한 결과를 스스로 평가하는 방법을 의미한다. 자기주도성이 높은 참여자는 내재적 동기, 긍정적 자아개념, 개방성과 독립성, 자율성이 높은 특성이 있다.

둘째, 상호성의 원리이다. 자기주도적인 참여자라고 하더라도 혼자 프로그램에 참여하는 것보다 소그룹 같은 집단을 구성하여 여럿이 상호작용을 하면서 참여하는 것이 효과적이라고 할 수 있다. 청소년 프로그램은 보통 소그룹 이상이 함께 집단으로 활동하는 형태를 띠는 경우가 많으며, 이 과정에서 상호작용을 하게 된다.

셋째, 다양성의 원리이다. 다양한 특성을 지닌 청소년들이 프로그램에 참여하게 되며 이를 감안하면 이들의 이질적인 요구를 프로그램에 반영하고, 이를 충족시키기 위한 다양한 프로그램의 실행방법을 채택해야 한다. 인터넷과 같은 정보기기가 발달하고, 코로나19 상황 등 변화하는 사회의 환경을 고려하면 비대면 프로그램의 운영도 새로운 프로그램 실행방법으로 적절할 수 있다.

넷째, 참여의 원리이다. 프로그램의 계획은 보통 프로그램 운영기관의 담당자가 하는 일로 생각할 수 있으나 계획단계부터 담당자와 참여자인 청소년이 함께하는 것이 중요하다. 즉, 프로그램의 목적, 내용 선정, 방법 채택, 평가 등 프로그램 개발 전 과정에 청소년이 함께하여 좀 더 적극적으로 참여할 수 있도록 기회를 제공하는 것이다. 이는 청소년들로 하여금 단순 참여자로서 지도자의 지도에 따르는 것으로 끝나는 것이 아니라 능동적인 참여를 통해 시민성 함양에 도움을 줄 수 있다.

프로그램의 실행을 위한 방법으로 주로 청소년 프로그램 현장에서 자주 사용하는 몇 가지 방법을 살펴보면 다음과 같다.

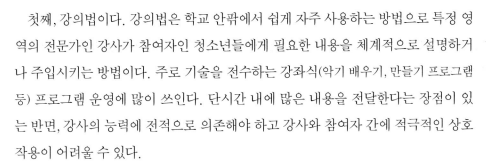

첫째, 강의법이다. 강의법은 학교 안팎에서 쉽게 자주 사용하는 방법으로 특정 영역의 전문가인 강사가 참여자인 청소년들에게 필요한 내용을 체계적으로 설명하거나 주입시키는 방법이다. 주로 기술을 전수하는 강좌식(악기 배우기, 만들기 프로그램 등) 프로그램 운영에 많이 쓰인다. 단시간 내에 많은 내용을 전달한다는 장점이 있는 반면, 강사의 능력에 전적으로 의존해야 하고 강사와 참여자 간에 적극적인 상호작용이 어려울 수 있다.

둘째, 토의법이다. 일방적으로 강사가 내용을 전달하는 것에 비해 참여자들의 역동적인 상호작용을 통해 결론을 도출해 내는 방법이다. 소그룹별로 미션을 제공해서 해결해 가는 프로그램이나 동아리 및 청소년운영위원회의 회의 시에 주로 쓰인다. 참여자들 간에 적극적인 참여를 유도할 수 있고 집단에 대한 소속감과 긍정적 태도를 갖게 되는 장점이 있는 반면, 자칫 적극적인 참여자가 토의를 주도하고 나머지는 방관할 수 있으며 시간이 많이 소요된다.

셋째, 역할연기법이다. 보통 역할연기는 특정 문제에 대해 입장을 바꿔서 역할을 연기해 보면서 상대방의 입장을 헤아리도록 하는 것이다. 청소년 프로그램에서의 역할연기는 상호 간의 입장을 바꿔서 하는 것 외에도 특정 상황을 설정한 뒤에 즉흥적으로 연기를 해 보도록 하거나 짧게 광고(CF)를 만들도록 하는 방법으로 사용하기도 한다. 학교폭력의 가해자들에게 피해자 입장을 맡아 연기해 보도록 하면 가해자 청소년들이 피해자 청소년들을 이해하는 계기가 되기도 하는데 이와 같이 상대방의 입장을 헤아릴 수 있는 장점이 있는 반면, 역할연기를 어색해하거나 거부감이 있을 경우 실행하기가 어렵다.

넷째, 게임법이다. 게임을 통한 지도로, 참여자는 지정된 흥미 있는 환경을 제공받고 그 안에서 정해진 규칙에 따라 활동하면 목적을 달성하게 되는 경쟁적이고 도전적인 프로그램이다. 청소년 프로그램의 도입부에 관계 증진을 위한 레크리에이션에서도 게임을 활용하기도 하고, 가치관경매와 같은 프로그램으로 활용하기도 한다. 게임은 참여자들이 프로그램이라기보다 놀이라고 생각하게 되어 집중도가 높고 매우 흥미로워한다는 장점이 있는 반면, 강의에 비해 시간이 많이 걸리고 자칫 내용보다 게임 자체에 대한 관심이 증폭되어 지나치게 경쟁적으로 프로그램에 임하거나 프로그램의 내용이 제대로 전달되지 않을 수 있다.

4) 프로그램 평가

프로그램 평가는 프로그램의 목표가 잘 달성되었는지를 확인하기 위한 것으로 프로그램을 평가하기 위해서는 몇 가지 기본적인 원리를 살펴볼 필요가 있다(김진화, 2001).

첫째, 평가는 바람직성과 관련이 있다. 프로그램을 실행하는 과정에서 다양한 사상, 조건, 상태에 대한 바람직성을 필연적으로 평가하게 되는데 평가는 관련된 정보를 수집·조직·분석·해석하는 경험 및 해석적 접근에 의해 이루어지는 반면, 바람직성에 대한 평가는 가치체계가 수반된다. 따라서 가치를 인식하고 표현하는 가치화 또는 가치적 판단행동이 평가자에게 끊임없이 요구된다.

둘째, 평가는 청소년 프로그램의 현장에서 지금 이루어지고 있는 실제 활동상황에 적용되는 활동이다. 가상, 가설을 검증하는 실험도 아니며 현재 실행되고 있는 프로그램 상황 속에서 문제를 발견하고 진단하며 치유책을 강구하고 문제를 예방하는 활동이다. 또한 이 활동을 승화시켜 발전시킬 수 있도록 하는 노력이다. 즉, 프로그램 평가 시에 수정·보완할 사항이 발견되면 이후 프로그램 실행 시에 이를 반영하여 더 나은 프로그램으로 운영할 수 있게 되는 것이다.

셋째, 평가는 의사결정 또는 정책수립을 촉진하기 위한 필수불가결한 활동이다. 프로그램 평가가 목적과 목표를 지향하는 과정에 관심이 있는 한, 그것은 곧 이후의 의사결정과 정책수립을 위한 중요한 출발점이 된다. 즉, 현재 프로그램의 평가를 통해서 해당 프로그램의 지속 여부를 판단할 수 있으며, 평가결과에 따라 새로운 프로그램을 계획할 수도 있다.

넷째, 평가는 계속해서 종합적으로 전개하는 가운데 본래의 평가목적을 성취할 수 있다. 프로그램 평가는 순환적·재생적·지속적 활동으로 종합성을 띤 활동이다. 프로그램 평가가 단순히 프로그램 자체만을 평가하는 것이 아니라 프로그램의 목적과 목표, 그리고 그에 따른 내용, 실행방법, 예산 운영 등 프로그램의 전 영역에 걸쳐 평가를 하게 된다는 것이다. 또한 평가의 결과는 이후 프로그램의 설계에 반영되어 실행하게 되며 계속 순환하게 된다.

04 청소년 프로그램 설계안 예시

청소년 프로그램의 설계안은 현재 시행되고 있는 국가제도인 '청소년수련활동인증제'의 인증프로그램 심사양식 중 설계에 해당할 수 있는 '공통기준1-프로그램 구성'을 중심으로 그에 따른 작성 예시를 제시하였다. 우선, 인증프로그램의 공통기준1은 구체적으로 12개의 영역(A~L)으로 구분되어 있다.

공통기준1-프로그램 구성[2)]

- 공통1-A. 추진배경 및 필요성
- 공통1-B. 프로그램 목적
- 공통1-C. 프로그램 목표
- 공통1-D. 프로그램 개요
- 공통1-E. 일정표
- 공통1-F. 단위 프로그램 등록
- 공통1-G. 유사시 대처방안
- 공통1-H. 프로그램 환류계획
- 공통1-I, J. 프로그램 평가계획 및 평가도구

이 기준에 따라 '줄넘기 다이어트 활동'을 설계하고자 한다. 이 활동에 대한 작성 예시는 한국청소년활동진흥원의 '청소년수련활동인증제 매뉴얼(2016)'[3)]을 인용하였다.

---

2) 공통기준1의 경우, 1-K. 참가자 구성방법, 1-L. 참가자 사전교육 계획까지 포함되지만, 이 두 기준은 국제교류 시에 적용하는 기준으로 본문에서는 제외하였다.

3) 2016년도 당시의 인증기준 번호와 2021년 현재의 인증기준 번호가 상이하여 2021년의 인증기준 번호를 적용하였고, 내용 역시 일부 수정사항이 있어 2021년 기준으로 적용하였다.

1) 공통1-A. 추진배경 및 필요성

(1) 청소년의 비만에 대한 우려

오늘날 청소년들은 체격에 비해 체력이 계속해서 하락하고 있다는 우려의 목소리가 지속적으로 나오고 있다. 최근(건강뉴스, 2013. 3. 18.) 기사인 "청소년 체력 너무 부실… 체력장 부활목소리"에 따르면 서울시교육청에서 실시한 학생건강체력평가에서 정상 체력에 미달하는 4~5등급을 받은 학생이 전체의 15.2%(83만 6963명 중 12만 7341명)나 되고, 특히 고교생은 4~5등급 비율이 20.5%나 된다고 한다. 청소년의 체력이 떨어지는 이유는 여러 가지가 있는데 그중 큰 비율을 차지하고 있는 것이 비만이다(15~18세 청소년 비만율 14.3%로 세계1위, 이코노믹리뷰, 2013. 2. 21.).

청소년기 비만에 관한 신체적·심리적 특징을 살펴보면, 실제로 비만이 아닌데도 스스로 비만이라고 생각하는 경우가 많다.

(2) 체계적인 운동프로그램의 필요성

앞에서 이야기한 것처럼 청소년 비만은 큰 문제가 되고 있어 해결을 위한 프로그램이 시급히 필요하다. 비만은 하루아침에 해결되지 않고 꾸준한 운동과 식이요법이 병행되어야 하기 때문이다. 따라서 본 수련관에서는 청소년이 흥미를 가지고 꾸준히 참가할 수 있는 프로그램을 청소년에게 제공하고자 하며 이를 위해 청소년이 배워 보고 싶은 체육프로그램의 설문결과(〈표 6-1〉 참조)에 따라 1위로 선정된 음악줄넘기를 베이스로 인증수련활동을 개발하고자 한다.

표 6-1 배워 보고 싶은 체육프로그램

프로그램	음악 줄넘기	방송 댄스	수영	농구	인라인	풋살	검도	합계
인원 (명, %)	31 (28.4)	23 (21.1)	19 (17.4)	12 (11.0)	10 (9.2)	9 (8.3)	5 (4.6)	109 (100)

*출처: ○○수련관(2012). 배워 보고 싶은 청소년활동 설문. 청소년 200명 대상 진행 결과

출처 작성을 위한 팁

- **책**: 저자, 책 이름, 출판사, 출판연도, 인용한 페이지
- **논문**: 저자, 논문명, 논문이 실린 책 이름(잡지명), 통권, 출판연도, 인용한 페이지
- **신문기사**: 기사 제목, 신문 이름, 날짜, 기재된 면
- **인터넷 기사**: 기사 제목, 매체 이름, 작성 일시, 사이트 주소, 접속 일자
- **통계(설문조사 결과)**: 설문 진행자(연구기관), 발표일, 설문 주제(제목), 인용한 사이트나 책명

2) 공통I-B. 프로그램 목적

체격에 비해 체력이 계속해서 저하되어 가고 있는 청소년을 대상으로 음악줄넘기 및 다이어트 관련 정보와 체험프로그램을 제공하여 비만예방과 일상생활의 건강습관은 물론 신체에 대한 자신감을 함양하도록 한다.

3) 공통I-C. 프로그램 목표

- 프로그램 참가 전보다 체지방률을 낮추거나 유지시킨다.
- 프로그램 참가 전보다 일주일간의 운동시간을 평균 20% 이상 향상시킨다.
- 비만에 대한 정확한 정보와 지식을 알 수 있다.
- 프로그램 참가 전보다 자기효능감을 향상시킨다.

- **목적**: 프로그램이 의도하는 바로 프로그램 운영을 통해 궁극적으로 성취하고자 하는 것
- **목표**: 참여자가 얻게 되는 변화된 지식, 흥미, 태도 등 목적을 이루기 위해 구체적으로 달성해야 할 것

4) 공통I-D. 프로그램 개요

- 운영시간: 260분
- 장소: **청소년수련관 내 체육관
- 참여 대상

참가자 연령대	만 9~12세	만 13~15세 (중학교)	만 16~18세 (고등학교)	만 19~24세	기타 (가족)	합계
인원수		30				30

5) 공통I-E. 일정표(기본형-당일)

구분	시간	상세 일정
1 일 차	11:00~11:30	프로그램 오리엔테이션
	11:30~12:00	내 몸 관리계획 만들기
	12:00~13:00	점심식사
	13:00~15:30	신나는 줄넘기 다이어트
	15:30~16:00	나의 몸 마주하기
	16:00~16:20	마무리 및 평가설문 작성

6) 공통I-F. 단위 프로그램 등록

① 프로그램 오리엔테이션

단위 프로그램명	프로그램 오리엔테이션
단위 프로그램 목표	인증제도 설명, 안전교육, 프로그램 일정 설명
활동인원	30명
위험도가 높은 수련활동	일반

이동 여부	해당 없음			

<table>
<tr><td rowspan="7">활동장비(기자재)</td><td>품목</td><td>수량</td><td>단위</td><td>물품상태</td></tr>
<tr><td>빔프로젝터</td><td>1</td><td>개</td><td>보유</td></tr>
<tr><td>스크린</td><td>1</td><td>개</td><td>보유</td></tr>
<tr><td>노트북</td><td>1</td><td>대</td><td>보유</td></tr>
<tr><td>A4용지</td><td>30</td><td>매</td><td>보유</td></tr>
<tr><td>필기구</td><td>30</td><td>자루</td><td>보유</td></tr>
<tr><td>사전설문지</td><td>30</td><td>부</td><td>보유</td></tr>
</table>

<table>
<tr><td rowspan="5">지도자 전문성
수준 및 인원</td><td colspan="2">전문성 수준</td><td colspan="2">발급기관</td></tr>
<tr><td colspan="2">청소년지도사 2급</td><td colspan="2">여성가족부</td></tr>
<tr><td colspan="2">전문지도자</td><td colspan="2">보조지도자</td></tr>
<tr><td>직접</td><td>1명</td><td colspan="2">1명</td></tr>
<tr><td>대기</td><td>0명</td><td colspan="2">0명</td></tr>
</table>

유의사항	지루하지 않도록 요점중심으로 설명

<table>
<tr><td rowspan="4">활동내용</td><td>활동단계</td><td>활동내용</td></tr>
<tr><td>도입</td><td>• 참가자 확인 후 교육준비
• 기관장 인사</td></tr>
<tr><td>전개</td><td>• 인증제 설명: 제도 소개, 활동기록 발급방법 및 활용 안내
• 안전교육 실시: 계획된 안전교육 실시(실내활동장 대피로 등)
• 프로그램 일정 안내: 프로그램 내용 소개, 전반적인 프로그램 일정 안내</td></tr>
<tr><td>마무리</td><td>• 사전설문지 작성
• 질의응답 및 다음 프로그램 안내</td></tr>
</table>

<table>
<tr><td rowspan="7">활동장소</td><td colspan="2">활동장소</td><td colspan="2">세부활동장</td></tr>
<tr><td colspan="2">사진</td><td colspan="2">사진</td></tr>
<tr><td>활동장소</td><td>**청소년
수련관</td><td>활동장소</td><td>동아리방</td></tr>
<tr><td>주소</td><td>(우편번호) 주소</td><td>세부활동장 구분</td><td>실내</td></tr>
<tr><td>건축물구분</td><td>수련시설
-청소년수련관</td><td>세부활동장 규모</td><td>60㎡/명</td></tr>
<tr><td>활동장소 소유</td><td>수탁</td><td>활동장 유효기간</td><td>-</td></tr>
<tr><td></td><td></td><td>비고</td><td>-</td></tr>
</table>

유사시 대처방안 여부	해당 없음
유사시 대체프로그램 여부	해당 없음

② 내 몸 관리계획 만들기

단위 프로그램명	내 몸 관리계획 만들기
단위 프로그램 목표	• 자신의 비만도를 알 수 있다. • 운동량 및 식습관 계획서를 이해하고 작성할 수 있다.
활동인원	30명
위험도가 높은 수련활동	일반
이동 여부	해당 없음

활동장비(기자재)	품목	수량	단위	물품상태
	체성분 분석기	1	대	보유
	빔프로젝터	1	개	보유
	스크린	1	개	보유
	노트북	1	대	보유
	A4용지	100	매	보유
	필기구	30	자루	보유

지도자 전문성 수준 및 인원	전문성 수준		발급기관	
	생활스포츠지도사 1급		문화체육관광부	
	전문지도자		보조지도자	
	직접	1명	1명	
	대기	0명	0명	

유의사항	체성분 분석기 사용 시 고장에 주의

활동내용	활동단계	활동내용	
	도입	• 비만에 대해 정보와 지식 등을 알아볼 수 있도록 설명 • 비만관리 계획의 중요성 설명	
	전개	• 체성분 분석기 측정: 비만도 및 성장점수 체크 • 식습관 체크리스트 만들기: 자가진단표를 활용한 식습관 분석하기, 각자 조사해 온 다이어트에 효과적인 음식 발표하기 • 운동계획서 만들기: 일주일 식단표 짜기, 일일 운동계획서 만들기	
	마무리	• 질의응답 및 다음 프로그램 안내	

활동장소	활동장소		세부활동장	
	사진		사진	
	활동장소	**청소년 수련관	활동장소	체육관
	주소	(우편번호) 주소	세부활동장 구분	실내
	건축물구분	수련시설 −청소년수련관	세부활동장 규모	60㎡/명
	활동장소 소유	수탁	활동장 유효기간	−
			비고	−

유사시 대처방안 여부	해당 없음
유사시 대체프로그램 여부	해당 없음

③ 신나는 줄넘기 다이어트

단위 프로그램명	신나는 줄넘기 다이어트
단위 프로그램 목표	• 줄과 친해지고 운동할 수 있다. • 효과적인 감량과 균형 잡힌 건강한 신체를 만들 수 있다.
활동인원	30명
위험도가 높은 수련활동	일반
이동 여부	해당 없음

활동장비(기자재)				
	품목	수량	단위	물품상태
	줄넘기	35	개	보유
	음향기기	1	대	임대

지도자 전문성 수준 및 인원				
	전문성 수준		발급기관	
	생활스포츠지도사 1급		문화체육관광부	
		전문지도자	보조지도자	
	직접	1명	1명	
	대기	0명	0명	

유의사항	• 운동이 서툰 청소년들이 부상당하지 않도록 유의한다. • 중간 휴식과 수분을 섭취할 수 있도록 한다.

활동내용			
	활동단계		활동내용
	도입		• 참가자 확인 및 교육준비 • 출결확인 및 환자 확인 • 2인 1조로 모둠 구성
	전개	음악줄넘기	• 계획된 음악 줄넘기 체험(1인, 2인 줄넘기) • 개인의 운동계획서 참고하여 운동지도
		스트레칭	• 모둠별로 2인 스트레칭하여 뭉친 근육을 이완시킴 • 줄넘기를 하는 간단한 근력운동 실시 • 정리운동 실시
	마무리		• 질의응답 및 다음 프로그램 안내 • 활동 후 상담

활동장소				
	활동장소		세부활동장	
	사진		사진	
	활동장소	**청소년 수련관	활동장소	체육관
	주소	(우편번호) 주소	세부활동장 구분	실내
	건축물구분	수련시설 −청소년수련관	세부활동장 규모	100㎡/명
	활동장소 소유	수탁	활동장 유효기간	−
			비고	−

유사시 대처방안 여부	해당 없음
유사시 대체프로그램 여부	해당 없음

④ 나의 몸 마주하기

단위 프로그램명	나의 몸 마주하기
단위 프로그램 목표	나의 몸 그대로의 모습을 받아들일 수 있도록 한다.
활동인원	30명
위험도가 높은 수련활동	일반
이동 여부	해당 없음

활동장비(기자재)	품목	수량	단위	물품상태
	A4용지	100	매	구입
	필기도구	30	자루	구입

지도자 전문성 수준 및 인원	전문성 수준		발급기관	
	생활스포츠지도사 1급		문화체육관광부	
	전문지도자		보조지도자	
	직접	1명	1명	
	대기	0명	0명	

유의사항	자신에게 부정적인 생각이 들지 않도록 유의하여 지도	

활동내용	활동단계	활동내용
	도입	• 자신의 몸에 대해 생각하고 있는 부분 말해 보기
	전개	• 지금 노력하고 있는 바를 깨닫게 한다. (운동관리계획을 수립하고 노력하는 모습이 중요하다는 것을 설명) • 앞으로의 나의 모습에 대해 작성해 본다. (자신이 원하는 모습에 대해 작성, 현재 노력하고 있는 모습에 대해 긍정적인 피드백 부여)
	마무리	• 질의응답 및 다음 프로그램 안내 • 활동 후 상담

활동장소	활동장소		세부활동장	
	사진		사진	
	활동장소	**청소년 수련관	활동장소	동아리방
	주소	(우편번호) 주소	세부활동장 구분	실내
	건축물구분	수련시설 −청소년수련관	세부활동장 규모	60㎡/명
	활동장소 소유	수탁	활동장 유효기간	−
			비고	−

유사시 대처방안 여부	해당 없음
유사시 대체프로그램 여부	해당 없음

⑤ 마무리 및 평가설문 작성

단위 프로그램명	내 몸 관리계획 만들기			
단위 프로그램 목표	• 자신의 비만도를 알 수 있다. • 운동량 및 식습관 계획서를 이해하고 작성할 수 있다.			
활동인원	30명			
위험도가 높은 수련활동	일반			
이동 여부	해당 없음			
활동장비(기자재)	품목	수량	단위	물품상태
	빔프로젝터	1	개	보유
	스크린	1	개	보유
	노트북	1	대	보유
	A4용지	100	매	보유
	필기구	30	자루	보유
	사후설문지(만족도 포함)	30	부	보유

지도자 전문성 수준 및 인원	전문성 수준		발급기관	
	청소년지도사 2급		여성가족부	
	전문지도자		**보조지도자**	
	직접	1명		1명
	대기	0명		0명

유의사항	지루하지 않도록 요점중심으로 설명

활동내용	활동단계	활동내용
	도입	• 기관장 인사
	전개	• 지금까지의 활동사진 공개(PT) • 자기 선언문 작성 후 함께 낭독: 나 자신을 사랑하고 계획대로 생활할 것에 대한 내용
	마무리	• 사후설문지, 만족도설문지 작성 • 참여에 대한 감사인사 후 해산

활동장소	활동장소		세부활동장	
	사진		사진	
	활동장소	**청소년 수련관	활동장소	동아리방
	주소	(우편번호) 주소	세부활동장 구분	실내
	건축물구분	수련시설 −청소년수련관	세부활동장 규모	$60m^2$/명
	활동장소 소유	수탁	활동장 유효기간	−
			비고	−

유사시 대처방안 여부	해당 없음

유사시 대체프로그램 여부	해당 없음

7) 공통1-G. 유사시 대처방안

본 프로그램은 모두 실내에서 진행되므로 해당사항 없음.

- **유사시 대처방안**: 실외나 야외에서 프로그램이 운영되는 경우 우천 등의 기상변화 혹은 천재지변이 일어났을 시 운영기관의 대처계획을 말함. 실외나 야외에서 운영되는 프로그램은 반드시 대처방안을 기술하여야 하나 실내에서 이루어지는 활동은 기술하지 않아도 무방함.
- **유사시 대체프로그램**: 유사시 대처방안으로 제시된 프로그램을 말함. 본 프로그램의 목표와 연관성이 있어야 하며 제시된 대체프로그램은 본 프로그램의 시간과 인원이 동일하여야 하며, 프로그램 수도 초과하지 못함(본 프로그램이 3개이면 유사시 대체프로그램도 3개를 제시하여야 함).
  ※대처방안을 수립하였을 시 반드시 대체프로그램을 수립해야 하는 것은 아님.

8) 공통1-H. 프로그램 환류계획

환류계획은 도표로 제시할 수도 있고, 설명으로 제시할 수도 있다.

환류계획을 도표로 제시하는 경우의 예

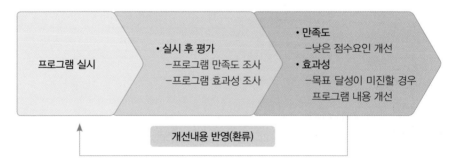

환류계획을 설명으로 제시하는 경우의 예

• 프로그램 종료 후 만족도 및 효과성 조사 설문지 분석을 통해 실시
• 설문지를 분석 후
  −점수가 낮을 경우
    만족도: 낮은 점수를 받은 만족요인을 개선
    효과성: 프로그램의 목표 달성이 미진할 경우 변경신청을 통해 프로그램 내용 변경
  −점수가 높을 경우 프로그램 유지, 발전
• 만족요인 개선 및 프로그램 개선 후 프로그램 실시

9) 공통1-I, J. 프로그램 평가계획 및 평가도구

• 평가시기: 프로그램 실시 전, 프로그램 실시 후
• 대상: 참가 청소년
• 내용: 프로그램 효과성, 만족도
• 평가도구: 효과성 설문지, 만족도 설문지(실제 설문지를 첨부해야 함)

　평가도구는 본 프로그램의 효과성을 측정할 수 있는 설문지여야 하며, 만족도 문항이 별도로 있어야 한다. 왜냐하면 효과성 문항과 만족도 문항은 다르기 때문이다. 효과성 문항은 사전(프로그램 실시 전) 검사와 사후(프로그램 실시 후) 검사가 동일해야 한다. 설문지는 담당자가 임의대로 작성하는 것이 아니라 학위논문이나 연구보고서 등의 선행 연구에서 인용해야 하며 이 경우 분석결과를 신뢰할 수 있다.

요약

1. 프로그램 설계는 이전(기획) 단계에서 대략적으로 프로그램을 생각했던 것을 구체화하는 과정으로 프로그램 참여 대상자의 요구를 기반으로 프로그램의 기본방향을 설정하고 프로그램의 목적 및 목표를 설정함은 물론 내용을 선정·조직하며 지도방법을 체계화하고 교육매체를 개발하는 과정을 의미한다.

2. 청소년 프로그램 설계 시에는 청소년의 생물학적·교육적·정의적·지각 및 운동적 특성을 파악하여야 한다.

3. 청소년 프로그램을 설계하기 위한 원리는 다음과 같다. ① 프로그램 설계는 참여자의 참여를 촉진시키고 돕는 일을 목적으로 해야 한다. ② 프로그램 설계에는 단기적 측면과 장기적 측면이 있다. ③ 프로그램 설계는 프로그램 참여자의 성장과 발달에 중요한 영향을 끼칠 수 있어야 한다. ④ 프로그램을 설계할 때에는 프로그램을 구성하고 있는 여러 요소들이 하나의 체계를 이룰 수 있도록 해야 한다. ⑤ 프로그램 설계자는 참여자가 프로그램의 목표를 잘 달성할 수 있도록 프로그램을 설계해야 한다.

4. 청소년 프로그램을 설계하려면 우선 프로그램의 목표가 설정되어야 하고, 그다음으로 프로그램의 내용을 선정하고 조직해야 하며, 프로그램의 실행방법을 선정한 후에 프로그램을 평가하는 과정을 거친다.

참고문헌

기영화(2001). **평생교육 프로그램 개발**. 서울: 학지사.

김용현·김종표·문종철·이복희(2010). **평생교육 프로그램 개발론**. 경기: 양서원.

김진화(2001). **평생교육 프로그램 개발론**. 경기: 교육과학사.

이해주·최운실·권두승·장원섭(2017). **평생교육 프로그램 개발**. 서울: 한국방송통신대학교 출판문화원.

한국청소년활동진흥원(2016). **청소년수련활동인증제 매뉴얼**. 서울: 한국청소년활동진흥원.

한국청소년활동진흥원(2019). 청소년수련활동인증제 개방형 프로그램 공모전 신청서식 작성 매

　　뉴얼. 서울: 한국청소년활동진흥원.

제7장

청소년 프로그램 마케팅과 홍보

청소년 프로그램이 개발되면 잠재적 참여 대상자인 청소년들에게 알리는 일이 중요하며, 이때 마케팅과 홍보가 이루어진다.

청소년 프로그램 마케팅은 청소년 프로그램을 개발한 청소년 기관 · 단체 · 시설에서 프로그램에 참가할 청소년들의 참여를 유도 · 촉진하기 위해서 실시하는 여러 가지 활동이라고 할 수 있다. 이와 같이 청소년 프로그램을 운영하기 위해서는 참여자가 원하는 것을 찾아내고 그것을 만족시키기 위한 전략을 세우고 실행해야 하는데 이를 위해서는 구체적인 절차가 필요하며 대략 3C–STP–4P의 과정을 거치게 된다. 이에 대한 구체적인 내용을 이 장에서 학습하고자 한다.

청소년 프로그램에 대한 홍보는 프로그램에 참여하게 될 잠재적인 청소년 참여자들에게 널리 알려 프로그램에 참여하도록 유도하는 것으로 AIDMA의 단계를 거치게 된다. 이는 광고나 판매에 있어 소비자들로부터 관심과 흥미를 촉발시키고 욕구를 불러일으켜야 하며 강렬한 기억을 남겨 결국은 구매행동(또는 점포 내방)을 하게 하는 방법이다. 이러한 홍보의 개념 및 AIDMA의 단계를 청소년 프로그램에 적용하여 구체적으로 학습하고, 마지막으로는 청소년 프로그램의 다양한 홍보기법에 대해 알아보고자 한다.

물건을 사고파는 과정을 들여다보면 생산자는 소비자가 필요로 하는 물건을 생산하고 난 이후에 이 물건이 잘 팔릴 수 있도록 주위에 알릴 수 있는 여러 묘안을 고심하는 과정이 있다. 즉, '이 물건을 어떻게 하면 잘 팔 수 있을까?' '어떻게 하면 많은 소비자로 하여금 선택받게 할 것인가?' 등에 관한 것이다. 이와 같이 청소년 프로그램을 개발하는 과정에 있어서도 청소년들의 조화로운 성장을 위해 개발한 프로그램을 어떻게 알릴 것인지, 또 어떻게 하면 이 프로그램에 많은 청소년들이 참여할 수 있도록 할 것인지에 대해 고민하게 된다. 즉, 아무리 좋은 프로그램을 개발했더라도 청소년들에게 제대로 알리지 못한다면, 그래서 청소년들이 그 프로그램이 있는지조차 모른다면, 그 프로그램은 프로그램으로서의 존재가치를 상실하게 될 것이다. 따라서 청소년 프로그램을 개발하였다면, 청소년과 부모 등 관계자들에게 해당 프로그램을 알리는 것이 중요하다.

01 청소년 프로그램 마케팅의 개념

마케팅의 개념은 주로 경영학에서 많이 다루어져 왔다. 1985년 미국마케팅협회(American Marketing Association)에서는 마케팅의 개념에 대해 "개인과 조직의 목표를 만족시킬 수 있도록 교환을 창조하기 위하여 아이디어, 재화 및 서비스에 대한 개념정립, 가격결정, 촉진 및 유통에 대한 계획을 수립하고 이를 수행하는 과정"으로 정의하였다. 여기에서 주목할 점은 교환을 창조하는 과정으로서 마케팅을 보고 있다는 점인데, 이는 마케팅이 소비자의 기호나 환경변화에 단지 적응하는 수동적인 활동이 아니라 고객의 가치를 창조하고 변화시키는 능동적 활동으로 본다는 점이다. 또한 마케팅은 개인 소비자와 조직의 목표를 동시에 만족시켜야 한다는 것이다. 이는 소비자 개인의 욕구 및 목표를 만족시킬 수 있는 제품을 개발하고, 이를 구매 및 재구매하도록 함으로써 기업이 설정한 목표(매출액, 시장점유율, 수익률 등)

를 달성시킬 수 있어야 함을 강조하는 것이라 할 수 있다(이학식 · 안광호 · 하영원, 2006).

이와 같은 미국마케팅협회(1985)의 정의에 대해 이석규(2006)는 다섯 가지로 정리하였다. 첫째, 마케팅은 욕구(want)나 니즈(needs)를 만족시킨다는 것이다. 즉, 마케팅은 개별 소비자나 기업 및 조직 소비자가 당면해 있는 문제해결 능력(욕구충족 등)을 가지고 있어야 한다.

둘째, 마케팅은 가치의 교환활동이라는 것이다. 즉, 기업은 고객에게 고객이 필요로 하는 제품이나 서비스를 제공하고, 그 대가로 고객은 일정 금액을 지불하게 된다.

셋째, 마케팅의 대상이 포괄적이라는 것이다. 일반적으로 마케팅의 대상은 유 · 무형의 소비재와 서비스(화장품, 정보서비스 등), 유 · 무형의 산업재(석유중간제품, 기업 상대의 컨설팅 등), 유 · 무형의 공공재(정부에 제공되는 정보서비스 등), 아이디어(창업, 광고 아이디어 등), 사람(스타 마케팅 전략 등), 시간(24시간 편의점 등), 장소(관광도시 제주도 등) 등 매우 다양하다.

넷째, 마케팅이 수단이라는 점이다. 마케팅은 그 자체가 목적이라기보다 기업의 목적을 달성하기 위해 행하는 기업활동인 것이다.

다섯째, 마케팅이 과정이라는 점이다. 마케팅활동은 일회성에 목적을 둔 것이 아니라 지속적인 노력이 요구된다는 점이다. 예를 들면, 관계마케팅과 같은 것으로 고객과의 가치교환을 통해 장기적인 우호관계를 증대시키는 것이 기업성장의 지름길이 된다고 생각한다.

이러한 개념을 좀 더 쉽게 정리해 보면, 마케팅은 소비자로 하여금 해당 상품을 사고자 하는 욕구가 일어나도록 해서 그 결과 상품구매에 이르게 되기까지의 여러 가지 활동 또는 조치를 의미한다고 볼 수 있다. 이 개념을 프로그램에서의 마케팅에 적용해 보면, 프로그램을 실시하는 기관(예, 청소년수련관)이 프로그램에 참여할 대상자들의 참여를 유도하고 촉진시키기 위해 행하는 여러 가지 조치를 포괄적으로 지칭하는 개념이라고 할 수 있다. 따라서 '청소년 프로그램 마케팅'은 청소년 프로그램을 개발한 청소년 기관 · 단체 · 시설에서 프로그램에 청소년들의 참여를 유도·촉진하기 위해서 실시하는 여러 가지 활동이라고 할 수 있다.

한편, 프로그램 마케팅은 프로그램 광고, 프로그램 홍보 등과 유사하게 사용되는데 개념 간에 다소 차이가 있다. 우선, 프로그램 광고(program advertising)란 경제적 비용을 지불하여 프로그램을 활성화시키는 방법으로, 여기에는 신문에 게재된 광고란이나 우편물 책자, 인터넷(포털사이트, 홈페이지, SNS 등)이 포함된다. 다음으로 프로그램 홍보(program publicity)는 프로그램을 활성화하기 위해 별도의 소요 비용 없이 잠재적 프로그램 참여자에게 전달되는 매개물로 여기에는 신문이나 방송에서 기사화된 기획물이나 인터뷰, 블로그, 카페 등이 포함된다. 다시 말해, 프로그램 마케팅(program marketing)은 프로그램을 잠재적 프로그램 참여자에게 알리고 그들의 참여를 적극적으로 촉진시키는 방법에 대해 연구·분석·판단하는 포괄적인 개념으로 이해된다(김진화, 2001).

02 청소년 프로그램 마케팅의 전략 수립 과정

프로그램 마케팅의 전략은 프로그램에 대한 잠재적 참여자 집단을 이해하고 철저한 분석과 계획을 통해 잠재적 참여자 집단에 변화를 일으키려는 행위라고 할 수 있다. 따라서 참여자가 원하는 것을 찾아내고 그것을 만족시키기 위한 전략을 세우고 실행해야 한다. 이를 위해서는 구체적인 절차가 필요하며 대략 3C-STP-4P의 과정을 거치게 된다.

1) 3C

3C는 프로그램 운영기관의 마케팅 환경을 분석하는 것이며, 기관의 성장을 위해 '잠재적 참여자, 기관, 경쟁기관'을 분석하는 것이다. 즉, 청소년 참여자, 청소년 프로그램 운영기관, 해당 기관의 프로그램과 유사한 프로그램을 실시하는 다른 기관 등의 상황을 면밀히 파악하고 검토하는 것이다.

- Customer(고객, 잠재적 참여자): 청소년들이 프로그램에 어떠한 관심을 갖고 있는지, 그중에서도 주 대상이 누구인지 파악한다.
- Company(기관): SWOT 분석[1]을 통해 프로그램 운영기관 내 · 외부 요인(예, 인적 · 물적 · 기술적 자원을 갖추고 있는지, 프로그램의 목표가 분명한지)에 대한 분석 및 계획을 세운다.
- Competitors(경쟁기관): 경쟁기관이 어떤 기관인지 새로운 경쟁기관의 진입 가능성을 파악한다. 또한 이에 대해 어떻게 대응할 것인지 대책을 세운다.

2) STP 전략

3C 분석을 통해 마케팅 환경을 분석한 후, 그다음으로 프로그램의 잠재적 참여자 집단을 세분화(Segmentation)하고, 이를 평가하여 그중에서도 주요 대상자들이 있는 표적시장(Targeting)을 선정한다. 그런 다음 각 프로그램의 점유할 위치인 포지셔닝(Positioning)을 파악하는 절차를 거치게 된다. 이를 총칭하여 STP 전략이라고 한다.

- Segmentation(시장세분화): 잠재적 참여자 집단을 특성에 따라 나누는 것을 의미한다.
- Targeting(표적시장 선정): 세분화된 잠재적 참여자 집단 중에서 가장 매력적이어서 선정된 집단을 의미한다.
- Positioning(포지셔닝): 해당 기관에서 개발한 프로그램이 다른 기관의 유사 프로그램들 사이에서 점유할 위치를 의미한다.

STP 전략과 관련하여 신용주(2017)가 제시한 내용을 청소년 프로그램의 마케팅에 적용하여 제시하면 다음과 같다.

우선, '시장세분화(S)'는 시장을 재화나 서비스에 대한 관심과 지불 능력을 가진

---

[1] 기관의 환경 분석을 통해 강점(Strength)과 약점(Weakness), 기회(Opportunity), 위협(Threat) 요인을 규정하고 이를 토대로 마케팅 전략을 수립하는 기법을 말한다.

사람들의 집합체로 보고, 이 집합체를 잘게 쪼개는 것을 말한다. 따라서 프로그램 마케팅 전략으로서의 시장세분화는 프로그램 목표에 기초하여 잠재적 참여자를 분류하는 것이며, 청소년 프로그램 마케팅 전략으로서의 시장세분화는 '프로그램에 참여하는 청소년 집단을 세분화하는 것'으로 잠재적인 청소년 참여자를 분류하는 것이라고 할 수 있다. 프로그램에 참여하게 될 청소년들에 대한 정보(성별 및 연령대, 참여동기, 이전 프로그램의 참여 여부 등)를 파악함으로써 이들에게 적합한 프로그램으로 개발·운영할 수 있게 된다.

둘째, '표적시장 선정(T)'은 시장세분화를 거쳐서 파악된 잠재적 참여자들 중 어떤 집단을 주요 대상자로 보고 접근할 것인지와 관련이 있다. 수많은 대상자들 중에서 좀 더 핵심적인 대상자 집단을 선정하고 이들을 위해 집중하는 것이 프로그램 운영을 위해서도 효율적이기 때문이다. 청소년 프로그램에서는 청소년 참여자의 다양한 특성별로 참여자 집단을 세분화하고, 그중에서 기관의 경쟁 우위 및 적합도 면에서 유리한(높은 편인) 참여자 집단, 향후에도 지속적으로 참여할 가능성이 높은 참여자 집단, 프로그램의 목표 및 특성과 참여자의 요구가 가장 잘 어울리는 참여자 집단 등을 중심으로 표적 집단을 설정할 수 있다.

셋째, '포지셔닝(P)'은 시장세분화 및 표적시장 선택을 한 뒤에 표적시장 내에서 프로그램이 점유할 위치(포지셔닝)에 대한 계획을 의미한다. 경쟁적 포지셔닝은 동일한 표적시장 내에 제공되는 프로그램이 다른 기관의 프로그램과 뚜렷하게 구별되는 경쟁적 요소로서의 상대적 위치를 말한다. 즉, 유사프로그램을 제공하는 다른 기관과의 차별성에 대한 부분이다. 포지셔닝을 통해 잠재적 참여자들에게 프로그램의 차별화된 강점을 인식하도록 함으로써 경쟁력을 발휘할 수 있게 된다. 청소년 프로그램의 경우도 A단체의 프로그램을 B수련시설에서도, C단체에서도 유사하게 할 수 있다. 만약 청소년이라면 앞의 3종 기관에서 하는 프로그램이 동시에 진행된다고 할 때 어느 기관의 프로그램을 선택하게 될까? 선택을 받게 될 확률이 높은 기관이라면 경쟁적 포지셔닝에서 우위를 점하고 있는 기관, 즉 프로그램 경쟁력이 있는 기관이라고 할 수 있다.

STP 전략은 시장을 세분화하여 그 조직의 표적집단을 설정하고, 표적화된 집단을 만족시켜 주기 위해서 다른 경쟁 조직과 차별화된 위치를 선점하는 것이다.

3) 4P(마케팅 혼합요소/마케팅 믹스)

마케팅 목표를 효과적으로 달성하기 위하여 마케팅활동에서 사용되는 여러 가지 방법을 전체적으로 균형이 잡히도록 조정·구성하는 과정이 필요한데 이를 마케팅 혼합요소(마케팅 믹스)라고 한다. 구체적으로 마케팅 혼합요소는 4P, 즉 제품(Product), 가격(Price), 장소(Place), 촉진(Promotion)의 네 가지 요소로 구성된다.

(1) 제품(Product)

제품은 프로그램을 운영하는 기관에서 생산해 낸 결과물로 프로그램이나 서비스 등을 의미한다. 프로그램이나 서비스에는 참여자의 욕구를 반영한 유·무형의 것이 모두 포함된다. 청소년 프로그램에서의 제품은 주로 청소년기관에서 개발한 프로그램으로 청소년 프로그램을 개발하기 위해서는 사전에 청소년을 대상으로 요구조사 등을 실시하여 이를 반영하는 노력을 기울인다. 또한 실행 중인 프로그램의 종료 시에 프로그램 평가를 통해 해당 프로그램의 내용을 수정하여 다음 실행 시에 반영하거나 폐기하여 새로운 프로그램을 개발하기도 한다.

(2) 가격(Price)

가격은 프로그램 운영기관에서 참여자가 프로그램에 참여하기 위해 지불하는 비용(참가비)을 의미한다. 프로그램에 많은 참여자들을 모집하기 위해서 적절한 비용을 책정하는 일이 중요하다. 특히 청소년들은 경제활동을 하지 않기 때문에 자칫 참가비의 부담을 느껴 참여에 제한을 받을 수 있어 다른 어떤 대상들보다 이에 대해 심사숙고해야 한다. 그렇다고 모든 프로그램을 무료로 운영하는 것이 적절한 것만은 아니며, 교육적 효과를 위해서도 적은 비용이나마 지불하도록 하는 것이 필요하고, 참여자로 하여금 프로그램 참여에 대한 책임감도 심어 줄 수도 있어서 일정 비용을 지불하는 것이 필요하다.[2]

---

2) 청소년 시설·기관·단체는 대체로 공공성을 띄고 있어 참가비가 무료이거나 실비 정도를 부담하도록 하고 있다.

프로그램의 가격(참가비)을 결정하는 방법은 세 가지로 구분된다(김용현 · 김종표 · 문종철 · 이복희, 2010). 첫째, '지출중심형'은 전체 지출비용에 따른 가격결정으로 프로그램에 소요되는 총비용과 참여자 수를 예측하여 지출비용을 참가자들의 수강료로 충당하는 방법이다. 둘째, '수요중심형'은 프로그램에 대한 수요에 따라 가격을 달리 책정하는 방법으로 참여자 수가 적더라도 수요가 강하면 가격이 올라가고, 상대적으로 수요가 적은 프로그램은 가격이 낮아진다. 셋째, '가격경쟁형'은 프로그램들 간의 경쟁도를 기준으로 경쟁력이 높은 프로그램은 상대적으로 높은 가격이 결정되는 방법으로 운영된다.

(3) 장소(Place)

장소는 프로그램을 운영하는 위치, 공간, 장소에 따라 참여에 많은 영향을 미치게 된다. 따라서 프로그램 운영기관에서는 참여자가 쉽게 접근할 수 있는 장소에서 프로그램을 운영할 수 있도록 해야 한다. 대체로 청소년수련시설의 경우 해당 수련시설에서 프로그램을 실시하게 되는데, 청소년들의 경우 이동수단에 제한이 있으므로 최대한 접근성이 좋은 위치를 장소로 선택하는 것이 필요하다. 즉, 청소년들의 집 주변이거나 대중교통을 이용하여 쉽게 갈 수 있는 곳일 경우, 프로그램 참여에 긍정적인 영향을 미친다.

한편, 프로그램 운영 장소를 선정하는 방식은 3가지로 나누어진다(김용현 외, 2010). 첫째, 가장 전통적이고 일반적인 방법으로 참여자가 프로그램이 운영되는 기관으로 찾아오는 방법이다. 청소년 단체 · 기관 · 시설에서 운영하는 청소년 프로그램의 경우 청소년들이 직접 해당 장소로 찾아가는 경우가 많다. 둘째, 기관의 강사나 실무자가 참여 대상자가 있는 곳으로 찾아가는 방법이다. 공공기관에서 소외계층을 대상으로 프로그램을 제공할 경우 적용할 수 있다. 셋째, 인터넷 등을 활용한 원격교육 형태로 강사나 참여자가 공간의 제약을 받지 않는 경우가 해당된다. 코로나19 상황과 같이 대면 운영이 어려울 경우 활용할 수 있다.

(4) 촉진(Promotion)

촉진은 프로그램 운영기관이 프로그램을 알리고자 할 때 다양한 커뮤니케이션 기법을 활용하여 잠재적 참여자에게 알리는 것으로, 소비자의 구매행동에 영향을 미치고자 하는 커뮤니케이션 활동으로는 '제공' '설득' '회상'이 있다. 마케팅관리자는 '누구에게' '왜' 정보를 제공하고, 설득하며, 회상하게 하는지가 구체적으로 정확하게 표현되는 커뮤니케이션 활동을 전개해야 한다(박기안 · 신건철 · 김준석, 2006). 촉진에 활용되는 매체로는 인터넷, TV, 신문, 현수막, 게시판, 전화, SNS 등이 있다.

이 외에도 김진화(2001)는 프로그램 마케팅을 효과적으로 수행하기 위해 시멀리(Simerly, 1989)가 제시한 조직의 성공을 위한 마케팅의 전략적 역할을 인용하여 다음과 같이 제시하였다.

첫째, 마케팅, 홍보, 광고 사이의 차이점에 대한 명확한 정의는 보다 효과적인 마케팅 계획의 개발에 도움이 된다. 마케팅은 프로그램을 가지고 참여자들에게 가장 잘 봉사하기 위한 연구, 분석, 결정의 종합적인 과정을 지칭할 때 사용되며, 기관의 요구뿐만 아니라 참여자의 필요, 행동, 가치 등을 강조한다. 그러나 홍보와 광고는 마케팅 목적을 성취하기 위해 사용하는 촉진기술에 불과하다.

둘째, 마케팅이 효과적이기 위해서는 기관의 전체적인 임무, 목적, 목표의 성취와 직접적인 관련이 있어야 한다. 만약 마케팅이 기관의 임무성취와 직접적인 관련이 없다면 효과적일 수 없다.

셋째, 환경에 대한 검토와 분석은 모든 마케팅 노력의 효과로 이어진다. 환경에 대한 검토와 분석은 프로그램 개발자가 기관과 프로그램 및 서비스의 성공을 위한 결정적인 현안에 대한 정보를 획득할 수 있도록 한다. 모든 기관은 형식적 · 비형식적 형태로 끊임없이 환경에 대해 관찰하는 것이 가능해야 한다. 이것은 모든 기관에서 변화를 성취하고 그들의 환경에 적용하는 가장 중요한 방법이기 때문이다.

넷째, 참여자의 서비스 지향 체제를 개발하는 것은 마케팅의 주요한 부분이다. 기관은 기관과 관련된 참여자를 항상 고려하고 있어야만 한다. 참여자가 기관의 가장 중요한 자산으로 인정될 때, 이를 성취하기 위한 정책들이 개발될 수 있다.

다섯째, 인구통계학적 · 심리학적 자료는 마케팅의 기초자료 중 중요한 요소들이다. 인구통계학적 자료는 알려지거나 측정하기 쉬운 개인 및 단체에 대한 자료로 성별, 연령, 교육수준 등이다. 심리학적 자료는 추상적이거나 측정하기 어려운 자료로

'참여하는 프로그램에 어떤 기대를 가지고 있는지' '프로그램 홍보 매체들에 대해 어떻게 느끼는지' 등이다. 따라서 기관은 성공적인 마케팅 계획의 개발을 위해서 마케팅 계획의 지속적인 수립을 위한 기초로서 인구통계학적 자료와 심리학적 자료의 수집과 분석을 위한 구체적인 방법의 개발이 요구된다.

여섯째, 시장 분할 전략에 대한 인식이 필요하다. 프로그램 운영을 위한 중요한 마케팅 개념인 시장 분할은 프로그램과 서비스가 제공되는 시장을 분할하기 위해 믿을 만하고 효과적인 방법을 찾는 것은 마케팅의 성공에 필수적이다.

일곱째, 마케팅 효과에 대한 추적은 전체적인 마케팅 계획에서 필수적인 단계이므로, 마케팅의 효과를 평가하기 위하여 마케팅의 결과를 추정하는 것이 반드시 이루어져야 한다. 예를 들어, 기존에 시설을 이용하거나 프로그램에 참여했던 이들에게 다음 프로그램 홍보를 위해 문자(SNS 포함)나 메일을 보냈을 때 얼마나 많은 이들이 해당 프로그램에 참여하는지 추적해 보는 것은 매우 바람직하다. 효과적인 추적 시스템은 마케팅 행동과 이러한 행동을 필요에 따라 구성하는 결과를 분석할 수 있도록 하고 결국 모든 마케팅 활동에서 보다 효율적인 결과를 가져올 수 있다.

여덟째, 마케팅 계획의 수립은 일회성으로 끝나는 것이 아니라 지속적인 과정이다. 한번 성공한 마케팅 계획이라 할지라도 끊임없이 수정하여 다음에 또 적용해야 한다. 환경의 변화에 따라 새로운 자료가 요구되면 그에 따라 계획은 바뀌고 다양한 마케팅 행동들의 재구성을 필요로 하게 될 것이다. 프로그램 마케팅 기법들도 끊임없이 바뀌는 마케팅 목표를 만나기 위해 지속적으로 방향을 바꾸어 가야 한다.

효과적인 마케팅을 위한 문구 작성의 원칙

−청소년 프로그램 홍보담당자에게 주는 홍보문구 작성 팁−

1. 홍보문구를 작성하기 전에 목표 시장을 정확하게 정의하라!
   - 홍보 대상자(청소년, 부모, 청소년기관 관계자 등)의 생활 스타일은 어떠한가?
   - 기관 주변 학교 및 학생들의 상황을 어느 정도로 파악하고 있는가?
   - 부모의 평균 교육수준, 가계수입은 어느 정도인가?

2. 잠재적 참여자의 요구를 알고 난 뒤에 이러한 요구를 충족할 수 있도록 돕는 목표를 작성하라!

- 당신은 목표 집단의 요구를 파악하기 위하여 구성원들과 대화하거나 설문조사를 실시한 적이 있는가?
- 프로그램의 내용은 이들의 요구를 충족시키는가?
- 목표 집단의 요구를 최소한 15개 이상 목록으로 만들고 홍보문구에 포함시켜라!

3. 프로그램에 참여했을 경우 얻을 수 있는 혜택을 강조하라!

- 청소년들이 프로그램에 참여해서 얻게 되는 혜택을 최소한 10개 정도로 홍보문구에 포함하고, 좀 더 특별한 혜택이 있다면 이 부분을 특히 강조하라.
- 당신은 이러한 혜택들이 참여자들에게 가치 있는 것으로 인식된다는 것을 어떻게 정확히 판단하는가?

4. 최초 3∼4초 내에 독자의 관심을 포착하라!

- 홍보문구는 앞뒷면 모두에서 대담하고 실천지향적으로 쓰였는가?
- 제목에 있어서 실천성, 긴급성, 중요성, 우수성이 강조되었는가?
- 프로그램 제목이 당신에게 매력적으로 다가오는가? 그리고 당신을 자극하는가?

5. 독자가 즉각 참여하도록 하라!

- 홍보문구는 즉각적으로 독자를 참여시킬 수 있는가?
- 홍보문구는 완성된 내용을 전달하고 논리적 순서에 의해 제시되었는가?
- 홍보문구는 참여신청을 적극적으로 권고하는가?
- 참여신청서를 작성하고 제출하는 데 용이한가?

6. 독자의 참여를 독려하는 단어들과 강력한 메시지를 사용하라!

- 당신은 홍보문구에 활동적이고 강력한 단어를 최소한 50개를 사용했는가?
- 홍보의 각 페이지마다 강력하고 행동지향적인 머리글이 있는가?
- 프로그램명은 프로그램의 결과(효과)를 강조하는가?

7. 메시지를 통해 당신이 원하는 행동을 취하도록 자신이 만든 홍보문구를 배열하라!

- 당신은 최소한 한 명의 동료로부터 홍보문구를 검증받고 피드백을 받는가?
- 당신은 프로그램 참여자들 중 최소한 한 사람으로부터 자신의 홍보문구를 검증받은 적이 있는가?

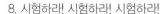

8. 시험하라! 시험하라! 시험하라!

- 당신은 홍보문구의 효과성에 대한 평가를 어떻게 계획하였는가?
- 당신은 홍보문구를 신선한 관점을 가지고 수정하기 위하여 며칠 동안 따로 제쳐 둔 적이 있는가?
- 홍보문구가 당신이 최선의 노력을 다한 결과물인가?

*출처: 이화정 · 양병찬 · 변경임(2003)의 문헌을 참고로 청소년 프로그램 상황에 적용하였음.

03 청소년 프로그램 홍보의 개념

홍보는 프로그램 운영기관이나 기관에서 개발한 프로그램을 잠재적 참여자들에게 널리 알리는 행위를 의미한다. 영어식 표기로는 PR(Public Relation)로 쓰이는데 공공의(공적인) 관계, 공공의 연결 등을 뜻하며, 이는 프로그램 운영기관이 잠재적 참여자들과 좋은 관계를 만들고 이를 유지하려는 활동으로 볼 수 있다. 이와 같은 기관과 참여자 간의 호의적인 관계는 결국 참여자들의 참여동기를 강화하여 프로그램에 참여하도록 촉진하는 결과를 가져온다.

청소년 프로그램에 있어서의 홍보는 프로그램에 참여하게 될 잠재적 청소년 참여자들에게 널리 알려 프로그램에 참여하도록 유도하는 것으로, 그 목적[3]은 다음과 같다. 첫째, 참여자를 유인하고 확보하기 위함이다. 프로그램 운영기관은 참여자의 참여비용으로 대부분의 재정을 충당하기 때문에[4] 홍보를 통한 참여자의 유치가 프로그램의 질은 물론 그 기관의 실적 및 운영 등 존립에도 영향을 미치게 된다.

둘째, 프로그램 운영기관의 정신적 · 재정적 후원자를 확보하기 위함이다. 기관의 목적, 기능, 활동, 업적, 인적 자원 등에 관한 정보를 제공함으로써 지역사회나

---

3) 홍보의 목적은 남정걸(2007)의 문헌을 바탕으로 저자가 청소년 프로그램 상황에 적용하였다.
4) 청소년 프로그램을 운영하는 단체 · 기관 · 시설은 주로 공공성을 기반으로 하기 때문에 프로그램 운영으로 이익을 창출하는 것이 목적이 되지는 않는다. 다만, 현실적으로 기관을 운영 · 유지해야 하므로 일정부분 참가비가 수입원이 되기도 한다.

일반 대중의 이해를 증진시키고 호의적 태도와 지지기반을 확보함은 물론 후원자까지 확보할 수 있다. 또한 지역사회의 영향력 있는 인사들의 전문적 자문과 지지를 얻는 것도 재정적 후원자 확보 못지않게 중요하며, 특히 프로그램 운영 등 문제가 발생했을 때 다양한 도움을 얻을 수 있다.

셋째, 자원봉사자의 유치와 그들 상호 간의 이해를 증진하기 위함이다. 청소년 프로그램 운영 시 기존 직원만으로 운영이 어려운 경우가 있으며, 이때 훈련된 자원봉사자를 활용하여 프로그램의 지도자로서 지원할 수 있도록 할 필요가 있다. 따라서 자원봉사자를 활용하는 기관은 정확한 정보를 효과적으로 제공하여 적절한 자원봉사자를 유치·확보할 수 있도록 노력해야 한다.

홍보활동은 몇 가지 원칙에 따라 전개되어야 한다. 최은수·배석영(2008)이 제시한 원칙을 청소년 프로그램 상황에 적용하여 보면 다음과 같다. 첫째, 진실성의 원칙에 따라야 한다. 홍보 내용은 있는 그대로 정확하고 진실된 내용을 전달해야 한다. 과장하거나 허위 사실을 전달하여 물의를 일으켜서는 안 된다.

둘째, 상호작용의 원칙에 따라야 한다. 홍보는 프로그램 운영기관과 참여자 사이의 상호작용을 바탕으로 이루어져야 한다. 프로그램에 관한 의사결정에 참여자들의 참여가 이루어지고, 참여자들이 공감하며 이들의 요구와 부합될 때 참여동기를 유발시킬 수 있기 때문이다.

셋째, 공공이익 합치의 원칙에 따라야 한다. 지역주민(청소년)들의 이익과 공공의 이익을 실현할 수 있는 모습을 담아야 한다. 단순히 운영기관과 프로그램을 알리는 것에 국한할 것이 아니라 지역주민(청소년)들의 삶의 질을 개선하는 데 기여해야 한다.

넷째, 인간적 접촉의 원칙에 따라야 한다. 홍보는 청소년을 포함하여 지역 전체를 대상으로 하기 때문에 인간적인 관계가 중요하다. 자칫 복잡한 정보매체들을 활용하여 비인간화를 초래하지 않도록 유의해야 한다. 물론 정보매체들은 청소년들에게 매우 유익하고 흥미로운 도구이지만 청소년의 보호자, 지도자의 입장에서는 다소 사무적인 느낌이 들 수 있으므로 정보매체(비대면)를 활용하는 경우와 직접 대면하는 경우를 모두 고려하여 홍보하는 것이 필요하다.

04 청소년 프로그램 홍보과정

프로그램의 홍보는 다음과 같이 5단계의 과정을 거친다(김용현 외, 2010; 김진화, 2001). 첫째, 프로그램과 관련된 잠재적 참여자를 파악하는 것이다. 해당 프로그램의 주 대상이 누구인지 확인하고 그에 따른 정보를 수집하는 단계이다.

둘째, 잠재적 참여자의 프로그램에 대한 이미지와 태도를 평가하는 것이다. 잠재적 참여자들이 프로그램 운영기관이나 프로그램에 대해 어떻게 생각하고 있는지에 대한 이미지와 태도를 분석하여 평가하는 단계이다.

셋째, 핵심 참여자에게 기대하는 이미지와 태도를 심어 주는 것이다. 잠재적 참여자들 중에서 프로그램에 실제 참여할 만한 핵심적인 참여자를 선별하여 이들에게 기관에서 기대하는 기관의 이미지와 프로그램에 대한 태도를 심어 주는 단계이다.

넷째, 효과적인 홍보전략을 개발하는 것이다. 프로그램의 특성과 참여자의 요구에 적합한 홍보전략을 개발하는 단계이다.

다섯째, 계획의 실행 및 결과를 평가하는 것이다. 홍보전략에 따라 계획을 실행하고 그 결과를 평가하며 피드백하는 것이다.

앞에서 제시한 홍보의 과정이 주로 기관의 입장에서 참여자에게 프로그램을 알리기 위한 것이었다면, 다음에 나오는 홍보의 5단계는 참여자의 입장에서 어떻게 프로그램을 선택하게 되는지에 관한 것이다. 우선, 1920년대 미국의 경제학자인 롤랜드 홀(Rolland Hall)이 제창한 AIDMA 법칙이 있다. 이 법칙은 사람이 행동하기까지 '주의(Attention), 관심(Interest), 요구(Desire), 기억(Memory), 행동(Action)'의 단계를 거친다는 것이다. 즉, 광고나 판매에 있어 소비자들로부터 관심과 흥미를 촉발시키고 욕구를 불러일으켜야 하며 강렬한 기억을 남겨 결국은 구매행동(또는 점포 내방)을 하게 한다는 것이다. 단계마다 살펴보면 다음과 같다.

- 1단계. 주의: 사람들의 주의를 불러일으키고 눈길을 끈다.
- 2단계. 관심: 사람들에게 더욱 관심을 갖게 하여 사로잡히게 한다.
- 3단계. 요구: 사람들의 요구(욕망)를 불러일으켜 충동질한다.

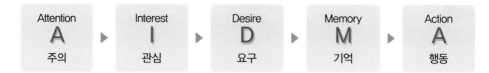

[그림 7-1] AIDMA 법칙

- 4단계. 기억: 사람들에게 기억나게 하고 당장 구매하지는 않더라도 나중에 구매하도록 만든다.
- 5단계. 행동: 사람들이 실제로 구매하도록 만든다.

AIDMA 법칙을 청소년 프로그램에 적용해 보면 다음과 같다. 우선, 청소년들의 주의를 끌기 위해서는 프로그램의 명칭부터 청소년들이 한번 더 쳐다볼 수 있는 매력적인 요소가 필요하다. 예를 들어, 학교, 교실과 같은 용어를 프로그램명으로 포함하여 청소년들로부터 외면당하게 하기보다 현재 청소년들이 관심이 있는 주제 또는 SNS, TV 프로그램 등에서 자주 사용하는 용어를 일부 활용할 수도 있다.[5] 매력적인 프로그램 명칭이 그렇지 않은 프로그램 명칭보다 좀 더 눈길이 간다(A). 프로그램 명칭뿐만 아니라 청소년들의 욕구를 반영한 내용으로 구성하게 되면 그 프로그램이 생각나고, 지속적으로 관심을 갖게 된다(I). 프로그램에 참여하고 싶은 마음이 든다(D). 프로그램 참여자 모집 기간을 기억하게 된다(M). 프로그램 신청서를 쓴다(A).

---

5) 학교를 다니는 청소년들이 대부분이어서 프로그램의 명칭에도 익숙한 '학교' '교실' '아카데미' 등의 용어가 많이 사용되기도 한다. 그러나 학교에서 많은 시간을 보내고 난 뒤 잠시 여가시간을 보내기 위해(프로그램 참여, 시설이용 등) 방문한 청소년 수련시설 및 단체에서 또 학교를 연상시키는 프로그램의 명칭을 사용하는 것은 가급적 피하는 것이 좋다. 프로그램 명칭을 선정할 때에는 인터넷 및 TV 등에서의 유행어, 청소년들이 사용하는 은어 등을 일부 포함할 수 있으나 거부감이 느껴지지 않아야 하고, 언어의 형태가 모호하게 기술되어서는 안 된다(예, 자음만의 나열).

홍보활동의 실제 1

- 전달할 내용을 홍보의 목적, 내용, 방법, 시간, 장소, 대상 등 육하원칙에 입각하여 제시해야 한다.
- 홍보물이 대상자에게 분명하게 전달될 수 있도록 해야 한다.
- 신뢰감을 떨어뜨리는 과대홍보는 삼가야 한다.
- 적절한 시기를 포착해야 한다. 홍보의 생명은 시간이다. 프로그램의 의의나 성격을 시기적 환경이나 조건에 반영하여 홍보해야 한다. 또한 주위 기관에서 운영하는 유사 프로그램의 시작 시기도 고려하여 가급적 중첩되지 않도록 해야 한다.
- 방송 및 신문을 접하거나 사람들과 대화를 나눌 때 등 어떠한 상황에서도 홍보에 대한 아이디어를 얻고자 하는 마음가짐을 갖는다.
- 성공적 홍보를 위해서는 상품차별화(프로그램 내용의 차별성) 및 시장차별화(참여자 집단의 차별성) 전략을 구사할 필요가 있다.
- 대부분의 홍보는 잠재적 참여자들의 관심을 끌지 못하는 이유가 많다. 잠재적 참여자들이 해당 프로그램에 대한 설명을 읽지 않는다면 프로그램에 참여하기를 기대할 수 없다. 따라서 홍보는 가급적 단순하고 흥미롭게 작성하여 가독성을 높일 수 있어야 한다.

*출처: 이화정 외(2003).

홍보활동의 실제 2

홍보내용을 구성할 때에는 다음 네 가지 원칙에 따라 작성해야 한다.

① 정확하고 명확한 내용 전달: 참여자에게 프로그램에 대한 정확한 정보가 육하원칙에 따라 전달되어야 한다.
② 최소한의 내용 전달: 잠재적 참여자의 요구를 자극하고 참여동기를 유발할 수 있는 최소한의 내용만을 전달해야 한다.
③ 쉬운 표현 사용: 최대한 짧은 문장으로 기술하되 주어를 분명히 하고, 한자와 외국어를 피해야 한다.
④ 친숙한 내용 구성: 홍보내용은 참여자 입장에서 그들의 신변과 관련 있는 친숙한 내용으로 구성해야 한다.

*출처: 김용현 외(2010).

05 청소년 프로그램 홍보기법

프로그램을 홍보하기 위한 기법에는 기존에 주로 활용되어 온 인쇄물, 전화, 광고 (신문, 방송 등), 우편물, 현수막 등이 있으며 정보통신의 발달로 인해 시작된 인터넷 포털사이트, 홈페이지 내 게시판, SNS 등이 있다.

1) 인쇄물(포스터, 전단지, 리플릿)

인쇄물에는 여러 프로그램을 동시에 홍보할 수 있는 리플릿, 전단지[6]와 1~2종의 프로그램을 홍보할 수 있는 포스터 등이 있다. 리플릿과 전단지는 다량으로 제작하는 경우에 사용하며, 예산을 확보해 두어야 한다. 전단지는 단면이나 양면으로 제작하여 기관에 비치해서 이용자들에게 노출시키거나 기관 주변의 인구밀집지역에 신문지 속의 간지로 넣어 배포할 수 있다. 포스터는 과거와는 달리 인터넷상의 프로그램(어플 등)을 통해 비교적 쉽게 제작할 수 있어 비용을 절감할 수 있다. 그리고 여러 프로그램을 동시에 홍보하는 리플릿과 전단지의 경우 프로그램별로 상세한 설명을 넣기 어려운 반면, 포스터는 1~2종의 프로그램만 홍보하기 때문에 비교적 상세한 설명을 넣을 수 있다.

2) 전화(문자)

전화는 인쇄물과 달리 송·수신자 간의 상호작용이 가능하여 프로그램을 홍보하는 데에 비교적 적극적인 방법이라고 할 수 있다. 다만, 홍보 효과를 극대화하기 위해서는 전화예절 및 통화방법을 숙지해야 한다. 즉, 잠재적 참여자에게 전화를 하기 전에 홍보 내용을 확인하고 최대한 간결하고 명확하게 전달하되 통화 도중 참여자

---

6) 전단지는 여러 프로그램을 동시에 소개하는 형태와 1~2종의 프로그램만 소개하는 형태 등 여러 가지로 제작할 수 있다.

의 질문에 대해 답을 할 수 있도록 프로그램 운영 전반에 대해 제대로 숙지하고 있어야 한다. 또한 전화는 잠재적 참여자의 수가 많을 경우, 일일이 전화를 이용하여 홍보하는 데에는 한계가 있으며 전화를 해야 한다는 부담이 있어 잠재적 참여자의 반응 및 참여 여부 등에 대해 좀 더 명확하게 확인해야 할 경우에 사용하는 것이 적절하다. 이 외에도 전화를 이용할 때에는 너무 이르거나 늦은 시간을 선택하는 것이 오히려 홍보의 역효과를 불러올 수 있으므로 주의가 요구된다.

이에 반해 문자는 동시에 대량의 발송이 가능하여 전화에 비해 시간과 에너지가 절약되는 장점이 있으나 전화를 이용하는 경우와 같이 적절한 시간대를 선택하는 것이 필요하고, 문자의 특성상 명확한 내용의 전달과 올바른 맞춤법 사용 등이 요구된다.

3) 광고(신문, 방송 등)

광고는 제작 및 광고비가 지출되어야 하므로 평이한 프로그램의 홍보보다는 운영기관의 특별기획 프로그램이나 연중 프로그램 등을 중심으로 홍보하게 된다. 주로 신문, 방송을 활용하게 되며, 신문은 특정 지면을 할애하여 내용을 홍보하게 되며, TV나 라디오 방송의 경우, 아주 짧은 시간 내에 제작한 광고를 내보내거나 TV의 경우 한 줄 광고와 같은 형태로도 홍보할 수 있다. 최근에는 신문 및 방송 모두 온라인에서 인터넷 신문과 방송(예, 유튜브)의 형태로도 홍보할 수 있어서 온·오프라인 모두 홍보할 수 있다는 특징이 있다. 만약 제작 및 광고비 등이 부담된다면 지역소식지(예, 시정홍보지 등)나 생활정보지 등을 통해 홍보할 수도 있다.

4) 우편물

온라인에 익숙한 청소년들에게는 우편물을 활용하여 홍보하는 경우가 흔치 않다. 다만, 연초에 잠재적 참여자들에게 운영기관의 연간 프로그램 전체에 대한 안내 및 이용을 위해 우편물을 발송하거나 인근 청소년 기관·단체·시설에 대규모 대회나 축제 등의 홍보 요청을 위해 문서와 함께 발송하는 정도이다. 우편물은 비용이 발생하므로 발송 시에는 우편물을 받을 대상자를 선별하는 것이 중요하고, 대상자가 중복되지 않도록 꼼꼼히 체크하는 것이 필요하다. 또한 우편물 분실이 우려되거나 본인 확인이 필요한 경우에는 일반우편 외에 보통 등기, 빠른 등기 등을 활용하여 발송하여야 한다. 만약 우편물의 홍보 효과를 확인하고 싶다면 발송자 명단과 프로그램 참여신청서 작성자 명단을 비교해 보면 된다.

5) 현수막

현수막은 비용이 저렴하면서도 홍보 효과를 기대할 수 있어서 프로그램 운영기관에서 주로 사용하고 있는 홍보기법이다. 현수막은 운영기관 건물 외벽이나 주변 또는 운영기관이 있는 지역 곳곳에 부착하게 된다. 현수막은 보통 가로로 긴 형태이며 하나의 프로그램명, 일시, 장소, 연락처 등만을 기재하는 경우가 있고, 여러 프로그램을 홍보할 경우 가로, 세로 사이즈를 부착공간에 맞게 (크게) 조절하여 제작할 수 있다. 외부의 현수막 게시대를 사용할 경우, 해당 게시대의 관리기관에 허락을 받아 부착하여야 한다. 기관 외부에 있는 게시대를 활용할 경우 주위에 다른 현수막들이 많기 때문에 나름의 디자인 계획이 있어야 홍보 효과를 기대할 수 있다.

6) 인터넷(포털사이트, 홈페이지, SNS 등)

정보통신의 발달로 인해 홍보활동에 있어서도 온라인 홍보가 매우 활발하게 이루어지고 있다. 특히 인터넷 매체의 활용에 능한 청소년들은 프로그램에 대한 정보 역시 인터넷을 통해 습득하는 경우가 많다. 따라서 청소년 프로그램 운영기관들은 청소년들이 자주 들어가는 포털사이트 및 홈페이지의 배너·팝업·게시판, 단체채팅방, SNS 등을 활용하여 프로그램 홍보를 하기도 한다. 인터넷을 이용한 홍보활동은 제작 및 관리비용이 소요되는 반면, SNS는 비용 부담 없이 주로 개인 또는 기관의 계정에 프로그램을 짧게 홍보하거나 바로가기 링크를 해 두어 해당 계정을 방문하는 이들에게 쉽게 노출할 수 있는 장점이 있다. 또한 단체채팅방에 프로그램 홍보 글을 올리게 되면 동시에 수많은 이들에게 홍보할 수도 있고 일시적이나마 해당 프로그램에 대한 반응을 알아볼 수도 있다.

1. 청소년 프로그램 마케팅은 청소년 프로그램을 개발한 청소년 기관·단체·시설에서 프로그램에 참가할 청소년들의 참여를 유도·촉진하기 위해서 실시하는 여러 가지 활동이라고 할 수 있다.

2. 청소년 프로그램 마케팅의 전략 수립 과정은 3C-STP-4P의 과정을 거치게 된다. 3C는 프로그램 운영기관의 마케팅 환경을 분석하는 것이며, 기관의 성장을 위해 고객, 잠재적 참여자(Customer), 기관(Company), 경쟁기관(Competitors)을 분석하는 것이다.

3. STP는 프로그램의 잠재적 참여자 집단을 세분화(Segmentation)하고 이를 평가하여 그 중에서도 주요 대상자들이 있는 표적시장(Targeting)을 선정한 후에 각 프로그램의 점유할 위치를 파악하는 포지셔닝(Positioning) 절차를 거치는 것을 말한다.

4. 4P는 마케팅 혼합요소라고도 하는데, 마케팅 목표를 효과적으로 달성하기 위하여 마케팅 활동에서 사용되는 여러 가지 방법을 전체적으로 균형이 잡히도록 조정·구성하는 과정을 말한다. 구체적으로 4P는 제품(Product), 가격(Price), 장소(Place), 촉진(Promotion)을 의미한다.

5. 청소년 프로그램에 있어서의 홍보는 프로그램에 참여하게 될 잠재적 청소년 참여자들에게 널리 알려 프로그램에 참여하도록 유도하는 것을 말한다.

6. 프로그램의 홍보 단계인 AIDMA 법칙은 다음과 같다. ① 주의(Attention)는 사람들의 주의를 불러일으키고 눈길을 끌기, ② 관심(Interest): 사람들에게 더욱 관심을 갖게 하여 사로잡히게 하기, ③ 요구(Desire): 사람들의 요구(욕망)를 불러일으켜 충동질하기, ④ 기억(Memory): 사람들에게 기억나게 하고 당장 구매하지는 않더라도 나중에 구매하도록 만들기, ⑤ 행동(Action): 사람들이 실제로 구매하도록 만들기

7. 프로그램 홍보기법에는 인쇄물(포스터, 전단지, 리플릿), 전화(문자), 광고(신문, 방송 등), 우편물, 현수막, 인터넷(포털사이트, 게시판, SNS 등) 등이 있다.

 참고문헌

김용현 · 김종표 · 문종철 · 이복희(2010). 평생교육 프로그램 개발론. 경기: 양서원.

김진화(2001). 평생교육 프로그램 개발론. 경기: 교육과학사.

남정걸(2007). 평생교육 경영학. 경기: 교육과학사.

박기안 · 신건철 · 김준석(2006). 마케팅. 서울: 무역경영사.

신용주(2017). 평생교육 프로그램 개발론. 서울: 학지사.

이석규(2006). 마케팅관리. 서울: 박영사.

이학식 · 안광호 · 하영원(2006). 마케팅 전략적 접근. 경기: 법문사.

이화정 · 양병찬 · 변경임(2003). 평생교육 프로그램 개발의 실제. 서울: 학지사.

최은수 · 배석영(2008). 평생교육 경영론. 경기: 양서원.

제8장

청소년 프로그램 운영 I:
사전 준비

학습개요

　청소년의 건전한 육성을 목적으로 실시하는 청소년활동 프로그램은 프로그램 활동내용과 관련된 자원 및 조건이 필요하다. 이때 자원과 조건의 여건을 종합적으로 연결하여 단계적으로 편성하고 준비하는 사전 준비과정이 중요하다. 프로그램 진행을 위한 사전 준비과정은 청소년지도사가 청소년들에게 지도해야 할 내용이기도 하지만 청소년지도사가 반드시 갖추어야 할 역량이기도 하다.

　이 장에서는 프로그램 운영에 앞서 준비해야 할 사항들을 소개하고 있다. 프로그램 사전 준비를 위한 세부 프로그램 작성, 전문강사 확보, 평가도구 선정 등을 설명하고, 안전관리를 위해서는 안전관련 제도, 안전관리 리스트, 안전교육, 대응책 준비를 제시하였다.

01 청소년 프로그램의 사전 준비

프로그램이 운영되기 위해서는 사전에 철저한 준비와 세부적인 계획이 이루어져야 한다. 각종 서류 준비와 작성, 행정을 통해 프로그램이 원활하게 운영될 수 있도록 준비하고 이를 점검하여 양질의 프로그램을 제공하여야 한다.

1) 세부 프로그램 작성 준비

구체적이고 세부적으로 프로그램을 운영하기 위해서는 먼저 실행과정별 문제 확인을 위한 항목을 구성하는 것이 중요하다. 리스트 작성은 프로그램의 목적과 목표 달성을 위한 필수적인 요소들을 확인하여 담당 청소년지도사 개인이 하기보다는 팀 또는 참여하는 지도자들과 함께 작성하는 것이 효율적인 운영관리가 될 수 있다.

다음 〈표 8-1〉은 구체적인 실행계획 수립의 주요 요소와 실행과정에서 발생될 수 있는 문제 확인 요소로 예기치 못한 문제를 해결하고 대응하는 데 도움이 될 수 있다.

5W1H 체크리스트는 일의 여러 가지 분야에서 활용할 수 있는 편리한 체크법이다. 예를 들면, 사람에게 이야기를 하거나 사람의 이야기를 듣는 등 커뮤니케이션을 할 경우나 명령·보고를 하는 경우, 주간예정 등의 계획을 세우는 경우에 쓸 수 있다.

5W1H 체크리스트란 5W1H(who, what, when, where, why, how)의 여섯 가지 관점에서 업무를 체크하고 업무 누락을 발견 또는 방지하는 방법이다. 커뮤니케이션이나 계획내용에 누락이 없는지 보완이 필요한 문제 확인 요소를 체크하기 위해서 작성될 수 있다.

표 8-1 실행계획 수립과 실행과정별 문제확인을 위한 5W1H 체크리스트

5W1H	실행계획 수립과 주요 요소	실행과정에서의 문제 확인 요소
1. Who (누가)	• 누가 프로그램을 실행하는가? −프로그램의 주최자와 주관자 −프로그램 실행을 준비하는 사람 −프로그램 담당자, 외부 전문가, 자원봉사자	• 실행주체와 관련된 문제 −현재 실행하는 사람은 누구인가? −그 밖에 실행할 수 있는 사람은 누구인가? −반드시 실행에 참여해야 할 사람은 누구인가? −무리하게 참여하는 사람은 없는가?
2. When (언제)	• 언제 프로그램을 실행하는가? −프로그램 실행의 예정 일시 −프로그램 실행의 기간	• 실행시기와 기간과 관련된 문제 −언제 실행하는 것이 바람직한가? −정해진 시기와 기간 외에 할 수는 없는가? −실행시기가 무리하게 정해지지 않았는가?
3. Where (어디서)	• 어디서 프로그램을 실행하는가? −가장 적합한 장소 −차선으로 간주되는 장소	• 실행 장소 및 주변 여건과 관련된 문제 −여기서 실행하는 것이 좋은가? −그 밖에 다른 장소는 없는가? −실행 장소가 무리하게 정해지지 않았는가?
4. What (무엇을)	• 무슨 프로그램을 실행하는가? −프로그램 형태와 제목 −프로그램의 핵심 요소	• 실행 활동과 관련된 문제 −어떤 활동이 실행되고 있는가? −다른 활동으로 필요한 것은 없는가? −무관하게 이루어지는 활동은 없는가?
5. Why (왜)	• 왜 어떤 목적으로 이 프로그램을 시행하는가? −프로그램의 목적 −프로그램의 주제 −프로그램의 강조점	• 실행목적 달성과 관련된 문제 −왜 그 사람이 그 활동을 하는가? −왜 그 시간과 장소에서 하는가? −왜 그 방법으로 활동을 하는가? −목적 달성에서 무리, 무관성, 무일관성은 없는가?
6. How (어떻게)	• 어떻게 프로그램이 실행되는가? −프로그램의 구조와 절차 −예산과 인력의 준비 −홍보와 프로그램 수단	• 실행 방법과 관련된 문제 −어떤 방법으로 실행되고 있는가? −다른 방법은 없는가? −방법상의 일관성은 유지되는가?

2) 전문강사 확보

프로그램 진행을 위해 전문가를 확보하는 것은 성공적인 프로그램을 위해 매우 중요한 작업이다. 프로그램을 진행하는 과정에서 진행자 외에 전문성이 필요한 활동에는 전문가를 섭외하여 운영한다. 사전에 강사뱅크를 작성하여 다수 전문가의 인적사항을 확보하여 프로그램이 결정되면 담당 강사를 섭외한다. 전문강사 섭외 시 고려해야 할 사항은 다음과 같다.

- 청소년에 대한 이해력이 높고, 청소년들 대상 강의 경력 경험이 풍부한 사람을 우선순위로 섭외한다.
- 유명한 강사라도 청소년 프로그램 목적과의 부합 여부와 청소년에게 긍정적인 영향력을 발휘할 수 있는지를 면밀히 검토한다.
- 강사를 결정할 때 담당자가 최종 결정하기보다는 내부위원으로 구성된 강사선정위원회를 통해 전문강사를 선정한다.
- 전문강사가 갑작스런 상황에 처할 가능성을 대비해서 대체 가능한 전문강사도 섭외한다.
- 프로그램 담당자는 사전에 전문강사의 강의내용을 전달받아 강의내용을 숙지한다.
- 강사비 기준과 강사료 전달에 대한 사전 협의를 한다.
- 성범죄경력 조회를 통해서 성범죄경력 여부를 확인한다(성범죄경력 동의서 필수).

3) 프로그램 개입의 효과성 검증방법 준비

(1) 평가기획의 필요성

개발된 프로그램이 실제로 청소년들의 발달과정에 어떠한 영향을 미치고 어떠한 효과를 가져왔는지에 대한 성과를 나타내기 위해서는 기획단계에서 프로그램 평가에 대한 계획도 제시되어야 한다. 예를 들어, 자아존중감, 학교생활적응, 공동체 의식, 진로성숙도 등의 향상을 위한 프로그램 기획과정에서 이들의 효과성을 검증할 수 있도록 프로그램 내용에 적합한 측정도구나 방법 등을 선정하고 일정한 기준을 마련하여야 한다.

(2) 프로그램 성과 평가방법

① 단일집단 또는 단일사례 설계

프로그램의 결과 또는 성과를 측정하는 경우에 사용되는 평가설계방식 중에서 가장 많이 사용되는 손쉽고 간편한 설계방식이다. 사례는 한 명일 수도 있지만 집단이 될 수도 있다. 단일사례조사는 프로그램이 실행된 이후에 조사하는 사후설계와 프로그램의 이전과 이후를 조사하는 사전-사후 설계로 나뉜다.

사후설계는 프로그램이 종료된 이후에 참가자나 참가자 집단이 프로그램의 목적을 잘 성취했는지를 확인하는 조사설계방식이다. 사전-사후 설계는 프로그램이 개입되기 전과 프로그램이 수행된 이후의 자료를 비교하여 분석한 것이다. 상황이나 조건 또는 문제가 개선되었는지 아닌지를 알고 싶을 때 사용하는 방법으로 사후조사설계보다 비용이 많이 드는 단점이 있다.

② 실험적 조사와 준실험적 조사

실험적 조사의 목적은 프로그램과 프로그램의 목적 사이의 인과관계를 설정하는 것에 있다. 일반적으로 실험적 조사에서는 통제집단과 실험집단으로 나눌 수 있다. 무작위로 대상을 선정하기 때문에 조사자의 주관적 관점이 개입될 수 있고 더욱이 참여자들의 윤리적인 문제에 영향을 줄 수 있다는 단점이 있다.

준실험적 조사는 조사를 위한 집단을 구성하는 데 있어 무작위로 조사 대상을 결정하지 않는 방식을 취하기 때문에 프로그램에 개입되어 있는 청소년지도사와 청소년의 입장이 반영될 수 있고 프로그램의 원인과 효과에 대한 분석이 가능하다는 특징을 가지고 있다.

청소년 대상 활동프로그램을 진행하는 담당자에 대한 법률적 책임은 「민법」 제755조에 의거하여 친권자 등 법정 감독의무자를 대신하는 대리감독자의 책임으로서 안전사고에 대한 지도자의 책임을 법률적으로 명시하고 있다. 크게는 책임무능력자에 대한 감독자의 책임과 일반불법 행위자로서의 책임으로 구분해 볼 수 있다. 전자는 "무능력자를 감독하는 자(교원, 청소년지도사, 교육당사자)는 그 감독하에 있는 책임무능력자(만 14세 미만의 청소년)가 타인에게 가한 피해를 배상할 책임이 있다."라고 규정하고 있으며(「민법」제755조 제2항), 후자의 경우, 대리감독자는 안전사고가 직무상의 과실이나 고의가 인정되어 책임을 물을 수 있는 원인을 제공한 경우 불법행위로 책임을 인정할 수 있음을 명시한다.

청소년 프로그램에서 안전관리를 위해 다음을 수행해야 한다.

첫째, 청소년활동 프로그램 전에는 안전한 활동을 위한 안전관리 규정, 매뉴얼 등에 대한 지식, 안전장비 상태에 대한 파악, 사전답사에 대한 의식, 안전사고 예방교육에 대한 생각 등으로 볼 수 있다.

둘째, 프로그램 활동 중에는 위험요인에 대한 인지 정도, 안전사고 발생 시 위기관리능력을 가졌는지에 대한 생각, 교통안전, 식품위생, 시설안전 등에 대한 점검 정도 등을 확인하여야 한다.

셋째, 교육활동 후에는 참여자의 건강상태에 관한 관심, 안전사고 대처의 적절성, 참여자의 정서 상태에 대한 관심 등에 대해 청소년지도사는 주요 역할을 해야 한다고 정의하였다.

넷째, 청소년활동에서의 활동유형·장소별 안전사고는 청소년수련활동 안전종합매뉴얼에 따라 크게는 실내활동과 야외활동으로 나누었으며, 실내활동으로는 실험·실습활동 등으로 살펴보았으며, 야외활동으로는 야외활동, 수상·수중활동, 동계활동, 모험활동, 이동형활동, 숙박형활동으로 구분하였다(한국청소년활동진흥원, 2016).

1) 청소년 프로그램 안전관련 제도

(1) 청소년수련활동인증제

청소년과 학부모가 믿고 신뢰할 수 있는 청소년 활동프로그램에 참여할 수 있도록 일정기준에 따라 심사하고 인증하는 제도이다. 위험도가 높은 활동(수상, 항공, 장기도보, 유해물질 사용, 하강레포츠 등의 모험활동 등)이나 150명 이상이 참여하는 활동은 의무적으로 인증을 받아야 한다.

(2) 청소년수련활동신고제

청소년수련활동의 실시 계획을 사전에 신고하고, 신고 접수된 내용을 청소년 및 학부모가 확인할 수 있도록 인터넷 등에 공개하는 제도이다. 청소년수련시설이나 영리법인, 기업이 운영하는 숙박 활동이거나 참가 인원이 150명 이상 혹은 위험도가 높은 활동이라면 의무적으로 신고를 해야 한다.

2) 프로그램 단계별 안전관리 리스트 수립

프로그램 진행 단계별로 크게 활동계획단계, 활동준비단계, 활동실행단계, 활동종료단계로 나누고, 단계별로 필요한 안전사항들을 정리한다. 특히 참여 청소년, 프로그램 및 기자재, 청소년 지도자, 활동환경, 후속조치 사항별로 구분하여 세부적으로 안전항목들을 나열하면 다음과 같다(한국청소년활동진흥원, 2015).

표 8-2 청소년 프로그램 단계별 안전관리 리스트

단계	구분	확인 항목
1.활동 계획 단계	프로그램	• 운영하고자 하는 활동의 목적이 명확한가? • 참여 청소년 특성과 목적을 고려하여 일정, 시간, 내용을 구성하였는가? • 프로그램 일정상에 충분한 안전교육과 휴식시간을 고려하였는가? • 유사시를 대비한 상황별 대응방안이나 대체프로그램을 계획하였는가? • 편성한 프로그램의 위험요소는 무엇인지 확인하였는가? • 활동의 주최자와 주관자의 책임 범위는 명확한가?

	지도자	• 지도자의 인원수나 전문성은 활동의 내용에 적합한가? • 긴급 상황 시 응급처치가 가능한 지도자의 배치 계획을 수립하였는가? • 지도자가 활동 및 긴급 상황에서 해야 할 역할을 계획하였는가?
	활동환경	• 사업의 목적 달성과 안전을 고려하여 활동장소를 선정하였는가? • 현장답사 계획을 치밀하게 수립하였는가? 　－활동 시의 상황을 정확하게 파악할 수 있는 시기나 시간대 편성 　－활동 전문가 혹은 해당 장소에 대해 잘 알고 있는 지도자와 공동 수립 • 보험 가입 계획을 수립하였는가? (별도 보험 가입 시 예산확보 여부 등) • 청소년의 시각에서 활동장소의 안전성 여부 확인이 가능한가?
2. 활동 준비 단계	프로그램/ 기자재	• 참여 청소년의 명단과 건강 상태 등의 주요 정보를 확보하였는가? • 참여 청소년의 보호자에게 활동내용과 관련된 정보가 전달되었는가? • 계획한 참여 청소년의 조건과 실제로 참여한 청소년의 차이는 없는가? • 프로그램별 장비, 안전용품 등 준비물이 적절하게 구비되어 있는가? • 프로그램별 위험요소에 따른 대처방법을 준비하였는가?
	지도자	• 확보된 지도자의 인원수와 전문성은 프로그램 운영에 적합한가? • 응급처치가 가능한 지도자가 배치되었는가? • 모든 지도자에게 사전안전교육을 실시하였는가? • 지도자는 활동 및 긴급 상황에서 각자의 역할을 명확히 숙지하고 있는가? • 구급약품 및 장비의 보관 장소를 참여 지도자가 숙지하고 있는가? • 참여 청소년과 지도자, 지도자와 지도자 간의 비상연락체계를 수립하였는가?
	활동환경	• 활동기간 중 일기예보, 기상특보, 유행성 질병 여부 등을 파악하였는가? • 활동장 주변의 의료기관, 소방서, 경찰서 등 비상연락처를 확보하였는가? • 현장답사(사전 안전점검)를 통하여 활동장소의 적합성 및 안전성을 확인하였는가? • 모든 활동장소에서 보장받을 수 있도록 보험에 가입하였는가? • 활동현장에서 유사시 외부와 연락이 가능할 수 있는 통신 상황은 원활한가?

3. 활동 실행 단계	프로그램/ 기자재		• 프로그램의 대상, 일정, 시간 등 변경된 상황이 있는가? • 프로그램에 사용하는 도구, 장비 등의 상태를 점검하였는가? • 활동 중 휴식, 수분보충, 개인위생을 위한 시간배정을 고려하였는가?
	지도자		• 배치된 지도자의 변경된 사항이 있는가? (교체, 건강상태 등) • 모든 지도자는 배정받은 위치에서 본인의 역할을 수행하고 있는가? • 활동장소의 모든 위험한 요소는 제거되거나 위험표지가 부착되었는가?
	활동환경		• 활동장소의 청결 및 위생 상태는 활동에 적합한 수준인가? • 의료기관, 소방서, 경찰서 등 비상연락처와 지도자 간 비상연락망에 이상은 없는가?
		실내	• 출입문, 창문, 집기류 등의 상태와 위생수준은 적합한가? • 화재, 붕괴 등 재난상황 발생 시 대피방법을 고려하였는가?
		야외	• 날씨, 기온 등 주변 여건의 변화는 없는가? • 유사시 대피소를 준비하였는가?
	참여 청소년		• 참여 청소년의 인원 및 건강상태를 확인하였는가? • 참여 청소년의 복장은 활동에 적합한가? (필요시 환복 조치) • 운영하는 프로그램에 적합한 사전안전교육을 실시하였는가? • 활동내용에 적합한 준비운동을 실시하였는가? • 신체적·정신적 불편을 호소하는 청소년이 없는지 수시로 확인하였는가?
4. 활동 종료 단계	참여 청소년		• 활동내용에 적합한 정리운동을 실시하였는가? • 참여 청소년 모두 정신적·신체적으로 건강한 상태인가? • 프로그램 및 안전에 관련한 청소년의 의견을 청취하였는가? • 참여 청소년의 소지품 중 분실물이나 파손품은 없는가? • 활동 종료 후 귀가 또는 다음 일정으로 이동, 숙소 복귀 등 해산 후 안전교육을 실시하였는가?
	프로그램/ 기자재		• 계획된 프로그램의 모든 과정이 이루어졌는가? • 도구, 장비가 모두 회수되었고, 상태를 점검하여 보관하였는가?
	지도자		• 필요시 도구, 장비를 보수하거나 파손품을 분리하였는가? • 모든 지도자는 정신적·신체적으로 건강한 상태인가? • 프로그램 운영 시 위태로운 상황에 대한 의견교환을 실시하였는가?

활동환경	• 활동장소는 청결하게 뒷정리를 하였는가? • 추후 활동 시 안전을 고려해야 하는 요소로 보이는 점이 있는가?
후속조치	• 청소년이 안전하게 집에 도착하도록 최대의 노력을 실시하였는가? • 특이사항 발생 시 보호자에게 대한 정확한 정보전달을 실시하였는가? • 추후 프로그램 시 고려해야 할 사항을 종합적으로 정리하였는가?

3) 청소년지도사 사전안전교육

청소년지도사 사전안전교육의 추진근거는 「청소년활동진흥법」 제18조의2에 근거한 것으로 수련시설 설치ㆍ운영자 또는 위탁운영단체는 수련시설의 이용자에게 여성가족부령으로 정하는 바에 따라 해당 수련시설의 이용 및 청소년수련활동에 관한 안전교육을 실시하여야 한다.

(1) 안전에 대한 주요 시사점

안전은 주어진 여건에 대하여 단 한 번밖에 기회가 없다는 점, 즉 일회성(一回性)이다. 안전은 모든 여건에 대처하는 태도가 자기통제의 능력을 갖추어야 효능을 발휘할 수 있기 때문에 지식으로 이해되어야 하면서도 실천할 수 있어야 한다. 특히 지역이나 환경에 따라 안전대책이 다를 수 있으므로 사전에 지역과 환경에 대한 이해가 선행된 후 대책과 교육을 준비한다.

(2) 안전에 대한 지도자의 임무

첫째, 위험을 예견하는 임무이다. 때와 장소의 상황을 항상 냉정히 파악하고 위험이 발생할 수 있는지를 검토하며 프로그램이 사고를 유발하는 방향으로 진행되지 않는지 지켜보아야 한다.

둘째, 위험을 회피하는 임무이다. 위험한 상황을 직감하였을 때 사고가 발생하지 않도록 모든 수단을 동원한다. 이때에 올바른 상황판단과 정확한 지시 행동이 중요하다.

셋째, 참가자 과실 방지의 임무이다. 참가자들이 자기 과실을 하지 않도록 감독해야 한다. 참가자의 연령, 체력, 판단력의 정도를 잘 파악하고 지켜보며 대상 특성에 적합하도록 모든 활동을 지도하도록 한다.

넷째, 시설과 용구의 안전사용 임무이다. 시설 및 용구를 사용 요령대로 이용하게 하고, 위험하다고 직감되었을 때에는 즉시 조치하도록 한다. 사용 후의 뒷정리도 잘 해야 한다.

다섯째, 프로그램의 기획단계에서부터 국가 및 지방자치단체가 요구(제도 및 수련시설안전평가)하는 청소년 안전관리 대책을 수립하면서 사전 준비단계에서는 프로그램 단계별로 안전관련 항목을 숙지한다.

여섯째, 안전예방 및 관리를 위한 예산을 배정한다. 보험가입, 안전교육비, 지도자 안전관리 역량교육, 안전컨설팅, 시설점검 및 안전관련 장비 등을 구입한다.

일곱째, 청소년 지도인력 배치기준을 준수한다. 수련활동 프로그램 인증기준 시 지도인력 배치 및 안전 전문가 확보가 필요하다. 배치기준은 〈표 8-3〉과 같다.

표 8-3 청소년 지도인력 배치기준

실내	실외	야외	지도자 자격	비고
30:1	30:1	15:1	해당 프로그램을 전문적으로 수행할 수 있는 지도자 최소 1명 이상 ※운영담당자와 겸임 가능	• 참여 청소년 수가 30명 초과 시, 매 20명 단위로 지도자 1명씩 추가 배치 ※ 실내프로그램 제외 • 실내에서 운영되는 프로그램 중 인증위원회가 심의를 통해 필요하다고 인정하는 유형의 프로그램은 배치 지도자 수의 50%를 축소하여 배치 가능 • 지도자 수는 최소 2명 이상으로 배치. 다만, 프로그램이 비대면 방식으로 운영되고 참여자가 집합하지 않는 경우 지도자 수는 배치비율과 관계없이 최소 2명으로 배치 가능

※ 수상활동, 항공활동, 산악활동, 장거리 걷기 활동, 위험도가 높은 수련활동 등의 프로그램은 별도의 지도인력 기준을 위한 배치기준을 준용

*출처: 청소년수련활동인증제 운영규정(2021) [별표 9-1]

여덟째, 청소년지도사 대상 사전안전교육 실시를 위하여 안전교육 강사를 두거나 연 1회 이상의 안전교육을 실시하는 것이 중요하다. 특히 전문인력 교육과정과 기준을 준수하여 안전교육을 실시하되 물리적 환경에 의한 안전과 함께 폭력예방교육도 실시하여 안전감수성을 강화한다.

표 8-4 안전교육을 위한 전문인력 교육과정 지정 기준

항목	기준
1. 시설 · 설비 기준	가. 안전교육장(시청각 교육이 가능한 공간으로 50제곱미터 이상) 나. 행정실(10제곱미터 이상) 다. 화장실(남녀로 구별)
2. 강사 기준	해당 업무에 3년 이상 종사한 경력이 있는 안전교육 강사를 2명 이상 둘 것
3. 운영 기준	12시간 이상의 안전관련 교육과정을 연간 1회 이상 실시할 것
4. 그 밖의 기준	전문인력 교육기관 지정 신청일부터 최근 3년 이내에 제26조의3에 따라 교육기관 지정이 취소된 사실이 없을 것

*출처: 청소년수련활동인증제 운영규정(2021) [별표 10]

4) 프로그램 안전사고 대응책

(1) 안전사고를 위한 대책: 보험가입

「청소년활동진흥법」 및 「청소년활동진흥법 시행령」에 보험가입 의무와 상해구분에 따른 보험금액 기준이 마련되어 있다. 실내활동 프로그램 외에 생활권에서 떨어져 있는 들판이나 노천(예: 공원, 하천, 사적지, 유적지, 시장 등)은 주 활동장소의 보험 목적물(보험에서 손해를 보상하는 대상)에서 제외되어 별도의 청소년활동보험 혹은 여행자 보험을 가입하여야 한다.

「청소년활동진흥법」제25조(보험가입)

① 제9조의2에 따라 숙박형 등 청소년수련활동 계획을 신고하려는 자, 수련시설 설치·운영자 또는 위탁운영단체는 청소년활동의 운영 또는 수련시설의 설치·운영과 관련하여 청소년활동 참가자 및 수련시설의 이용자에게 발생한 생명·신체 등의 손해를 배상하기 위하여 보험에 가입하여야 한다.

② 제1항에 따른 보험에 가입하여야 할 수련시설의 종류 및 보험금액 등은 대통령령으로 정한다.

「청소년활동진흥법 시행령」제13조(보험가입)

① 법 제25조에 따라 보험에 가입하여야 하는 수련시설은 법 제10조 제1호에 따른 수련시설로 한다. 다만, 건축연면적이 1천 제곱미터 이하인 청소년문화의집은 제외한다.

② 법 제25조 제2항에 따른 보험금액은 다음 각 호의 기준에 해당하는 금액 이상의 것이어야 한다. 이 경우 지급보험금액은 실손해액으로 하되, 사망의 경우 실손해액이 2천만 원 미만인 경우에는 2천만 원으로 한다.

1. 사망의 경우에는 8천만 원

2. 부상의 경우에는 [별표 2]에서 정하는 금액: 1급에서 14급(60만 원에서 1천500만 원)

3. 부상의 경우 그 치료가 완료된 후 해당 부상이 원인이 되어 신체장해(이하 "후유장해"라 한다)가 생긴 경우에는 [별표 3]에서 정하는 금액: 1급에서 14급(500만 원에서 8천만 원)

4. 부상자가 치료 중에 해당 부상이 원인이 되어 사망한 경우에는 제1호 및 제2호의 금액을 합산한 금액

5. 부상자에게 해당 부상이 원인이 되어 후유장해가 생긴 경우에는 제2호 및 제3호의 금액을 합산한 금액

6. 제3호의 금액을 지급한 후 해당 부상이 원인이 되어 사망한 경우에는 제1호의 금액에서 제3호에 따라 지급한 금액을 공제한 금액

상해구분 및 보험금액(제13조 제2항 제2호 관련)

상해 급별	보험금액	상해부위
1급	1천500만 원	1. 고관절의 골절 또는 골절성 탈구 2. 척추체 분쇄성 골절 3. 척추체 골절 또는 탈구로 인한 제신경증상으로 수술을 시행한 상해 4. 외상성 두개강안의 출혈로 개두술을 시행한 상해 5. 두개골의 함몰골절로 신경학적 증상이 심한 상해 또는 경막하 수종, 수활액 낭종, 지주막하 출혈 등으로 개두술을 시행한 상해 6. 고도의 뇌좌상(미만성 뇌축삭 손상을 포함한다)으로 생명이 위독한 상해(48시간 이상 혼수상태가 지속되는 경우에 한정한다) 7. 대퇴골 간부의 분쇄성 골절 8. 경골 아래 3분의 1 이상의 분쇄성 골절 9. 화상·좌상·괴사창 등 연부조직에 손상이 심한 상해(체표의 9퍼센트 이상의 상해) 10. 사지와 몸통의 연부조직에 손상이 심하여 유경식피술을 시행한 상해 11. 상박골 경부 골절과 간부 분쇄골절이 중복된 경우 또는 상완골 삼각골절 12. 그 밖의 1급에 해당한다고 인정되는 상해
2급	800만 원	1. 상박골 분쇄성 골절 2. 척주체의 압박골절이 있으나 제신경증상이 없는 상해 또는 경추 탈구(아탈구 포함), 골절 등으로 할로베스트 등 고정술을 시행한 상해 3. 두개골 골절로 신경학적 증상이 현저한 상해(48시간 미만의 혼수상태 또는 반혼수상태가 지속되는 경우를 말한다) 4. 내부장기 파열과 골반골 골절이 동반된 상해 또는 골반골 골절과 요도 파열이 동반된 상해 5. 슬관절 탈구 6. 족관절부 골절과 골절성 탈구가 동반된 상해 7. 척골 간부 골절과 요골 골두 탈구가 동반된 상해 8. 천장골간 관절 탈구 9. 슬관절 전·후십자인대 및 내측부인대 파열과 내·외측 반월상 연골이 전부 파열된 상해 10. 그 밖의 2급에 해당한다고 인정되는 상해

*출처: 「청소년활동진흥법 시행령」[별표 3]

후유장해 구분 및 보험금액(제13조 제2항 제3호 관련)

상해 급별	보험금액	신체장애
1급	8천만 원	1. 두 눈이 실명된 사람 2. 말하는 기능과 음식물을 씹는 기능을 완전히 잃은 사람 3. 신경계통의 기능 또는 정신기능에 뚜렷한 장해가 남아 항상 보호를 받아야 하는 사람 4. 흉복부장기의 기능에 뚜렷한 장해가 남아 항상 보호를 받아야 하는 사람 5. 반신마비가 된 사람 6. 두 팔을 팔꿈치관절 이상에서 잃은 사람 7. 두 팔을 완전히 사용하지 못하게 된 사람 8. 두 다리를 무릎관절 이상에서 잃은 사람 9. 두 다리를 완전히 사용하지 못하게 된 사람
2급	7천200만 원	1. 한 눈이 실명되고 다른 눈의 시력이 0.02 이하로 된 사람 2. 두 눈의 시력이 각각 0.02 이하로 된 사람 3. 두 팔을 손목관절 이상에서 잃은 사람 4. 두 다리를 발목관절 이상에서 잃은 사람 5. 신경계통의 기능 또는 정신기능에 뚜렷한 장해가 남아 수시로 보호를 받아야 하는 사람 6. 흉복부장기의 기능에 뚜렷한 장해가 남아 수시로 보호를 받아야 하는 사람

*출처: 「청소년활동진흥법 시행령」[별표 3]

(2) 응급처치 및 사고대응 절차

청소년지도사는 청소년수련활동 기간 중에 일어날 수 있는 다양한 위기상황이나 사고 발생 시 적절하게 대응할 수 있는 지식과 태도와 절차들을 사전에 인지하고 있어야 한다. 사고 발생 시 대응절차는 다음 〈표 8-5〉와 같다.

표 8-5 사고 발생 시 대응절차

사고 발생 유형	대응절차 주요 내용
사고 발생 직후	• 마음을 진정시켜 냉정해진다. • 자기 자신과 사고자 이외의 안전을 확보한다.
상황 및 사고자 상태 파악	• 전체 상황을 신속히 판단한다. 사고 인원, 원인 등을 파악한다. • 구조 실시가 가능한지 판단한다. 응급기관에 연락한다. • 응급처치를 실시하고 후송하여 의료기관에 인도한다.
관계자 연락	• 소속 기관 및 관계기관에 연락한다. • 보호자에게 연락한다. 사고내용, 부상수준, 보호자의 역할 등 정확한 안내를 한다. • 보험회사에 연락한다. 배상을 위해 확보할 자료 등을 확인한다.
사고의 기록	• 사고 발생 경위 등을 정확히 기록한다. ※ 기록내용: 언제, 누가, 어디서, 무엇을, 어떻게, 왜, 어떠한 대응을 했는지, 의료기관은 어디인지 등 최대한 상세히 기록하고 목격자의 연락처 등을 확보한다. (사진, 영상 등 활용) • 사고의 기록은 보고 및 사고사례 전파 등에 활용한다.

03 청소년 프로그램의 대체 계획

프로그램이 원활하게 진행되기 위해서는 갑작스럽게 일어날 수 있는 여러 가지 상황에 대처할 수 있는 대체 프로그램을 준비하여야 한다. 특히 실외 및 야외에서 운영되는 활동에 대해 대처방안에 대한 계획을 마련하고, 이때 프로그램의 목표와 연관성이 있는지가 중요하다.

모든 프로그램이 실내에서 진행될 경우 대체 프로그램이 필요하지 않지만 외부 전문가와 담당 지도자가 갑작스런 사고와 건강상의 이유로 부재될 경우 또는 기자재를 사용하지 못할 경우를 대비해서 별도의 계획이 준비되어야 한다. 또한 대체 프로그램의 진행 장소에 대한 활동장 정보 및 활동장 안전관리 사항을 확인하여야 한다.

| 표 8-6 | 상황별 대체 계획 준비 |

상황	대체 계획
인솔자 부재	• 대체인력 확보
전문 강사 부재	• 전문 강사 인력풀 마련 • 지도자 인력 배치
우천 시 및 폭설 등 기상변화	• 실내 활동 가능한 프로그램 계획 • 활동장소 확인
프로그램 기자재 및 시설물 이용 불가	• 유사 프로그램 계획 • 활동장소 확인
참여 청소년 다수 미참여	• 프로그램 축소 • 대체 프로그램 계획
식중독 발생 및 위험요인 발견	• 대체 프로그램 계획 • 대체인력 확보

대체인력이라도 지도자로서의 지도력이 갖춰진 인력을 배치하고, 사전교육 및 안전교육도 반드시 이수한 자로 배치한다. 또한 활동장소의 안정성은 사전답사를 통해서 확인하고, 안전한 공간에서 프로그램이 진행될 수 있도록 준비한다. 대체 프로그램을 계획할 때는 기존 프로그램의 목표, 다른 프로그램과의 연계성, 지도자 역량 및 인원수, 예산 등을 고려한다.

요약 ··

1. 프로그램을 운영하기 위해서는 먼저 실행과정별 문제 확인을 위한 항목을 구성하는 것이 중요하다. 리스트 작성은 프로그램의 목적과 목표 달성을 위한 필수적인 요소들을 확인하여 담당 청소년지도사 개인이 하기보다는 팀 또는 참여하는 지도자들과 함께 하는 것이 필요하다.

2. 개발된 프로그램이 실제로 청소년들의 발달과정에 어떠한 영향을 미치고 효과를 가져왔는지에 대한 성과를 나타내기 위해서는 기획단계에서부터 프로그램 평가에 대한 계획도 제시되어야 한다. 이때 사전에 적절한 평가방법을 선택하여 측정한다.

3. 청소년 프로그램을 안전하게 실행하기 위한 제도로 대표적인 것은 청소년수련활동인증제, 청소년수련활동신고제이다.

4. 프로그램 진행 단계별로 크게 활동계획단계, 활동준비단계, 활동실행단계, 활동종료단계의 4단계로 나눌 수 있다. 단계별로 참여 청소년, 프로그램 및 기자재, 지도자, 활동환경, 후속조치 등으로 안전관리 항목들을 분류하여 정리한다.

5. 청소년지도사는 안전사고 대응책을 위하여 보험가입, 응급처치 및 사고대응 절차를 인지하여 재정적 지원 확보와 사전안전교육을 실시한다.

참고문헌

한국청소년활동진흥원(2015). 청소년수련활동 안전매뉴얼. 서울: 한국청소년활동진흥원.
한국청소년활동진흥원(2016). 청소년수련활동 인증제 매뉴얼. 서울: 한국청소년활동진흥원.

제9장

청소년 프로그램 운영 II: 실행

청소년의 건전한 육성을 목적으로 실시하는 청소년활동 프로그램을 실행하기 위해서는 프로그램이 실행되는 전개과정, 자원투입, 행위 측면에서 참여자, 전문 강사, 청소년지도사 간의 상호협업체제 구축 및 유지가 필요하다. 또한 프로그램 운영의 투명성, 책임성, 효과성을 달성하기 위해서는 프로그램 운영을 위한 접근방법, 프로그램 운영의 모니터링, 프로그램 실행의 체계적인 관리가 요구된다.

이 장에서는 프로그램 운영을 위한 다양한 관점에서 제시한 대표적 이론을 설명하고, 프로그램이 계획대로 실행되고 있는지를 관리하고 조정하기 위한 모니터링의 중요성과 내용을 안내한다. 마지막으로 프로그램 실행을 위한 세부실행계획서 작성, 예산 수립, 지도안 작성 등을 제시하고자 한다.

01 청소년 프로그램 운영 관련 이론

개발된 프로그램은 청소년들에게 일정한 장소와 기간 내에 실행하게 될 때 얼마든지 변화될 수 있다. 다시 말하면, 동일한 대상과 현상을 이해하고 해석하는 과정에서도 어떠한 이론에 근거하여 프로그램을 운영하느냐에 따라 프로그램이 지향하는 성격이나 목적이 다를 수 있다.

청소년 프로그램 운영은 청소년들의 요구를 반영하여 설계된 프로그램이 어떻게 실행되고 진행되어야 할 것인가에 초점을 두고 청소년 프로그램을 추진 · 조정 · 지원하는 것과 관련된 일련의 필연적 활동 또는 행위이다.

프로그램 운영을 다양한 관점에서 제시한 대표적 이론은 프로그램 운영 계획 이론, 프로그램 경영 이론, 프로그램 실행 이론이다. 이러한 이론을 통해서 프로그램은 체계적으로 운영 및 실시되고 있으며, 자세한 내용은 다음과 같다.

1) 프로그램 운영 계획 이론

프로그램 운영 계획 이론은 프로그램 운영 관리도구를 활용해 프로그램 운영 계획을 합리적으로 세우고, 프로그램 운영을 위해 준비하는 사항과 무엇을 어떻게 할 것인가를 확인시켜 주는 프로그램 운영모형이라 할 수 있다(권이종 외, 2001; 정무성, 2005; Sheafor, Horejsi, & Horejsi, 1991).

프로그램 운영자인 청소년지도사는 설계된 프로그램을 효과적으로 전개하기 위해 프로그램 단계별로 프로그램 운영 계획을 세울 수 있는 능력이 필요하며, 예상하지 못한 상황이 일어났을 때 그 해결을 위한 합리적인 조치를 취하는 역할이 요청된다. 다시 말해, 청소년지도사는 프로그램 운영의 전체적인 흐름과 조감도를 알고 무엇을 계획하고 준비할지, 프로그램 절차 및 문제를 발견하고 예방할 수 있는 통찰력을 가지고 있어야 한다(김소현, 2008).

2) 프로그램 경영 이론

프로그램 경영 이론은 시장 지향 측면과 서비스 지향 측면에서 프로그램의 품질 및 기관의 이윤창출, 학습자의 만족도를 높이기 위해 프로그램을 효과적으로 운영하는 전략을 세우기 위한 운영모형이라 할 수 있다(Boone, 1985). 프로그램 경영 이론은 프로그램을 시장 지향성과 서비스 지향성으로 분류하여 각각의 성격에 맞게 운영하는 것이 필요하다고 보았다(Crinffin, 1987; Long, 1983). 그러므로 청소년지도사는 마케팅 활동, 예산관리 등의 기능적인 측면과 프로그램의 질과 효율성, 효과성을 높이는 기술적인 측면을 고려하여 기관과 참여자가 목표를 이룰 수 있도록 전략을 세우는 역할이 요구된다. 다시 말해, 청소년지도사는 프로그램 운영 과정에서 청소년기관의 경제적 수지타산뿐만 아니라 기관이 가지고 있는 이념과 목적에 기여할 수 있도록 인지하고, 참여자(청소년)에게 이에 상응하는 질 좋은 프로그램 및 서비스를 제공할 수 있는 경영 민감성을 가지고 있어야 한다(김소현, 2008).

3) 프로그램 실행 이론

프로그램 실행 이론은 프로그램 각 단계의 투입요소에 대한 적절한 관리 및 조정과 프로그램 운영 관련 주체자들의 협응적 행위로 프로그램을 원활하게 전개할 수 있도록 촉진하고, 수련활동 과정에서 청소년과의 상호작용을 주도적으로 실천하는 프로그램 운영모형이라고 할 수 있다(Caffarella, 1994; 권두승, 1994).

청소년지도사는 프로그램이 실행되는 전개과정, 자원투입, 행위 측면에서 각 단계에 상응하는 물적 자원을 지원하는 역할과 수련활동이 원활하게 이루어지도록 환경 조성 및 촉진을 위한 참여자, 전문 강사, 청소년지도사 간의 상호협업체제 구축 및 유지를 위해 노력해야 한다. 다시 말해, 프로그램 실행의 목표 실현을 위한 다각적인 역할이 필요하며, 참여자의 프로그램 불만족, 프로그램 참여 위해 요인, 전문 강사 불만족 등의 문제점에 대해 장기적으로 해석하여 해결하고, 지도를 통해 참여자의 활동과 변화를 가져올 수 있는 역량을 갖추고 있어야 한다(김소현, 2008).

1) 모니터링의 개념

모니터링이란 계획이나 정책의 집행에 의한 결과의 진단, 정책의 평가, 그리고 정책 집행기관에 대한 감사 등의 기능을 포함하는 포괄적인 개념이다. 그러나 일반적으로 모니터링이라 함은 특정 계획이나 정책이 의도하는 목표의 달성을 향한 진척 상황을 정기적으로 점검하는 것을 의미한다(민경주, 2009). 모니터링은 모든 조직이 목표 달성을 위해서 수행해야 하는 필수활동이라고 할 수 있다. 기업에서 매월 또는 분기별로 상품판매량과 재고 조사를 하여 경영과정과 성과를 모니터링하는 것처럼 비영리조직에서도 이와 유사한 방법으로 모니터링을 실시하여 당초 원래대로 프로그램을 제공하고 있는지를 점검한다(Posavac & Carey, 1997).

프로그램 모니터링이란 프로그램 수행과정에서 그 프로그램이 의도했던 참여자들에게 적절한 서비스가 제공되고 있는지, 인력은 계획에 따라 배치되어 적절한 역할을 수행하고 있는지, 예산은 충분히 지원되어 소기의 결과가 산출되고 있는지를 종합적으로 점검 · 검토 및 확인하는 과정이다. 따라서 사실상 모니터링은 조직이 목표 달성을 위해서 수행해야 하는 필수 활동으로 프로그램을 수행하는 도중에 문제점을 분석하고 모니터링의 결과가 다시 피드백되어 프로그램의 개선으로 이어진다는 장점이 있다(김상곤 · 최승희 · 안정선, 2016).

또한 프로그램 모니터링은 청소년, 프로그램 내용, 지도력, 예산, 정책, 규정, 기관 비전 등에 관한 기관의 자료를 활용하여 문제점을 분석하고 모니터링의 결과가 다시 피드백되어 프로그램의 개선으로 이어진다는 장점을 갖고 있기 때문에 본격적인 프로그램 평가보다는 훨씬 수월한 방법으로 프로그램 수행상 주요 요소를 체크하는 기능을 수행한다고 볼 수 있다(DePoy & Gilson, 2003).

프로그램 참여자에게 프로그램 경험을 제공하여 참여자와 사회의 요구에 부합하는 프로그램을 제공하기 위해서는 운영과정이 정확하고 적절하게 진행되고 있는지 관리하는 것이 매우 중요하다. 청소년과 사회의 요구에 부합하는 우수하고 다양한 프로그램을 제공하기 위해서는 질 관리가 필요하다. 지속적인 질 관리를 위한 가장 유용한 대안 중 하나가 모니터링이다. 일반적으로 모니터링은 프로그램 과정과 결과에 대한 지속적인 정보를 수집하는 활동이다. 이는 정책평가의 경우, 과정평가에 포함되는 하나의 기법으로 인식하는 관점과 프로그램 평가 분야에서와 같이 과정평가 혹은 결과평가와는 별개로 하나의 평가기법으로 보는 관점으로 구분할 수 있다(주경필, 2006). 또한 프로그램 관리를 위해 모니터링과 평가를 동시에 보는 관점이다. 모니터링과 평가는 프로젝트 집행계획과 함께 시작된다. 프로젝트 발굴부터 종료까지의 관리를 프로젝트 사이클로 표현하는 것처럼 모니터링 및 평가의 준비, 기획, 실행 및 종료 전 단계를 모니터링 및 평가 시스템이라고 칭한다(한국국제협력단, 2009).

프로그램 모니터링 유형은 크게 논리모형에 따른 모니터링, 슈퍼비전을 통한 모니터링, 개입의 효과성을 위한 모니터링으로 나눌 수 있다(김상곤·최승희·안정선, 2016). 논리모형에 따른 모니터링은 논리모형에 따라 프로그램이 전개되고 있는지를 영역별로 점검해야 한다. 즉, 프로그램의 산출과 성과 달성률이 계획 대비 결과로 잘 연결되고 있는지, 그 대안이 무엇인지 등 프로그램 기획 시 프로그램의 목표를 검토하는 과정인 동시에 문제가 발견되거나 달성도가 낮은 경우 대안을 모색하기 위한 과정이다. 이 과정에서 프로그램의 실질적인 관리와 모니터링을 위한 기제로 개별 혹은 집단 슈퍼비전이 이루어져야 한다. 프로그램을 함께 담당하는 인력들 간의 주기적인 평가회의도 동료 슈퍼비전의 형태로 병행되어야 한다.

모니터링은 프로그램 진행과정에서 프로그램의 효과성을 높이기 위해 중간점검을 실시함으로써 프로그램의 성과를 높일 수 있다는 장점이 있다. 따라서 실행 과정에서 문제점과 장애요인이 나타났다면 그것을 해결하고 재설계할 수 있는 모니터링이 이루어져야 한다.

2) 모니터링의 목적

일반적으로 모니터링의 목적은 프로그램 결정자들이 프로그램 계획을 수립하거나 집행하는 과정에서 지향하는 목표를 달성하기 위한 정보를 제공해 주는 것이다.

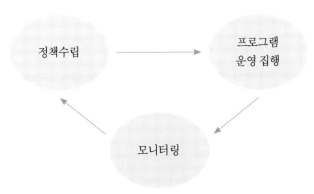

[그림 9-1] 정책순환 과정과 모니터링

따라서 모니터링은 다음과 같은 요건을 갖추어야 한다(이주일, 2006). 즉, 모니터링의 역할은 [그림 9-1]과 같다. 프로그램 결정 과정은 정책의 수립과 상호작용하며 함께 시작된다. 즉, 정책들은 프로그램 개발 및 운영에 가장 적합한 수단들을 통하여 집행된다. 모니터링은 이러한 정책결정 과정에서 정책수립과 프로그램에 필요한 다양한 정보들을 제공할 뿐만 아니라, 결정된 정책들이 집행되는 상황을 정기적으로 점검하고 정책결정 과정의 필수적인 환류(feedback)를 거쳐 정책과 프로그램을 재조정하는 역할을 한다.

프로그램 모니터링을 위한 목적은 크게 프로그램 일정관리, 프로그램 예산관리, 프로그램 위험관리로 분류할 수 있다.

(1) 프로그램 일정관리

프로그램 범위가 모두 확정되면 프로그램 일정을 계획한다. 프로젝트 일정관리 기법을 활용하여 프로그램 요소가 모두 프로젝트 전체 일정 안에서 수행될 수 있도록 하고 일정표를 완성한다. 일정표 역시 앞선 프로그램 범위 관리 시 부여된 각 실행(Activity)이 번호와 함께 일정표의 업무란에 기록되게 하여 업무의 혼선을 막는다.

(2) 프로그램 예산관리

범위와 일정이 확인되면 예산을 계획한다. 투입부분의 예산이 프로그램 범위를 모두 포함할 수 있어 예산의 과부족이 없도록 한다. 또한 일정표를 통해 각 연도별로 수행되는 업무를 확인하여 연도별 투입예산안을 작성한다.

(3) 프로그램 위험관리

프로젝트의 성공적인 수행을 위해 담당자는 세부 프로그램 계획을 수립하여 지속적인 모니터링을 수행하며 필요시 적절히 대응한다. 프로그램의 원활한 진행을 방해하는 천재지변, 사고, 정책 등의 거시적인 환경에 따른 위험관리를 적절하게 대응하고, 대응관리계획을 수립하여 진행한다. 이때 대체 프로그램 준비나 대체인력 등을 구체적으로 제시하여 향후 일어날 수 있는 상황에 대처할 수 있다.

 03 청소년 프로그램 실행

1) 프로그램 실행 세부 계획 작성

청소년지도사는 프로그램 참여자들의 요구와 상황에 적용 가능한 자료를 이용하여 효과적인 프로그램을 제공할 수 있어야 한다. 프로그램 실행단계에서 청소년지도사는 다음과 같은 프로그램 진행의 기본방향 설정과 프로그램 실행을 위한 세부 계획에 대해 운영관리체제를 수립하고, 본격적인 실행을 위해 예산을 준비해야 한다. 즉, 자발적인 참여를 위해 참여자 간 또는 참여환경 분위기를 조성하고, 참여자가 청소년들이므로 청소년들을 대변할 수 있는 청소년 전문가들이 진행하고, 다양한 매체 및 도구를 활용한 자극과 동기유발이 필요하다. 또한 본격적인 진행을 위해 효율적인 집행을 위한 예산 수립이 필요하다.

(1) 프로그램 운영관리체제 수립

본격적인 프로그램 운영을 위해서는 구체적이고 세부적인 실행계획서 작성이 필요하다. 이때 운영과 관리 지원을 위한 체제를 수립해야 한다. 청소년지도사는 프로그램을 실시하는 데 있어서 인적 및 물적 자원, 재정관리체제를 두고 운영할 수 있도록 결정해야 한다. 프로그램에 참여하는 청소년 외에 진행자 및 운영자로서의 전문 인력, 프로그램 운영기간(소요시간), 재정, 이용 가능한 자원을 확인하고 그것을 활용하여야 한다. 전문 인력의 경우 적절한 역할을 분담하여 내부 구성원과 외부 전문가를 활용한다. 또한 장소와 프로그램 환경, 즉 예약된 편의시설, 장비, 식사제공, 숙식 및 교통편 등에 대한 사항을 체크하고 확인한다.

효율적인 프로그램 운영관리를 위해 체크리스트를 작성하여 실제 내용을 검토하도록 한다. 사전 준비단계에서부터 프로그램 당일까지의 운영 체크리스트를 만들어 프로그램과 담당자, 일시, 준비물 등을 검토할 수 있도록 한다. 이러한 체크리스트는 향후 운영계획과 관리체제에 따라 실행 매뉴얼로 제작될 수 있다. 실행 매뉴얼은 운영계획에 대한 내용과 관리체제에서 다루게 되는 프로그램 세부시간표, 역할분담, 장소 선정, 외부 전문가 선정(외부전문가 풀), 재원확보, 위기사항에 대한 대응방안 등과 관련된 핵심 사항을 매뉴얼로 만드는 것이다.

(2) 프로그램 예산 수립

예산이란 일정 기간 동안의 기관의 수입과 지출에 관한 계획을 뜻한다. 즉, 일정 기간 동안 기관이 수행하고자 하는 일을 하기 위해 얼마만큼의 지출이 필요하고, 이를 위한 재원을 어떻게 조달할 것인가를 금액으로 표시한 것이라고 정의할 수 있다(하연섭, 2010). 프로그램 예산은 예산의 계획, 편성, 배정, 집행, 결산, 평가, 환류의 전 과정을 프로그램 중심으로 구조화하고 그것을 성과평가체계와 연계시켜 성과를 관리하는 예산기법으로 정의된다(임성일·이효, 2015). 따라서 프로그램 예산제도는 예산의 계획, 편성, 배정, 집행, 결산, 평가, 환류의 전 과정을 프로그램 중심으로 구조화하고 성과평가체계와 연계시켜 성과를 관리하고자 하는 제도를 의미한다. 프로그램이 동일한 정책목표를 달성하기 위한 단위사업의 묶음으로, 정책적으로 독립성을 지닌 최소 단위라는 점에서 프로그램 예산집행은 프로그램을 진행하는 데

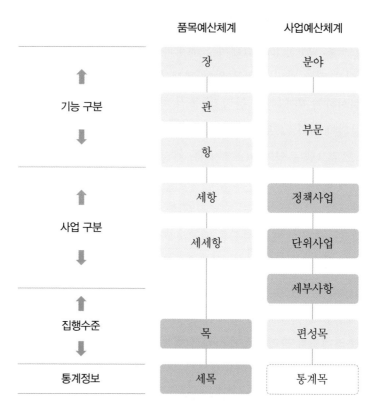

[그림 9-2] 품목예산체계와 사업예산체계 비교

사용되는 금액이라고 할 수 있다.

[그림 9-2]는 품목예산체계와 사업예산체계를 비교한 것이다. 기존 품목별 예산 제도하에서 품목예산체계는 '장-관-항-세항-세세항-목-세목'의 7단계로 구성할 수 있다. 그러나 사업예산체계는 예산이 '분야-부문-정책사업-단위사업-세부사항'의 5단계로 구성되며, 그 아래는 경비의 성질을 기준으로 목별로 편성목과 통계목으로 분류한다(이상용·이효, 2008).

사업예산체계는 기존의 품목예산체계와 다음과 같은 차이점이 있다. 첫째, 품목예산체계는 투입과 통제에 초점을 두는 반면, 사업예산체계는 성과와 책임에 초점을 두고 있다. 둘째, 품목예산체계는 단년도 중심의 예산으로서 세부업무와 단가를 통해 예산금액을 산정하는 상향식(bottom-up) 방식을 사용한다. 반면, 사업예산체계는 국가재정운용계획과 연계되어 다년도 중심으로 지출한도를 설정하고 이를 우선순위에 맞게 배분하는 하향식(top-down) 방식을 사용한다(이상용·이효, 2008).

프로그램 예산 수립은 설계단계에서 프로그램 실시를 위해 재원이 얼마나 필요한지 계획을 세우고 이를 집행해야 한다. 이러한 이유로 재정계획을 세우는 것이 필요한데 이때 고려할 사항은 다음과 같다(유진이·윤혜순, 2016).

첫째, 재정담당자를 고려한다. 프로그램 재정은 그것을 승인하는 사람이 프로그램에 대해 어느 정도의 신념을 갖고 있는가에 따라 달라지기 때문이다. 둘째, 특정 예산항목에 대한 한계를 설정한다. 프로그램 재정은 개발비용, 전달비용, 평가비용 등으로 구분되는데 이때 각각의 경우 프로그램 비용이 어느 정도 소요될 것인지 그 한계를 미리 정해 두어야 한다. 셋째, 다른 프로그램에서 간접적으로 비용을 충당하는 방법을 고려한다. 프로그램이 실시되기 위해 필요한 모든 경비를 리스트로 작성한 후, 다른 프로그램과 공통으로 사용되는 비용이 있는지 확인하는 방법이다. 넷째, 재정 예산금과 보조금을 고려한다. 프로그램 재정은 어느 정도의 금액이 어디서 확보될 것인지 고려해야 한다. 재정은 주로 참여자들의 참가비 납부, 자체예산, 국가 및 지방자치단체의 청소년육성기금(보조금)으로 충당된다. 다섯째, 회계처리 방법이다. 프로그램 재정은 회계처리 방법을 고려하여 수립된다. 회계처리를 조직에서 직접 한다면 재정이 일찍 수립되어 프로그램 진행에 따라 신속하게 절차에 따라 집행할 수 있다. 마지막으로 프로그램과 단위사업으로 구성된 기관의 사업영역에 대하여 이를 성과관리와 연계하고 통합하는 과정이 필요하다(허경선·김지영·박노욱, 2012). 프로그램 예산이 성과관리로서의 기능을 하기 위해서는 예산 구조가 프로그램 예산의 기본취지와 목적에 맞도록 체계화되어야 하고, 재정지출에 대한 성과관리체제가 튼튼하게 구축되어야 하며, 예산구조와 성과관리 기제가 체계와 일관성을 갖고, 상호 연계되거나 완전히 통합되어야 한다(임성일·이효, 2015).

요약하면 프로그램 예산이 지향하는 가치는 자율성과 책임성, 투명성과 효율성이라고 할 수 있다(최순영, 2013).

2) 프로그램 지도안 작성

프로그램 지도안은 진행 단계를 중심으로 도입, 전개, 정리의 세 단계로 나누어 작성할 수 있다. 단계별 성격과 주요 내용은 다음과 같다.

(1) 도입단계

도입단계는 프로그램이 시작되는 단계로 비교적 짧은 시간 내에 이루어질 수 있도록 한다. 프로그램이 진행되는 활동장소와 참여하는 인원수에 따라 다소 차이가 있지만 대략 15분 내외가 적절하다. 이 시간에는 참여자의 주의를 집중하여 프로그램의 참여를 촉진함으로써 동기를 유발할 수 있는 내용으로 진행할 수 있다. 즉, 친밀감 조성, 프로그램 참여 경험 확인과 적극적으로 다양한 자극을 통해 청소년들의 프로그램에 대한 관심과 흥미를 끌어내야 한다. 또한 프로그램 목표, 내용, 방법, 평가 등 프로그램 전반에 관한 것을 체계적으로 오리엔테이션 할 수 있도록 진행한다.

참여자의 주의 집중이 필요한 이유는 프로그램 참여율을 높이고, 참여자들이 쉽게 적응할 수 있도록 지원하기 위함이다. 프로그램 자체가 재미있고 흥미롭다면 참여자는 당연히 관심을 갖고 참여한다. 이를 위해 지도자는 프로그램에 대한 참여자의 동기유발을 위해 다양한 방법을 사용해야 한다. 몇 가지 예를 제시하면 다음과 같다.

첫째, 지도자와 참여자 간의 소개이다. 소개 방법에는 여러 가지가 있다. 도입단계에서 소개 시간이 너무 길면 프로그램 진행시간에 지장을 줄 수 있으므로 간단하게 소개하거나 계획부터 충분한 시간을 두고 진행한다. 프로그램 구성원, 즉 프로그램 지도사, 강사, 운영요원, 자원봉사자를 소개하고, 참여한 청소년들이 자기소개를 하면서 역할을 파악하고 친밀감을 조성할 수 있는 분위기를 형성하도록 한다. 이때 청소년들이 좀 더 기억하기 쉽고, 어색함을 극복하고 친밀감을 가질 수 있도록 흥미로운 자기소개 프로그램을 마련하는 것이 필요하다. 자기소개나 반응 등을 통해 참여한 청소년들을 파악하고, 참여자 수준에 맞게 프로그램의 전반적인 것을 설명하며, 프로그램에 관한 반응과 의견들을 긍정적으로 수용한다.

둘째, 프로그램 내용을 설명하거나 관련 있는 동영상 자료를 활용하여 참여자의 주의를 집중시키는 방법이다. 이때 최신 영상 자료를 활용하는 것이 효과적이다. 또한 그림이나 영상 등을 통해 프로그램 내용을 예상할 수 있는 퀴즈 등의 방법으로 프로그램 동기를 유발한다.

셋째, 과거에 경험했던 프로그램과 관련지어 생각할 수 있도록 한다. 본 프로그램에서 다룰 과제와 관련이 있는 과거의 경험들을 회상시키거나 재생시켜 주는 일도 도입단계에서 이루어져야 한다. 프로그램 내용과 관련하여 경험이 있는지에 대해서는 미리 조사를 할 수도 있고, 프로그램 도입을 위한 과정에서 질문하면서 인지수준 및 활동경험 정도를 파악할 수 있다.

또한 도입단계에서 지도자와 참여자 모두가 프로그램 목표를 인식해야 프로그램의 효과를 높일 수 있으므로 프로그램 목표에 대해 명확하게 인지할 필요가 있다. 즉, 청소년들에게 프로그램의 전체적인 목표만이 아니라 각각의 활동목표에 대한 의미를 알려 줌으로써 청소년이 보다 주도적으로 활동에 참여하고 내면화할 수 있도록 돕는다(유진이 · 유혜순, 2016). 이때 참여자들에게 프로그램 목표를 달성했을 시 그들이 할 수 있게 되는 것이 어떤 것인지를 설명해 준다. 따라서 참여자가 성취해야 할 목표를 구체적이고도 분명하게 제시해 주어야 한다. 목표를 제시할 때에 몇 가지 유의해야 할 점들을 제시하면, 첫째, 프로그램 목표는 프로그램이 끝났을 때 참여자가 할 수 있게 되는 것으로 진술해야 하며, 둘째, 목표는 참여자들에게 분명히 인지시켜 준 다음에 프로그램을 진행해야 한다.

(2) 전개단계

전개단계는 프로그램의 중심 활동으로 도입과 정리 단계의 활동을 연결한다. 실제로 프로그램의 대부분은 이 단계에 해당된다. 전개단계에서는 프로그램 내용을 참여자들에게 제시하고 다양한 활동 방법을 사용하여 목표를 달성하도록 한다.

먼저, 프로그램 내용을 참여자들에게 제시하기 위해서 지도자가 생각해야 할 일은 어떤 순서로 내용을 전개할 것인가 하는 문제이다. 첫째, 기본적인 프로그램 내용부터 시작하여 점차 일반적인 프로그램 내용에 이르기까지 순차적으로 제시하는 것이다. 둘째, 정해진 시간에 진행할 프로그램 내용을 참여자의 수준과 특성, 활동조건과 상황 등을 고려하여 적당하게 분류하여 묶는 것이다. 셋째, 주어진 프로그램

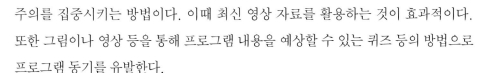

목표를 성취하기 위해 활동해야 할 내용과 예들을 선정하여 계획하는 일이다. 넷째, 프로그램 관련 자료는 프로그램 목표를 달성하는 데 도움이 되는 다양한 세부 활동이나 매체를 말한다. 여기에는 인쇄된 자료, 시청각 자료, 컴퓨터 및 기자재 활용 등 여러 가지가 있다.

전개단계에서 고려되어야 할 사항은 청소년들이 자발적으로 참여할 수 있는 활동이어야 하고, 생각과 행동에 변화를 가져다줄 수 있는 내용으로 구성되어야 한다는 점이다. 따라서 참여자의 적극적인 활동은 필수적이다. 첫째, 참여자가 그들이 참여하여 얻게 된 인식, 경험, 태도, 행동 등을 구두로 표현할 수 있도록 질문하는 것이다. 둘째, 참여자의 생각과 의견을 상호 교환하는 방식으로 피드백할 수 있는 기회를 마련하는 것이다. 셋째, 참여자들에게 프로그램 과제를 부과하는 방식이다. 넷째, 참여자들이 프로그램 시간 동안 핵심적인 프로그램 내용에 주의와 관심을 기울이게 되며, 참여자들 간, 참여자와 지도자 간에 상호작용함으로써 프로그램 이해를 강화시키는 결과를 가져온다(Wlodkoeski, 1995).

전개단계에서 주어진 프로그램 목표를 달성시키기 위해서는 다양한 전달 기법이 요구된다. 프로그램 목표와 관련된 내용을 참여자들에게 체계적으로 설명하여 그 내용을 이해하게 하는 방법을 생각할 수 있다. 이와 반대로 참여자들이 프로그램 목표를 획득하기 위하여 각자가 다양한 문제나 해결해야 하는 것들을 좀 더 구체화시키고, 그 해답을 찾도록 하는 방법을 생각할 수도 있다. 프로그램 운영 기법은 프로그램 목표, 참여자의 상황, 프로그램 장소, 인원수, 주요 활동자료의 특성, 참여자의 수준(연령, 성별, 다양한 환경, 장애유형 등) 등에 따라서 다양해질 수 있다. 또한 적절하게 시간을 관리해야 한다. 전개 과정에서도 중요하고 꼭 필요한 내용은 집중하거나 시간 분량을 좀 더 많이 배분할 수 있다.

전개단계에서 청소년지도사는, 대체로 참여자들에게 자극을 주고, 영향력을 미칠 수 있다. 이를 위해서 청소년지도사는 첫째, 청소년들에게 프로그램의 방향을 제시하고, 주제에 대해 방향을 설정하도록 도와준다. 둘째, 주제에서 벗어난 질문과 논평에 대해 별도로 적을 곳을 마련해 둔다. 셋째, 청소년들에게 설명하기보다는 가능하면 시범을 보이게 하거나 직접 시범을 보인다. 또한 이해에 도움이 되는 과제를 제공한다. 마지막으로, 청소년들의 질문에 정확하게 응답하고, 청소년들의 이해도를 체크한다.

(3) 정리단계

정리단계는 프로그램의 결론 부분이다. 여기서는 프로그램에서 진행한 내용을 요약·정리하고 강화시키며, 자신에게 체득될 수 있도록 지도한다. 이 단계는 프로그램에서 매우 중요한 단계이므로 사전에 철저히 준비하여 반드시 실행되어야 한다.

먼저, 프로그램 내용을 살펴보면서 중요한 사항들을 체크하고 요약·정리한다. 참여자가 부분적으로 파악하고 있는 내용을 전체적인 맥락에서 이해시켜 하나의 완성된 내용을 수행해 보는 기회를 제공한다. 또한 지도를 통해 습득한 내용을 참여자가 실제 상황이나 이와 유사한 상황에서 적용할 수 있도록 반복적인 활동의 기회를 제공하여야 한다.

참여자들이 활동을 통해서 습득한 경험은 이미 겪었거나 앞으로 겪게 될 생활문제에 적용해서 해결할 수 있도록 일반화 및 전이의 효과를 가져올 수 있다. 활동을 통해서 경험한 것을 실천하기 위한 방법을 제시하면 다음과 같다. 첫째, 단순 활동이나 단편적인 활동보다는 전반적인 내용과 내용 간의 관계를 이해하고 이에 관련된 문제를 해결할 수 있도록 문제해결력을 습득하게 한다. 둘째, 경험한 내용을 실제 생활에 적용해 보는 기회를 주거나 적용 후 변화된 결과를 확산할 수 있는 추수지도와 연계한다. 셋째, 전체 활동을 종료한 직후에 배운 주요 내용을 요약·정리하게 하거나 반복하게 해서 체득되도록 훈련할 수도 있다.

프로그램 시간에 충분히 다루지 못했던 내용이나 참여자가 더 알고 싶어 하는 주제가 있다면 보충 자료나 참고 프로그램들을 언급해 주어야 한다. 또한 다음 시간에 함께 활동하거나 경험할 내용의 주제를 관련지어 제시함으로써 동기유발의 효과를 준다. 이때 청소년지도사는 촉진자, 안내자, 조정자로서 청소년들이 자기주도적으로 정리활동을 할 수 있도록 돕는 역할을 한다.

지금까지 살펴본 프로그램 운영 시 단계별 청소년지도사의 지도전략을 요약하면 다음 〈표 9-1〉과 같다.

표 9-1	프로그램 운영 시 단계별 청소년지도사의 지도전략	
단계	**주요 내용**	**지도전략**
도입 단계	태도	• 참여자와 특정 가치를 공유한다. • 프로그램 과정을 돕기 위한 협조적인 의사를 밝힌다. • 참여자의 언어, 관점, 태도 등을 반영한다. • 참여자를 격려한다. • 결과에 대한 시범적인 모형을 제시한다. • 성공적인 프로그램을 위한 소요시간을 제시한다.
	요구	• 참여자의 요구 수준을 찾아낼 수 있는 사정기법을 사용한다. • 실패, 두려움을 유발할 수 있는 환경을 제한한다. • 안전, 소속감, 존경, 자아실현 등을 위한 적절한 프로그램을 제공한다. • 참여자의 심리적 요구에 적합한 내용, 예제를 제시한다.
전개 단계	자극	• 모든 참여자들에게 적절한 반응을 보인다. • 참여과정에 대해 책무성을 주지시킨다. • 지도과정을 참여자의 관심, 흥미와 연결시켜 준다. • 참여활동을 통한 이익을 명백하게 제시한다.
	영향	• 참여과정에서 선택적으로 인간적 관점을 강조한다. • 물리적 · 정서적 수준에서 직접적 · 인지적 경험을 하도록 지원한다. • 선별적으로 프로그램 내용 및 지도절차를 참여자의 관심과 일치시킨다. • 집단 내 응집력을 극대화하기 위한 협동적 목표를 세운다.
정리 단계	정리 및 강화	• 전개 과정을 통해 습득한 개념, 기능, 경험을 적용하여 결과를 내면화 및 강화하도록 유도한다. • 자신의 변화 정도를 인식할 수 있는 기회를 제공한다. • 결과 공유를 통한 반성 및 확신감을 유도한다. • 일상생활로의 실천 및 전이를 강조한다.
	평가	• 참여자 자신의 목표 달성에 대한 자체평가 기회를 제공한다. • 자체평가에 대한 피드백 및 외적 보상을 제공한다. • 평가에 따른 건설적 비판을 통한 보완점을 마련한다.

*출처: 유진이 · 윤혜순(2016).

3) 프로그램 지도안 작성의 실제

프로그램 지도안은 프로그램의 특성, 대상자, 목표나 내용에 따라서 다양하다. 프로그램 지도안을 작성할 때 가장 먼저 지도계획을 작성하고 그다음에 세부 프로그램 시간별 지도계획을 작성하게 된다. 시간별로 계획을 세운 지도안이 제대로 작성되려면 그 결과가 목표를 달성할 수 있도록 계획되어야 한다.

프로그램의 특성에 따라 차이는 있겠지만 모든 프로그램 지도안의 공통적인 구성요소는 ① 세부 프로그램명, ② 세부 프로그램의 개관(세부 프로그램의 진행 필요성, 목적), ③ 목표, ④ 프로그램 지도상의 유의점 및 특이사항, ⑤ 향후 프로그램 과제이다.

세부 프로그램명은 전체 프로그램 일정 내에 포함되어 있다. 특히 프로그램 세부명을 정할 때는 본 프로그램과 관련 있는 것으로 만들어야 하는데 제목은 ① 일반적이고 대표적인 중요한 제목, ② 중요한 원리, 개념, 사실을 대표하는 문구, ③ 참여자들의 중요한 문제를 표시하는 의문문, ④ 중요한 사회문제를 표시하는 의문문으로 나타내는 것이 좋다.

세부 프로그램의 개관에는, ① 세부 프로그램이 전체 프로그램 내에서 어떤 필요에 의한 것인지, ② 세부 프로그램이 참여자에게 어떠한 의의와 가치가 있는지, ③ 세부 프로그램 과정이 내용상의 범위(scope)와 계열(sequence)에서 어떠한 위치에 있는지를 기술하여야 한다. 세부 프로그램 개관에는 참여자들에게 왜 가르쳐야 하는지의 필요성을 근거로 그 정당성을 논리적으로 기술하여야 한다. 즉, 참여자의 측면, 사회적 및 기관 요구 측면, 그리고 프로그램의 특성 측면에서 그 정당성을 찾아야 할 것이다.

목표는 참여자가 성취해야 할 행동이어야 하는데, 주요 내용과 그 내용에 대하여 참여자들이 어떤 행동으로 성취되기를 바라는지가 분명하게 진술되는 것이 바람직하다. 즉, 목표는 '주요한 내용의 영역'과 '그 내용을 다룸으로써 달성될 것으로 기대되는 행동' 모두를 포함하여야 한다. 예를 들면, 주요 내용이 '청소년 건강에 대한 이해'라면, 성취해야 할 행동은 '건강에 필요한 요소 작성 또는 건강한 사람의 특성 작성'이다. 즉, 지식, 태도의 변화가 골고루 포함되어야 한다.

프로그램 지도상의 유의점 및 특이사항은 프로그램별 지도상의 유의점에 관심을 두어 지도 계획을 세우고 또 실제 프로그램에 임해야 한다. 지도상의 유의점은 대상자들의 특이사항, 프로그램의 안전 유의사항, 프로그램 시간 등이다.

마지막으로 향후 프로그램 과제는 향후에 프로그램이 다른 프로그램과 연계되거나 효과성을 분석할 수 있는 방법들을 제시한다. 제시하지 않을 수도 있으나 프로그램 성과와 평가를 위해서는 필요하다.

세부 프로그램 지도안에 반드시 들어가야 할 요소는 ① 프로그램 목표, ② 주요 프로그램 절차, ③ 프로그램 내용, ④ 지도자-참여자 활동내용, ⑤ 활용매체, ⑥ 시간계획 등이다. 효과적인 진행을 전개하기 위해서는 지도계획을 토대로 구체적인 지도안을 작성하는 것이 바람직하다. 〈표 9-2〉는 지도안을 세부적으로 작성할 경우 활용될 수 있는 양식이다.

프로그램명은 전체 프로그램과 연계된 것으로 정하고, 대상은 프로그램에 실제로 참여하는 대상자를 의미하며 특정한 대상자를 제외하고는 대상, 연령(학년) 등으로 작성한다. 사선(/) 윗부분에는 본시의 차시를, 그리고 아랫부분에는 단원지도에 소요되는 총 시수를 숫자로 기입한다. 예를 들면, 3/5이란 단원지도 총 소요 시수

표 9-2 세부 프로그램 지도안 양식의 예

프로그램명				차시	
대상		지도일시		지도장소	
프로그램 목표					

지도단계	주요 내용	지도자-참여자 활동		시간	활용매체	지도상의 유의점
		지도자	참여자			
도입						
전개						
정리						
참여자 피드백 및 과제물 제시						

가 5차시이고 본시는 3차시란 뜻이다. 프로그램 목표는 참여자가 프로그램에 참여한 후에 도달해야 할 성취 행동으로 진술하되 명시적 동사를 사용하여 그 성취 결과를 명확하게 알 수 있도록 해야 한다. 즉, 전체 목표와 달리 세부 프로그램 또는 단위 프로그램의 목표는 암시적 동사(예, 이해한다, 감상한다, 인식한다, 깨닫는다)가 아닌 명시적 동사(예, 진술할 수 있다, 구별할 수 있다, 비교·설명할 수 있다, 적용할 수 있다)를 사용하여 행동적 용어로 진술해야 한다. 지도 단계, 주요 내용, 지도자—참여자 활동, 활용매체 등은 실제 필요로 하거나 사용한 것을 적는다. 이때 대체 인력이나 도구, 장소 등을 지도상의 유의점에 작성한다.

요약

1. 프로그램 운영 계획 이론은 프로그램 운영관리 도구의 활용을 통해 프로그램 운영 계획을 합리적으로 세우고, 프로그램 운영을 위해 준비하는 사항과 무엇을 어떻게 할 것인가를 확인시켜 주는 프로그램 운영모형이다. 프로그램 경영 이론은 프로그램을 시장 지향 측면과 서비스 지향 측면에서 프로그램의 품질 및 기관의 이윤창출, 학습자의 만족도를 높이기 위해 효과적으로 운영하는 전략을 세울 수 있는 프로그램 운영모형이다. 프로그램 실행 이론은 프로그램 각 단계의 투입요소에 대한 적절한 관리 및 조정과 프로그램 운영 관련 주체자들의 협응적 행위로 프로그램을 원활하게 전개할 수 있도록 촉진하고 수련활동 과정에서 청소년과의 상호작용을 주도적으로 실천하는 프로그램 운영모형이다.

2. 프로그램 모니터링이란 프로그램 수행과정에서 그 프로그램이 의도했던 참여자들에게 적절한 서비스가 제공되고 있는지, 인력은 계획에 따라 배치되어 적절한 역할을 수행하고 있는지, 예산은 충분히 지원되어 소기의 결과가 산출되고 있는지를 종합적으로 점검·검토 및 확인하는 과정이다.

3. 모니터링은 정책결정 과정에서 정책수립과 프로그램에 필요한 다양한 정보들을 제공할 뿐만 아니라, 결정된 정책들이 집행되는 상황을 정기적으로 점검하고 정책결정 과정의 필수적인 환류(feedback)를 거쳐 정책과 프로그램을 재조정하는 역할을 한다.

4. 프로그램 모니터링을 위한 목적은 크게 프로그램 일정관리, 프로그램 예산관리, 프로그램 위험관리로 분류할 수 있다.

5. 프로그램 실행을 위한 세부 계획 작성은 프로그램 운영관리체제와 예산을 중심으로 수립한다.

6. 프로그램 지도안은 진행 단계를 중심으로 도입단계, 전개단계, 정리단계의 세 단계로 나누어 작성할 수 있다.

7. 프로그램 지도안은 프로그램의 특성, 대상자, 또는 목표나 내용에 따라서 다양하다. 프로그램 지도안을 작성할 때 가장 먼저 작성하는 것이 지도계획이고, 그다음에 세부 프로그램 시간별 지도계획을 작성하게 된다. 시간별로 계획을 세운 지도안이 제대로 작성되려면 그 결과가 목표를 달성할 수 있도록 계획되어야 한다.

참고문헌

권두승(1994). **프로그램 개발과 운영**. 서울: 한국청소년개발원.

권이종 · 김승호 · 소창영 · 심의보 · 안승열 · 양병찬 · 이관춘 · 임상록 · 조용하(2001). **평생교육 방법론**. 경기: 교육과학사.

김상곤 · 최승희 · 안정선(2016). **사회복지 프로그램 개발과 평가**. 서울: 학지사.

김소현(2008). 평생교육사의 프로그램 운영 직무와 수행역량에 관한 연구. 동의대학교 대학원 석사학위논문.

민경주(2009). 경기도 성장관리를 위한 모니터링 지표 선정에 관한 연구. 안양대학교 대학원 석사학위논문.

유진이 · 윤혜순(2016). **청소년프로그램 개발과 평가**. 경기: 양서원.

이상용 · 이효(2008). 사업예산제도의 운영실태와 정착방안. 강원: 한국지방행정연구원.

이주일(2006). 서울도시모니터링 리포트 작성을 위한 기초연구. 서울: 서울시정개발연구원.

임성일 · 이효(2015). 성과관리와 사업예산제도의 연계 강화. 강원: 한국지방행정연구원.

정무성(2005). 사회복지 프로그램 개발론. 경기: 학현사.

주경필(2006). 대학평생교육 프로그램의 모니터링을 위한 평가준거체제 개발. 고려대학교 대학원 석사학위논문.

최순영(2013). 프로그램 예산제도의 평가에 관한 연구. 서울: 한국행정연구원.

하연섭(2010). 정부예산과 재무행정. 경기: 다산출판사.

한국국제협력단(2009). 프로젝트 기획, 모니터링 및 평가방법론. 경기: 한국국제협력단.

허경선 · 김지영 · 박노욱(2012). 공공기관 프로그램 예산제도 도입 연구. 세종: 한국조세연구원.

Boone, E. J. (1985). *Developing programs in adult education*. Englewood Cliffs, N.J: Prentice-Hall, Inc.

Caffarella, R. S. (1994). *Planning programs for adult learners*. San Francisco: Jossey-Bass.

Crinffin, C. (1987). *Adult education: as social policy*. London: Croom Helm.

DePoy, E., & Gilson, S. F. (2003). *Evaluation Practice: Thinking and Action Principles for Social Work Practice*. Pacific Grove, CA: Brooks/Cole-Thomsom Learning.

Long, H. B. (1983). *Adult Learning: Research and Practice*. Cambridge: The Adult Education Company.

Posavac, E. J., & Carey, R. G. (1997). *Program evaluation: Methods and case studies* (5th ed.). Englewood Cliffs, NJ, US: Prentice-Hall, Inc.

Sheafor, W. B., Horejsi, R. C, & Horejsi, A. G. (1991). *Techniques and Guidelines for Social Work Practice*. Boston: Allyn and Bacon.

Wlodkoeski, R. J. (1995). *Enhancing and motivation to learn*(2nd ed). San Francisco: Jossey-Bass.

제10장

청소년 프로그램 평가 I

프로그램 평가는 프로그램의 성과나 효율성을 개선 또는 증진하기 위하여 계획과 전달을 강화하는 것이어야 한다. 특히 프로그램이 성취하려는 목적을 효과적으로 수행하였는지 또는 어느 분야가 부족한지를 객관적 및 과학적으로 분석하고 증명하는 과정이다. 더 나아가서는 수요자들의 요구가 어느 정도 반영되었는지를 살펴봄으로써 프로그램이 계속되어야 하는지 아닌지 등을 결정하기 위한 자료로도 활용될 수 있어야 한다. 따라서 프로그램 평가는 프로그램의 유지 및 확대를 담당하고 책임이 있는 사람들에게 유효한 정보를 제공할 수 있다.

이 장에서는 프로그램 평가에 대한 개념과 프로그램의 다양한 기능 그리고 프로그램 평가 방법을 소개하고, 프로그램의 개선, 유지 및 확대를 위한 자료로 활용할 수 있도록 도움을 주고자 한다. 이를 위해 먼저 프로그램 평가의 개념을 소개하고 프로그램 평가의 기능, 프로그램 평가모형을 설명하고자 한다.

01 청소년 프로그램 평가의 개념

평가는 어떤 대상의 가치를 규명하는 일이다. 대부분 평가라고 하면 어렵다는 생각에 부담감을 가진다. 그러나 어렵다는 선입견에서 벗어나는 것이 중요하다. 평가의 논리는 모든 사업, 교육 그리고 프로그램이 실시되는 현장에서 일상적으로 사용하고 있는 것이고, 단순히 '좋다'라는 차원에서 벗어나 수행한 것들을 증명하는 것(결과평가가 절대적으로 필요)이어야 한다. 무엇보다도 참여한 이해당사자들(stakeholders)을 연계시키는 것이 중요하다.

평가는 분야에 따라 평가목적이 다양하다. 즉, 평가는 성과의 판단, 부동산이나 주식 등의 재산적 가치의 판단, 골동품 등 물건의 판단, 공학에 있어서의 기술이나 제품의 우열이나 성능 등의 판단, 면접 태도 등에 의한 인품의 판단 등 여러 가지 측면에서 실시되고 있다.

평가의 사전적 정의이면서 가장 일반적인 정의는 '어떤 대상의 가치를 판단하는 것'이며, 평가의 영어 단어인 evaluation의 어원이 '가치를 발견하다(결정하다)'라는 뜻의 프랑스어 evaluer라는 점을 고려할 때 평가는 가치와 매우 밀접한 관계를 가지고 있다고 할 것이다. 현재 우리는 평가의 시대에 살고 있다고 해도 과언이 아니다. 여러 다양한 사회적 서비스에 평가가 필요하게 되었는데 현대적 의미의 프로그램 평가의 시작은 1990년대 미국에서 시작되었다. 이는 그동안 실증주의(positivism)의 유산이라고 할 수 있는 이른바 '평가의 몰가치성 원칙(value-free doctrine)'과 '사실-가치 이분 원칙(fact-value dichotomy)' 등이 프로그램 평가 영역에서 크게 영향력을 미쳐 왔기 때문이다(House & Howe, 1999).

우리나라의 프로그램 평가는 가치 개입에 대해 아직까지 매우 소극적이다. 이는 특히 평가의 객관성이 지나치게 강조되는 우리나라의 독특한 평가 맥락에 주로 기인한다고 할 수 있다. 이러한 객관성에 대한 무조건적인 신뢰는 평가지표에 근거한 방식을 선호하는 프로그램 평가에서도 잘 나타나고 있다. 우리나라의 프로그램 평가는 책무성 추구를 주된 목적으로 하는 점, 대규모이고 단기적으로 시행되는 점과 함께 지표에 따른 평가라는 특징을 보인다(이원석, 2013).

현재 우리나라에서 수행되는 프로그램 평가는 많은 경우 평가지표 개발을 위한 문헌 분석단계, 평가지표 개발단계, 대규모 설문조사와 2~3일에 걸친 현장조사로 이루어진 지표 측정단계, 평가결과 분석단계로 이루어지고 있다. 예를 들어, 예술 중점학교 성과평가도 전형적으로 이러한 단계로 이루어졌으며, 대학평가나 교원양 성기관평가 등도 마찬가지이다. 이처럼 미리 개발된 지표에 의한 평가는 처방적 가치 개입을 위한 역할로 기대하기 어렵다(권덕원 · 이주연 · 윤종현, 2013). 최근 들어 우리나라에서도 프로그램 평가에서 양적 연구방법의 한계에 따라 질적 연구방법을 도입하려는 시도가 이루어지고 있다. 이러한 시도는 이른바 '정성평가'라는 용어로 참여자들의 만족도를 평가한다.

프로그램 평가를 정의하기에 앞서 프로그램에 대한 개념적 정의를 감안할 필요 가 있다. 프로그램(program)은 전통적인 교육과정(curriculum)의 개념과는 다르다 (Grotelueschen, 1980). 평가는 특정 대상의 가치에 대한 체계적인 조사 과정이다. 따 라서 프로그램 평가는 프로그램의 질과 효과성에 대한 판단을 내리고 프로그램을 향상시킬 목적으로 프로그램 설계, 운영, 성과와 관련된 정보를 체계적으로 수집하 고 분석하는 일련의 과정이어야 한다(ACGME, 2013).

프로그램 평가는 그 역할에 따라 크게 기획평가, 형성평가, 총괄평가로 분류할 수 있다. 지금까지 대부분의 프로그램 평가 이론은 이러한 역할을 각각 분리하여 설명 하고 있으며, 각 역할의 연계성과 통합적 평가에 대한 연구는 충분히 수행되지 못한 상황이다.

1) 기획평가

기획평가는 프로그램 기획과 개발, 운영, 평가 등에 관여하는 주체들이 프로그램 에 대하여 체계적으로 이해하고 계획을 세우기 위하여 시행한다. 즉, 프로그램이 달 성하고자 하는 목적과 목표, 그리고 그 목표를 달성하기 위한 구체적인 활동, 실제 로 목표가 달성되었는지 확인할 수 있는 평가방법 등에 대하여 기획하는 과정이 모두 포함된다. '형성 전 평가(pre-formative evaluation)'라고 불리기도 하지만 반드시 시기적으로 프로그램이 형성되기 전에만 국한되는 것은 아니며, 경우에 따라서는 프로그램이 시작된 이후에도 지속될 수 있다(Guskey, 2000).

참여 대상자의 요구 및 특성에 대한 평가, 프로그램 맥락에 대한 분석, 기본 정보에 대한 조사 등이 필요하다는 점에서 요구조사(needs assessment)도 기획평가에 포함된다고 볼 수 있으나 기획평가는 프로그램 개발 과정부터 평가까지 모두 포함한다는 점이 다르다. 기획평가는 프로그램 개발 전 과정과 형성평가와 총괄평가 모두에 영향을 줄 수 있다(Scriven, 1991).

2) 형성평가

형성평가는 프로그램이 진행되는 중에 책임이 있는 주체들에게 처음에 기획한 대로 프로그램이 제대로 진행되고 있는지에 관한 정보를 제공하고, 필요한 경우에 적절하게 프로그램을 향상시킬 수 있도록 하기 위한 목적을 가지고 있다(Scriven, 1967). 따라서 기획평가 단계에서 설정한 프로그램 목적과 목표, 그리고 이를 달성하기 위한 활동 등이 형성평가의 준거가 된다. 형성평가는 '조기 경보(early warning)'의 역할을 할 수도 있는데, 총괄평가의 초기 버전으로 활용함으로써 이후에 최종적인 총괄평가를 수행하기 전에 프로그램 성공을 위하여 필요한 개선작업을 진행할 수 있기 때문이다(Scriven, 1991).

지금까지 형성평가에 대한 문헌은 대부분 형성평가의 개념이나 방법론, 활용 등에 초점을 맞추고 있으며, 형성평가결과를 활용함으로써 실제로 어떠한 영향이 있는지에 대해서는 충분한 연구가 되어 있지 않은 실정이다. 특히 초기 프로그램과 최종 프로그램 사이의 결과를 비교하여 형성평가의 효과를 증명한 연구는 거의 없다(Brown & Kiernan, 2001). 형성평가에 관한 연구가 활발하게 진행되지 않는 이유 중 하나는 실제로 청소년활동현장에서 활동 중간에 평가(형성평가)가 거의 이루어지지 않는다는 점이다. 프로그램 과정 중에 개선사항을 발견할 수 있다는 형성평가의 장점에도 불구하고 실제 현장에서는 참여 청소년들에게 프로그램 중간에 평가를 실시하는 것이 쉽지 않다. 평가를 하기 위해서는 담당자도 평가설문지를 추가로 준비해서 별도의 설문조사 시간을 배정해야 하고, 참여 청소년들 역시 사전에 이미 조사에 응답하였는데 또 중간에 조사에 응해야 하는 것을 번거롭게 생각하는 경우가 있어 오히려 평가에 부정적인 영향을 미칠 수 있기 때문이다. 형성평가 외에도 사전-사후 평가를 통한 향상도 측정이나 변화 정도를 평가하는 것도 활발하게 이루어지고 있지 않는 실정이다. 보통 사전평가 없이 사후평가(효과성)와 만족도 평가만 실시되는 경우가 많다. 앞서 기술한 바와 같이 현장에서의 여러 상황으로 평가를 실시하기 어려운 경우도 있으나 프로그램의 종합적인 개선 및 발전을 위해서라도 프로그램의 실시 못지않게 적절한 평가방법과 그 시기를 조절하는 등의 노력이 필요할 것이다.

3) 총괄평가

총괄평가는 프로그램이 종료된 후 최종적으로 의사결정권자들이 프로그램의 전반적인 가치에 대한 판단을 내릴 수 있도록 정보 제공을 위하여 시행된다. 판단의 기준에는 프로그램을 통하여 무엇이 달성되었는지, 프로그램의 긍정적인 영향과 부정적인 영향은 무엇인지, 의도한 결과와 의도하지 않은 결과는 무엇인지, 비용에 비하여 충분한 효과가 있었는지 등이 포함된다(Guskey, 2000). 이러한 판단에 따라 프로그램 지속, 확대 혹은 개선 여부 등을 결정하게 되며, 프로그램이 시행되기 전의 기준값이 비교 기준이 된다(Scriven, 1991).

대부분의 프로그램 평가는 총괄평가의 역할에 초점을 맞추고 있다. 하지만 총괄평가의 한계 중 하나는 평가결과가 프로그램이 종료된 후에 실시되기 때문에 실제로 프로그램이 개선·수정되기에는 이미 늦은 경우가 많다는 점이다(Guskey, 2000). 따라서 실제로 프로그램에 기여할 수 있는 평가를 수행하기 위해서는 기획평가, 형성평가, 총괄평가의 역할이 모두 필요하다.

프로그램의 평가는 프로그램 목적, 프로그램의 논리구조, 평가항목, 평가방법을 고려하여 프로그램 개발 단계에서부터 함께 설계하여야 한다. 프로그램 평가는 평가를 실시하려고 하는 의도, 평가를 실시할 때 가져야 하는 관점을 의미한다. 그리고 프로그램 논리를 고려하여 평가의 구체적인 사항들을 결정한다. 명료성, 납득가

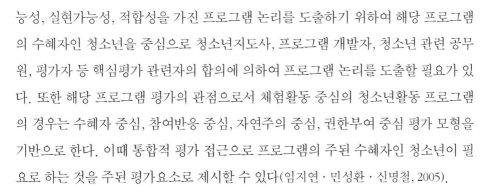

능성, 실현가능성, 적합성을 가진 프로그램 논리를 도출하기 위하여 해당 프로그램의 수혜자인 청소년을 중심으로 청소년지도사, 프로그램 개발자, 청소년 관련 공무원, 평가자 등 핵심평가 관련자의 합의에 의하여 프로그램 논리를 도출할 필요가 있다. 또한 해당 프로그램 평가의 관점으로서 체험활동 중심의 청소년활동 프로그램의 경우는 수혜자 중심, 참여반응 중심, 자연주의 중심, 권한부여 중심 평가 모형을 기반으로 한다. 이때 통합적 평가 접근으로 프로그램의 주된 수혜자인 청소년이 필요로 하는 것을 주된 평가요소로 제시할 수 있다(임지연·민성환·신명철, 2005).

청소년 프로그램 평가가 다른 프로그램 평가와는 달리 중요하게 다루어야 할 점을 크게 세 가지로 나누어 살펴볼 수 있다. 첫째, 참여자인 청소년들에게 어떠한 다양한 활동 경험을 전달할 것이며 그러한 경험을 전달하려는 목적이 충분히 반영되고 있는가를 고려해야 한다. 프로그램을 평가하는 것은 구체적인 상황에서 실질적인 효율성을 개선하도록 유사한 연구결과의 기술을 이용하여 조사하고 분석하는 과정으로 그 과정에는 프로그램의 목적, 변인, 과정, 정확성, 성공 여부, 이용도, 가치, 효율성, 질적 효과, 경험을 통한 가치, 성취 등의 요인을 중심으로 세부 사항을 파악하는 작업이 필요하다.

둘째, 청소년활동 프로그램 평가는 학습의 효과나 향상을 포괄하기보다는 활동을 통해 사회적 능력을 심화시키고 개인의 잠재된 역량을 발달시키는 진단적 성격을 지닌다. 이러한 의미는 청소년의 심리적·정신적·감성적·인지적 능력 부족을 개인적으로 지각하고 추수에도 이를 자발적으로 계획해서 발달시킬 수 있도록 해야 한다.

셋째, 청소년활동 프로그램 평가는 프로그램의 성과뿐 아니라 전개 과정에 대한 평가도 포함되어야 하는 특성을 지닌다. 청소년활동 프로그램은 내용이나 상황에 따라 다양한 형태의 구조를 가지므로 프로그램 전개 과정에 대한 평가를 통하여 계속적인 점검이 필요하며, 그 결과를 통해 프로그램의 지속 여부를 결정하고 우수사례로 확산할 수 있는 근거가 될 수 있다.

02 청소년 프로그램 평가의 기능

일반적으로 평가기능은 진단적 기능, 형성적 기능, 총합적 기능, 의사결정 보조기능, 심리적·사회적 기능, 행정적 기능으로 분류할 수 있다. 진단적 기능은 장점이나 가치 판단을 강조하고, 형성적 기능은 목표달성 정도를 파악하거나 효과를 파악하여 의사결정하는 것을 강조한다. 총합적 기능은 목표 달성 정도를 파악하고, 의사결정 보조기능은 의사결정을 보조하면서 효과 및 영향을 파악하는 것을 강조한다.

던(Dunn, 1994)은 프로그램의 운영 과정과 관련하여 평가는 몇 가지 중요한 기능을 제시하고 있다. 첫째, 평가는 성과(performance), 즉 공적 조치를 통하여 필요, 가치 및 기회가 실현된 정도라는 성과에 대한 신뢰와 타당한 정보를 제공하여 준다. 이러한 점에서 평가는 특정 목표와 특정 목적이 달성된 정도를 밝히게 한다.

둘째, 평가는 목표와 목적을 선택하는 데 있어서 관련된 가치들을 명료화하고 비판하는 데 기여한다. 가치의 구체화는 목표와 목적을 정의하고 조직화함으로써 이루어진다. 가치에 대한 비판은 문제와 관련된 목표와 목적의 적합성을 체계적으로 의문시함으로써 다루어진다. 목표와 목적의 적합성을 중요시함에 있어 평가를 분석하는 과정에서 가치들의 대안적 원천은 물론 다른 형태의 합리적인 근거들을 고려해야 한다.

셋째, 평가는 문제의 구조화나 제안을 포함하여 다른 프로그램 분석방법의 적용에 기여한다. 성과에 대한 불충분한 정보나 미달성은 목표와 목적이 재수정이 되어야 한다는 것을 보여 줌으로써, 프로그램 운영 전반의 주요 문제를 재구조화하도록 하는 데 영향을 미칠 수 있다. 또한 평가를 통하여 지금까지 운영되어 왔던 프로그램을 없애거나 전혀 다른 형태의 프로그램으로 대체되어야 한다는 것을 보여 줌으로써 새로운 또는 수정된 프로그램 목적과 실행에 영향을 미칠 수 있다.

또한 스터플빔(Stufflebeam)은 평가의 주된 역할은 의사결정권자에게 필요한 적절한 정보를 제공하는 것이어야 한다고 주장한다. 의사결정권자에게 제공되어야 할 정보는 프로그램 목표 결정, 계획 수립 결정, 프로그램의 목표 달성을 위하여 필요한 가용자원 및 전략과 구체적인 계획을 선택하고 구조화하는 결정, 프로그램 실

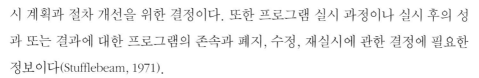

시 계획과 절차 개선을 위한 결정이다. 또한 프로그램 실시 과정이나 실시 후의 성과 또는 결과에 대한 프로그램의 존속과 폐지, 수정, 재실시에 관한 결정에 필요한 정보이다(Stufflebeam, 1971).

다음은 평가방법에 대한 다양한 방법들을 설명한 것으로 주로 교육 및 학교현장에서 활용하고 있는 평가기법들이다. 청소년수련시설에서 운영하는 프로그램에도 적용할 수 있다.

- 설문지법(written surveys and questionnaires): 학습목표에 대하여 학생들의 이해력을 개인적으로 질문하고, 학생들의 기능, 태도, 행동 혹은 프로그램의 품질과 기여도 등을 살펴볼 수 있다.
- 인터뷰 혹은 출구 조사(exit and other interviews): 면담자와 함께 일대일로 학생들의 능력과 프로그램에 대한 면담을 실시할 수 있다.
- 표준 외부시험(commercial, norm-referenced, standardized examinations): 학교 외부에서 개발된 표준 시험, 사지 선택형 혹은 객관식 문항으로 테스트할 수 있다.
- 자체 시험(locally developed examinations): 자체 교수에 의해 출제된 객관식이거나 주관식의 방법으로 실시할 수 있다.
- 자기 기록 검사(archival records): 다른 기관이나 학교로부터 온 자기 활동경력이나 기록 혹은 파일을 의미한다.
- 포커스 집단 조사(focus group interview): 전문가에 의해 구성된 특정 연구나 평가에 관련된 질문을 소규모 그룹을 대상으로 조사하는 것이다.
- 포트폴리오(portfolios): 평가 준거에 따라 시간적으로 수집된 여러 가지 개인의 작품들이나 활동들을 수집하여 모을 수 있다.
- 현장시연 혹은 모의실험 측정(simulations): 현실 또는 현장에 가까운 상황에서 측정할 수 있는 개인 능력 중심의 측정이다.
- 수행평가(performance appraisals): 습득한 지식 및 기술이 어느 정도 학습되었는지 입증하기 위한 체계적인 측정, 현실 상황에서 목격할 수 있는 일반적인 사항, 인턴십이나 프로젝트평가 등이다.

- 외부 시험(external examinations): 외부 전문가에 의한 시험, 학생들의 행동평가를 담당하는 다른 외부 기관의 테스트를 의미한다.
- 구술시험(oral examinations): 학생과 교사 사이의 일대일 면담 형식의 학생 지식 능력평가이다.
- 행동 관찰(behavioral observations): 상호작용하는 자연스러운 환경에서 주제에 대한 배경을 빈번하게 반복적으로 측정하는 방법이다.

03 청소년 프로그램 평가의 모형

타일러(Tyler)는 평가를 목표 달성 여부를 확인하고 결정하는 과정으로 보았는데 이러한 목표지향 평가는 프로그램이 의도한 목표를 달성하였는지에 중점을 두기 때문에 프로그램의 과정과 효과 평가가 어렵다는 한계점이 있다(배을규·김대영, 2014).

크론바흐(Cronbach)는 프로그램을 개선하려면 프로그램이 종료된 시기에 실시하는 총괄평가에만 초점을 두지 말고 프로그램 실시 과정에서 이루어지는 형성평가도 중시해야 한다고 하였다(Cronbach, 1984). 이렇듯 프로그램 평가에 대한 관점은 프로그램을 운영하는 목적, 얻을 수 있는 효과, 프로그램이 미치는 영향력 등을 파악하여 프로그램의 가치와 성과를 체계적으로 결정하는 과정으로 확장되었다 (Stufflebeam & Shinkfield, 2007).

프로그램 평가는 목적 달성 여부, 투입비용, 효과성, 효율성 등을 검토하여 합리적이고 체계적인 판단을 내리기 위한 정보를 얻는 복합적인 활동이다(윤명희·임현성, 2008). 따라서 프로그램을 진행하기 위한 주변 상황을 진단하고, 프로그램을 운영하기 위해 투입해야 할 자원, 프로그램 운영 과정, 프로그램을 통해 얻은 효과 등을 포함하여 프로그램을 아우르는 전체적인 과정에 대한 평가가 이루어져야 한다 (김애자, 2007).

1) 논리모형

논리모형은 투입(input), 활동(activities), 산출(output), 성과(outcomes)로 구성되는데([그림 10-1]), 투입은 프로그램에 투입된 모든 형태의 자원이고, 활동은 프로그램에서 실제로 적용된 활동내용이며, 산출은 프로그램 활동을 통하여 나타난 결과물이고, 성과는 프로그램을 통한 단기적·중기적·장기적 변화이다(Frye & Hemmer, 2012). 이 모형에서는 각 구성요소뿐만 아니라 요소 간의 관계와 전체적인 맥락(context)과 영향(impact)도 고려 대상이 된다. 최종적인 총괄평가만이 아니라 초기단계의 기획평가와 프로그램이 시작된 이후의 형성평가 과정에서도 활용되고 있으며, 최근에는 미국을 중심으로 국제기구의 프로그램 계획 및 평가 단계에서 활용이 권장되거나 요구되고 있다(Frechtling, 2007).

논리모형은 다양한 교육 및 평가 주체들이 프로그램의 역동적인 시스템을 잘 이해하고 의도했거나 의도하지 않았던 성과들에 대하여 살펴보고자 할 때 가장 잘 활용될 수 있다. 하지만 실험모형과 마찬가지로 해당 프로그램 외 효과를 분리하기 어렵고, 의도하지 않았던 결과의 원인이 무엇인지 파악하기 어렵다는 한계가 있다(Frye & Hemmer, 2012).

논리모형은 각 프로그램의 성과 도출에 필요한 여러 가지 자원에 대한 추정을 도식화한 것으로 이러한 활동과 산출 결과는 프로그램에서 기대되는 성과물을 이해하기 위한 것이다(United Way of America, 1996; Wholey, 1994). 이러한 추정 방식을 프로그램 이론(program theory)이라 부르기도 하는데(Bickman, 1987, 1990; Weiss, 1997) 이는 프로그램이 어떻게 작동하는지, 프로그램이 도달해야 할 목적이 무엇인지에 대해 기술하고 있기 때문이다. 또한 이해관계자들에게 프로그램에서 요구하는 결과와 프로그램 계획을 위해 필요한 요구들 사이의 관계에 대한 실행을 보여 주고 인적·재정적 투자가 의도한 대로 목적을 성취하는 데 공헌하는 바와 어떻게 프로그램을 개선하였는지에 대해 시각화하여 이해를 도울 수 있기 때문에 '프로그램 로드맵'이라고 표현하기도 한다.

논리모형은 프로그램의 핵심 요소에 대해 정의하고 이러한 요소들의 상관관계를 설명해 줄 수 있기 때문에 일반적인 목표중심 평가보다는 프로그램의 효율성 검

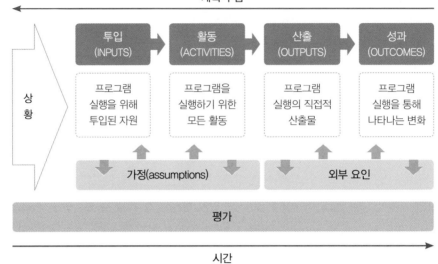

계획 수립

투입 (INPUTS)	활동 (ACTIVITIES)	산출 (OUTPUTS)	성과 (OUTCOMES)
프로그램 실행을 위해 투입된 자원	프로그램을 실행하기 위한 모든 활동	프로그램 실행의 직접적 산출물	프로그램 실행을 통해 나타나는 변화

상 황

가정(assumptions)　　　　외부 요인

평가

시간

[그림 10-1] 논리모형의 4단계

*출처: Frye & Hemmer (2012).

증의 측면에 있어서 적합하다고 할 수 있으며, 일반적으로 하나의 프로그램을 위해 정확하게 정해진 모형이 있는 것이 아니라 각 프로그램에 따라 다양하게 응용할 수 있다(Chen & Rossi, 1980). 또한 하나의 프로그램이 어떻게 사용되는지에 대해 여러 이해당사자들의 추정 또한 다양할 수 있는 유연성이 있어 논리모형이 프로그램 이론의 다른 평가방법들에 비해 통합적 틀로서 평가할 수 있는 가능성이 많다는 것을 나타낸다고 할 수 있다(Greene, 1993). 논리모형은 평가자로 하여금 프로그램 전반에 대한 내용을 그림으로 그려 봄으로써 효율적으로 진행할 수 있도록 한다. [그림 10-1]처럼 순차적으로 투입, 활동, 산출, 성과의 과정을 통하여 프로그램을 평가할 수 있을 뿐만 아니라 역으로 성과 요소부터 시작하여 프로그램의 목적과 의의를 명확히 하고 산출, 활동, 투입 과정을 거쳐 프로그램을 기획하고 개선하는 데에도 유용하게 쓰일 수 있다(Weiss, 1997, 1998). 즉, 논리모형은 평가뿐만 아니라 프로그램 기획, 실행을 모니터링하기에도 적합한 도구이며 프로그램의 개발, 수정, 수행, 보급 등의 모든 단계에서 활용 가능한 모형으로 프로그램의 개발과 평가를 하나로 묶어 줄 수 있는 도구이다(Savaya & Waysman, 2005).

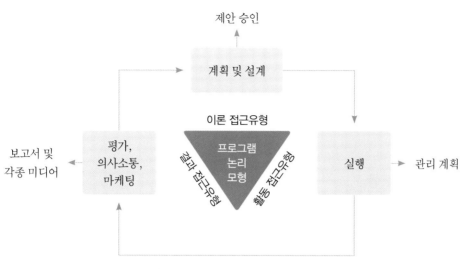

제안 승인

계획 및 설계

이론 접근유형

평가,
의사소통,
마케팅

프로그램
논리
모형

결과 접근유형

활동 접근유형

실행

보고서 및
각종 미디어

관리 계획

[그림 10-2] 논리모형의 유형

*출처: Kellogg Foundation (2004).

논리모형은 [그림 10-2]처럼 각 요소의 어느 부분에 중점을 두고 있는지에 따라 크게 이론 접근유형, 결과 접근유형, 활동 접근유형으로 나눌 수 있다.

첫째, 이론 접근유형은 프로그램의 설계와 계획에 영향을 주는 이론의 변화를 강조하여 프로그램이 어떻게 실행될 것이며 왜 그렇게 생각하는지에 대한 전반적인 개념인 큰 그림(big picture)을 제공하는 유형이다. 보통 투입단계부터가 아닌 프로그램에 내재된 '가정'이 무엇인지부터 시작하여 순차적으로 프로그램의 이론을 개발시켜 나간다. 즉, 프로그램의 문제나 쟁점, 해결책으로 제시되는 이유에 중점을 두고 프로그램에 내재된 가정을 설명하기 위해 이론적 개념과 연계하여 접근하는 유형이다.

둘째, 결과 접근유형은 프로그램에서 실행했을 때 그 실행을 통한 결과 간의 관계를 제시하는 것으로 프로그램의 각 구성요소들 간의 인과관계를 나타내는 데 중점을 두며, 중요한 항목들 간의 관계와 시간적 관계를 자세히 그려 낼 수 있는 장점이 있다.

셋째, 활동 접근유형은 결과 접근유형과 마찬가지로 프로그램 구성요소와 요구되는 결과를 위한 활동들의 관계에 대해 제시하지만, 결과 접근유형과는 달리 활동이 강조되어 매우 상세히 세분화하여 제시되며 프로그램의 어떤 활동 간에 위계가 있는지, 종적·횡적 관계가 그려져 관찰할 필요가 있는지, 어떠한 관리가 결과를 위한 적절한 과정인지 알려 준다. 하지만 이러한 다양한 유형 중 어느 것이 가장 좋다고는 할 수 없으며 각 프로그램에 따라 가장 적절한 유형을 적용해야 한다(Kellogg Foundation, 2004).

2) CIPP모형

프로그램을 평가하기 위한 다양한 모형 중 CIPP 평가모형은 과정중심 평가모형의 일종으로 프로그램을 보다 효과적으로 개선하기 위해 자료를 수집하고 그 자료를 토대로 프로그램을 수정하는 데 목적을 두고 있다(이정은·강영심, 2015).

스터플빔은 의사결정에 유용한 정보를 기술(delineating), 획득(obtaining), 제공(providing)하는 과정을 평가라고 보았고, 의사결정의 내용과 성격에 관심을 두고 그에 대응하는 평가의 역할을 강조하며 CIPP 평가모형을 제시하였다(정진국, 2000; Stufflebeam & Shinkfield, 2007). CIPP 평가모형에 따르면 프로그램을 개선하기 위해 네 가지 종류의 결정이 이루어져야 하고, 이에 따른 네 가지 종류의 평가가 실행된다.

첫째, 프로그램 계획 수립 시에는 목표를 설정하게 되는데 이 과정에서 계획적 결정(planning decision)을 하게 된다. 이를 위해 실행하는 것이 상황평가이다. 상황평가는 프로그램 목표를 결정하기 위한 합리적이고 정당한 근거를 제공하는 것으로 프로그램을 평가할 때 가장 초점을 두어야 할 요소를 확인하는 가장 기본적인 평가 형식이다. 따라서 상황평가의 주된 목표는 대상 집단의 요구를 분석하고 프로그램 주변 환경을 진단 및 파악하는 것이다.

둘째, 상황평가에서 설정한 목표 달성에 필요한 수단을 조사하기 위해 구조적 결정(structuring decision)을 진행하게 된다. 구조적 결정을 하기 위해서는 투입평가를 실행한다. 투입평가는 프로그램의 목표를 달성하기 위하여 필요한 자원을 어떻게 효과적으로 활용할 것인가를 결정하기 위한 정보를 제공한다. 여기서는 사용할 수 있는 자원, 목표 달성을 위한 전략 수립, 이에 대한 실천 방안 등을 확인하고 사정하는 일이 중심이 된다.

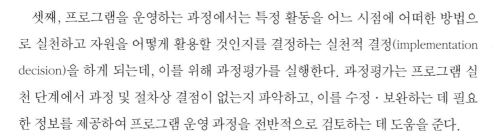

셋째, 프로그램을 운영하는 과정에서는 특정 활동을 어느 시점에 어떠한 방법으로 실천하고 자원을 어떻게 활용할 것인지를 결정하는 실천적 결정(implementation decision)을 하게 되는데, 이를 위해 과정평가를 실행한다. 과정평가는 프로그램 실천 단계에서 과정 및 절차상 결점이 없는지 파악하고, 이를 수정·보완하는 데 필요한 정보를 제공하여 프로그램 운영 과정을 전반적으로 검토하는 데 도움을 준다.

넷째, 프로그램의 지속 여부, 예산 증액 여부 등을 결정하는 순환적 결정(recycling decision)을 해야 한다. 순환적 결정을 위해서는 산출평가가 필요하다. 산출평가는 프로그램 운영 및 종료 단계에서 획득한 산출물 및 효과를 설정한 목표와 프로그램 대상 집단의 요구에 비추어 측정·해석·판단하는 것이다. 즉, 각 단계에서 얻은 정보를 최종 산출물과 관련시키는 데 중점을 둔다. CIPP 평가모형을 적용해 프로그램을 평가하게 되면 투입평가와 산출평가를 토대로 목표와 결과 간에 논리적 일관성을 유지할 수 있다. 또한 목표 설정에서 계획 수립, 프로그램 실행, 프로그램 결과 산출에 이르는 전 과정에 대해 적절한 평가를 수행할 수 있고, 평가자에게 프로그램을 개선할 수 있는 신뢰할 만한 정보를 제공할 수 있다는 장점이 있다(이만표, 2012).

CIPP모형은 프로그램의 각 단계와 서로의 관계에 대한 고찰을 통하여 프로그램을 총체적으로 이해하고 평가하고자 하는 모델로서 〈표 10-1〉과 같이 맥락(context), 투입(input), 과정(process), 결과(product)로 구성된다. 논리모형과 일부 범주의 명칭이 유사하나 CIPP모형은 각 단계의 선형적인 인과관계를 가정하지 않는 것이 큰 차이라고 할 수 있다(Stufflebeam & Shinkfield, 2007). 맥락은 프로그램 목적

표 10-1 CIPP모형

상황평가(Context)	투입평가(Input)	과정평가(Process)	결과평가(Product)
• 관계자 요구 • 목표 설정 • 상황 인식 • 개선 요구	• 진행 준비 • 프로그램 편성 • 운영지원(예산, 인원, 시간 등) • 프로그램 환경여건(장소, 기후 등)	• 프로그램 진행 • 참여자 관리 • 프로그램 관리 • 지원인력	• 목표 달성 평가체계 • 프로그램 완료 • 참여자 만족 • 참여자 충족

223

과 우선순위, 현재 요구(needs)와 문제점, 자원과 기회 등으로서, 특히 기획단계에서 중요하게 고려해야 하는 요소들이다. 투입에서는 인원, 예산, 시간 등 자원배분과 실현가능성(feasibility), 효과성(effectiveness) 등에 초점을 맞추고 있다. 과정은 프로그램의 실제 적용으로서 이후 결과를 해석하는 데에 도움이 된다. 결과에서는 프로그램 성과(outcome)에 초점을 맞추되, 긍정적 · 부정적 · 비의도적 · 의도적 · 단기적 · 장기적 성과 모두를 고려해야 한다(Frye & Hemmer, 2012). CIPP모형은 기획평가, 형성평가, 총괄평가에 모두 사용될 수 있지만 아직 청소년 프로그램 평가에서 활용된 경험은 많지 않다(Al-Khathami, 2012).

3) 커크패트릭 모형

커크패트릭(Kirkpatrick)의 4단계 평가모형은 교육훈련 프로그램을 평가하는 일련의 연속적이고 체계적인 방법들을 제시하고 있으며, 그 단계는 각 단계 고유의 가치를 가지고 있어 다음 단계의 평가에 정적인 영향을 미친다고 가정한다(Kirkpatrick & Kirkpatrick, 2006).

커크패트릭 4단계 평가모형의 가장 큰 특징은 순차적 위계성 및 각 단계 사이의 정적인 상관관계를 가정하는 것이다. 어떤 단계도 우회하여 건너뛸 수 없음을 지적하면서 1단계부터 평가를 시작하여 시간과 기회가 허락하는 한, 다음 단계로 나아갈 것을 주장한다. 예컨대, 그는 1단계 및 2단계를 건너뛰고 3단계 활용평가를 실시하는 것의 위험성을 지적한다. 왜냐하면 3단계 평가에서 측정하고자 하는 행동의 변화는 학습자 스스로의 변화 욕구, 학습자의 학습 응용능력, 변화를 드러낼 수 있는 우호적인 근무환경, 변화에 대한 내 · 외적 보상 등의 내 · 외적 조건들이 갖추어져야 발생할 수 있다고 보기 때문이다(Kirkpatrick & Kirkpatrick, 2006). 따라서 이러한 조건들이 충족되지 않을 경우에는 비록 효과적인 프로그램이더라 하더라도 의도한 변화가 나타나지 않을 수도 있다. 이러한 점 때문에 1단계와 2단계 평가를 실시하는 것이 중요하다. 비록 3단계 평가에서 행동의 변화가 나타나지 않았을 경우에도 그것이 프로그램 자체가 효과가 없었기 때문인지 아니면 잘못된 근무환경 혹은 보상 시스템의 부재 때문인지를 판단해 볼 수 있는 근거를 이들이 제공하기 때문이다. 3단계인 활용평가 혹은 학습 전이는 교육훈련의 실천에서 가장 중요한 이슈로, 교육훈련 프로그램의 가치는 학습자가 학습한 것을 실제로 자신의 업무나 일에 활용함으로서 비로소 갖게 된다고 볼 수 있다(Brinkerhoff & Gill, 1994; Halpern & Hakel, 2003; Thompson, Brooks, & Lizarraga, 2003).

커크패트릭 모형은 1단계 반응(response), 2단계 학습(learning), 3단계 전이/행동(transfer), 4단계 결과(result)의 4단계로 프로그램의 효과를 평가하는 도구로서 [그림 10-3]과 같다. 1959년에 발표된 이후 산업현장, 공공영역 등 여러 분야에서 교육 및 훈련 프로그램 평가에 사용되었다(Kirkpatrick, 1959). 1단계 반응은 프로그램에 대한 참가자들의 만족도라고 할 수 있고, 2단계 학습은 참가자들의 지식, 기술, 태도 등의 변화이며, 3단계 전이/행동은 실제 현장에서 참가자들의 행동 변화를 의미하고, 4단계 결과는 참가자들의 행동 변화를 통한 조직의 변화이다.

1단계 반응은 프로그램이 제공한 경험에 대한 참가자들의 반응으로서 프로그램 주제와 내용, 형식, 지도자, 지도방법, 활동자료, 시간과 장소 등 모든 요소에 대한 참가자들의 의견과 만족도를 의미한다. 더 나아가서는 프로그램을 통해 배운 것이 있는지, 도움이 될 것이라고 생각하는지, 참가할 가치가 있었는지에 대한 참가자들의 판단도 포함한다. 대부분의 경우 프로그램 종료 시에 설문조사와 인터뷰 등을 통해 관련된 정보를 얻게 되며, 설문 문항은 점수 척도가 있는 문항과 주관식 문항을

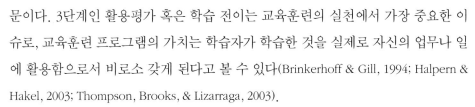

[그림 10-3] 커크패트릭 모형

혼합하여 구성할 수 있다. 참가자들의 만족스러운 반응이 곧 프로그램의 효과와 가치를 증명하는 것은 아니지만, 참가자들의 반응을 통하여 프로그램을 개선할 수 있는 단서를 얻을 수 있으며, 프로그램에 대한 참가자들의 긍정적인 반응은 더 높은 수준의 결과를 얻기 위한 기본 전제가 된다는 점에서 의미가 있다.

2단계 학습은 프로그램을 통하여 참가자들이 지식을 습득하고 기술이 향상되며 태도가 변화하는 것을 의미한다. 프로그램을 통하여 성취하고자 하는 목표에 따라서 적절한 평가방법을 선택해야 하며, 이는 지필시험에서부터 구술평가, 시뮬레이션, 수행평가 등 다양한 방법을 포함하고 있다. 또한 프로그램을 통한 향상을 평가하기 위해서는 사전–사후 평가가 필요한 경우도 있으며, 때로는 사전에 의도하지 않은 학습 혹은 변화가 일어날 수 있다는 점도 고려해야 한다. 학습도 마찬가지로 더 높은 수준의 결과를 위한 필수적인 전제 조건이라고 할 수 있다.

3단계 전이는 행동(behavior)이라고도 표현하며, 프로그램 이후 참가자들에게 실제로 행동 혹은 수행의 변화가 있었는지를 의미한다. 이를 평가하기 위해서는 참가자들을 직접 관찰하는 방법이 있으며, 그 외에는 주변 관계자들이나 기록 등으로부터 간접적으로 평가하는 방법이 있을 수 있다. 프로그램을 통하여 학습이 분명히 일어났다고 하더라도 이후에 실제로 행동 및 전이로 이어지기 위해서는 참가자에게 변화의 욕구가 있고 우호적인 환경에 놓여 있어야 하며 변화에 대한 적절한 보상이 뒷받침되어야 한다. 또한 행동의 변화가 일어나고 안정적으로 유지되기 위해서는 충분한 시간이 필요하기 때문에 3단계에 대한 평가는 프로그램이 종료되고 최소한 3개월 이상 경과한 후에 시행하는 것을 권장한다. 전이는 4단계 결과로 이어지기 위한 마지막이자 가장 직접적인 전제 조건이라고 할 수 있다.

4단계 결과는 프로그램으로 인하여 조직이나 기관, 사회에 발생한 성과를 의미한다. 이는 어떤 제품이나 서비스의 질 향상일 수도 있고, 생산성이나 효율의 개선일 수도 있으며, 생존율 증가와 같은 지표의 상승이 될 수도 있다. 이러한 요소들은 대부분 양적 조사방법으로 정보를 취합하지만 조직문화의 변화나 기관에 대한 소속감, 구성원 상호 간의 신뢰와 같은 요소들은 질적 조사방법을 활용해야 한다. 3단계와 마찬가지로 4단계 결과에서도 변화를 제대로 평가하기 위해서는 충분한 시간을 두고 반복적으로 평가해야 할 필요가 있다.

이 모형이 개개인의 차이나 환경에 의한 영향의 고려가 적은 점, 각 단계가 인과 관계에 있다고 보는 점, 그리고 상위 단계로 갈수록 중요하다고 보는 점 등에 대한 비판도 있다(Alliger & Janak, 1989; Bates, 2004). 또한 1단계와 2단계(설문지, 시험)는 종종 불충분하게 설계되어 정확하지 않은 해석과 결론을 산출할 수 있으며, 또한 조직 외부와의 영향요소를 고려하지 않는다는 단점들(Guerra-Lopez, 2008)이 그 예이다. 그러나 복잡한 프로그램의 평가를 교육과 학습의 논리에 따라 직관적으로 이해하고 평가할 수 있도록 기여한다는 장점이 있어 여전히 널리 사용되고 있다(Lee et al., 2014). 또한 의학 및 의료 분야 교육훈련 프로그램의 평가에도 적용이 가능하여 국내에서도 간호사 실무교육 프로그램 효과평가나(Ahn et al., 2003), 의료계 교수들에 대한 시뮬레이션 기반 교육 효과평가(Chung et al., 2012) 등에도 활용된 바가 있다. 다만, 4단계 평가모형을 활용할 경우 흔히 나타나는 문제 중 하나는 상위 단계로 갈수록 평가비용과 난이도가 상승하여 상위 단계 평가가 급격히 줄어드는 경향이 있다는 점인데(Rossett, 2007), 이는 의학교육 관련 평가에서도 동일하게 나타나고 있다(Yardley & Dornan, 2012).

4) 스테이크의 반응적 평가모형

스테이크(Stake)의 반응적 평가모형은 자연주의 평가모형의 대표적인 모형으로 프로그램의 내용, 구성, 운영 과정, 효과, 중요 쟁점들에 관한 정보를 자연주의적 탐구방법을 이용하여 수집하고 제공하는 평가방식을 의미한다(김경화·조용하, 2006).

반응적 평가에서는 평가를 진행하는 동안 여러 관련 인사와 논의하여 그들의 반응에 따라 어떤 정보를 어떤 방법으로 수집 및 분석할 것인지를 결정하고 관찰 그대로를 진술할 것을 강조함으로써 평가에 대한 관점의 변화를 보여 준다(Stake, 1967). 따라서 프로그램의 질에 대해 판단할 때 상대적인 가치와 믿음을 중심으로 평가하며, 선행 조건, 실행 과정, 결과의 세 가지 정보에 의해 합리적인 근거와 함께 수집하여 기술하는 주관적인 자료에 의존하기 때문에 평가자는 다양한 가치가 작용하는 다원적인 출처로부터의 자료의 주관성을 주시하여 프로그램의 가치나 장점을 주관적으로 밝혀낸다는 점에서 유의해야 한다.

평가결과는 다양한 평가관련자들에게 매력적이고 이해 가능한 언어와 형태로 보고되어야 한다는 전제하에 필요하다면 수시로 다양하게 평가결과를 보고한다는 데 특징이 있다. 스테이크는 반응적 평가에서 현저하게 일어나고 있는 일을 반영하기 위한 연상방법으로 12단계로 분류하여 평가가 진행될 수 있다고 제안하였다. 평가자는 12시에서 시작하여 시계 방향으로 진행할 수도 있고, 심지어는 반시계 방향으로 진행할 수도 있다. 또한 순서대로 평가연구가 진행될 필요는 없으며 어느 단계

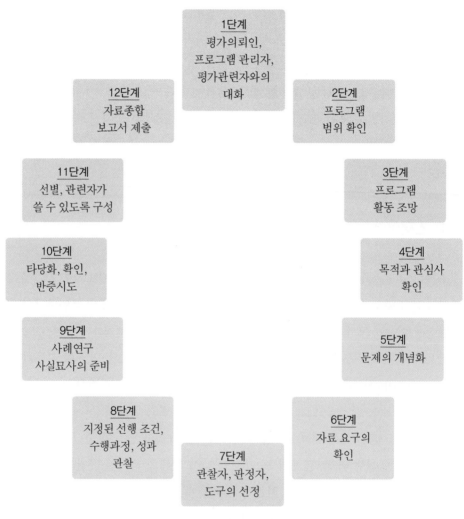

[그림 10-4] 반응적 평가모형 절차

*출처: Fitzpatrick, Sanders, & Worthen(2011).

에서라도 시작될 수 있고, 심지어는 시계 반대 방향으로 진행될 수도 있는 융통성이 있다.

반응적 평가에서 평가자는 제3세대까지의 기존 평가 접근에서는 중요하게 다루어지지 않았던 프로그램 관찰하기, 판단 모으기, 평가의뢰자의 요구 인식하기, 비공식적 보고 준비하기 등에 많은 시간을 쓰고 있다. 또한 반응적 평가에서의 타당도가 높은 궁극적 검증은 평가 대상에 대한 평가관련자의 이해를 얼마나 증진시키는지에 초점을 두어야 한다. 그리고 주요 목표는 핵심평가 관련자와 평가자 간의 의사소통이 원활하게 이루어지는 것이다.

5) 실험모형

실험(Experimental)모형은 가장 초기의 교육평가모형으로 환원주의에 바탕을 두고 있다. 실험모형은 프로그램 구성요소와 결과(outcome)의 관계를 해석함에 있어 원인−결과의 선형성에 대한 가정에 근거한다. 실험모형은 생명과학 발전에는 상당히 기여하였으나, 교육 프로그램을 둘러싼 복잡한 환경에서 적용하기에는 제한이 많다(Stufflebeam & Shinkfield, 2007).

이는 생명과학 연구처럼 완벽하게 통제된 실험적 상황을 교육현장에서 구현하기에는 현실적으로 제약이 많고 실험군과 대조군의 무작위 배정에 윤리적인 문제가 따를 수 있기 때문이다. 따라서 교육 분야에서는 완벽한 실험모형보다는 유사실험(quasi-experimental)모형이 더 많이 활용되었다. 유사실험모형의 대표적인 예로는 교육 프로그램 전후로 교육 대상자들을 비교하여 평가하는 시간연속설계(time-series design)를 들 수 있다. 이는 프로그램 후에 즉각적이고 지속적인 행동이나 지식의 변화가 있을 가능성이 높을 때 적용할 수 있으나, 해당 프로그램 외 효과를 분리하기 어렵다는 한계가 있다(Frye & Hemmer, 2012).

요약

1. 프로그램 평가란 기본적으로 효과성, 효율성 혹은 적절성 등이 측정되는 과정으로 정책이나 프로그램에 관한 의사결정을 목적으로 사회과학적 조사방법을 활용하여 정책 또는 프로그램의 수행과정과 결과를 측정하는 일련의 절차이다.

2. 프로그램 평가의 목적은 프로그램의 특성 및 활동과 결과에 관한 체계적인 정보수집을 통해서 불확실성을 제거하거나 효과성을 증진시키거나 또는 프로그램의 진행상황과 영향에 관한 의사결정을 위한 것이다.

3. 프로그램 평가는 목적 달성 여부, 투입비용, 효과성, 효율성 등을 검토하여 합리적이고 체계적인 판단을 내리기 위한 정보를 얻는 복합적인 활동이다. 따라서 프로그램을 진행하기 위한 주변 상황을 진단하고, 프로그램을 운영하기 위해 투입해야 할 자원, 프로그램 운영과정, 프로그램을 통해 얻은 효과 등을 포함하여 프로그램을 아우르는 전체적인 과정에 대한 평가가 이루어져야 한다.

4. 프로그램을 평가할 때는 내용 간 맥락, 목적, 프로그램의 논리구조와 평가항목 및 방법에 대한 부분을 프로그램 개발 단계에서 함께 설계하여야 한다.

5. 프로그램 평가를 위한 방법은 다양하다. 평가 시기에 따른 방법(수행평가, 총괄평가), 평가방법에 따른 방법(설문지법, 인터뷰 혹은 출구조사, 시험, 포트폴리오, 행동관찰 등), 평가자에 따른 방법(참여자, 전문가 등)으로 나눌 수 있다.

6. 프로그램 평가를 효율적으로 진행하기 위해 평가모형을 제시하였고, 다양한 평가모형(논리모형, CIPP모형, 커크패트릭 모형, 스테이크 반응적 평가모형, 실험모형) 중 가능한 평가를 선택하여 프로그램을 평가하고 향후 개선하여 프로그램의 품질을 향상하도록 한다.

권덕원 · 이주연 · 윤종현(2013). 예술중점학교 성과 평가 연구. 학습자중심교과교육연구,
　　13(3), 45-69.

김경화 · 조용하(2006). 청소년활동 프로그램 평가시스템 개발 및 운영방안 연구. 서울: 한국청소
　　년개발원.

김애자(2007). CIPP 평가모형에 의한 전래동요 프로그램 평가준거 개발과 유아교육기관에
　　적용 방안. 계명대학교 대학원 박사학위논문.

배을규 · 김대영(2014). 통합적 평가 접근법을 활용한 HRD 프로그램 평가 모형 개발: 학교사
　　회 예술강사 기본 연수 평가 모형 개발 사례를 중심으로. HRD연구, 16(4), 25-50.

윤명희 · 임현성(2008). 초등학교 방과후학교 평가도구 개발. 교육평가연구, 21(4), 1-19.

이만표(2012). 중고등학생들의 열등감과 좌절증후군, 성적(性的)건강, 성형중독과의 관계 연
　　구. 교육의 이론과 실천, 17(3), 69-98.

이원석(2013). 우리는 왜 프로그램을 평가하는가? 교육평가연구, 26(1), 1-13.

이정은 · 강영심(2015). CIPP모형에 기반한 지적장애 특수학교 직업교육 직무연수 평가. 지적
　　장애연구, 17(2), 185-203.

임지연 · 민성환 · 신명철(2005). 청소년 자연재해 예방 및 대처훈련 프로그램 개발. 서울:청소년
　　위원회, 한국청소년개발원.

정진국(2000). 교육 개선을 위한 CIPP 평가모형의 특징과 적용방법. 교육학논총, 21(2), 103-
　　121.

Accreditation Council for Graduate Medical Education (2013). *ACGME common program
　　requirements [Internet].* Ann Arbor: University of Michigan Health System.

Ahn, K. H., Yoon, H. S., Kim, I. J., & Kim, E. S. (2003). Evaluation on effectiveness of
　　inservice training program: by Kirkpatrick's evaluation model. *J Korean Clin Nurs Res,
　　9,* 17-28.

Al-Khathami A. D. (2012). Evaluation of Saudi family medicine training program: The
　　application of CIPP evaluation format. *Med Teach, 34*(1), 81-89.

Alliger, G. M., & Janak, E. A. (1989). Kirkpatrick's levels of training criteria: Thirty years
　　later. *Personnel Psychology, 42*(2), 219-227.

Bates, R. (2004). A critical analysis of evaluation practice: the Kirkpatrick model and the

principle of beneficience. *Eval Program Plann, 27,* 341-347.

Bickman, L. (1987). Using program theory in evaluation. *New directions for evaluation, 33.* San Francisco: Jossey Bass.

Bickman, L. (1990). Advances in program theory. *New directions for evaluation, 47.* San Francisco: Jossey Bass.

Brinkerhoff, R. O., & Gill, S. J. (1994). Increasing impact of training investments: An evaluation strategy for building organizational learning capability. *Industrial and Commercial Training, 38*(6), 302-307.

Brown, J. L., & Kiernan, N. E. (2001). Assessing the subsequent effect of a formative evaluation on a program. *Eval Program Plann, 24,* 129-143.

Chen, H. T., & Rossi, P. H. (1980). The multi goal theory driven approach to evaluation: A model linking basic and applied social science. *Social Forces, 59,* 106-122.

Chung, H. S., Issenburg, S. B., Phrampus, P., Miller, G., Je. S. M., Lim, T. H., & Kim. Y. M. (2012). International collaborative faculty development program on simulation-based healthcare education: A report on its successes and challenges. *Korean J Med Educ, 24,* 319-327.

Cronbach, L. J. (1984). A Research Worker's Treasure Chest. *Journal Multivariate Behavioral Research, 19,* 223-240.

Dunn, W. N. (1994). *Public Policy Analysis: An Introduction* (2nd ed). Englewood Cliffs, N.I.: Prentice-Hall

Fitzpatrick, L. D., Sanders, J. R., & Worthen, B. R. (2011). *Program Evaluation: Alternatives Approaches and Practical Guides* (4th ed). NY: Longman.

Frechtling, J. (2007). *Logic modeling methods in program evaluation.* San Francisco: John Wiley & Sons.

Frye, A. W., & Hemmer P. A. (2012). Program evaluation models and related theories: AMEE Guide No. 67. *Medical Teacher, 34,* 288-299.

Greene, J. C. (1993). *The role of theory in qualitative program evaluation.* In D. J. Flinders & G. E. Mills (Eds.), *Theory and concept sinqualitative research: Perspective from the field* (pp.24-45), New York: Teachers College Press.

Grotelueschen, A. D. (1980). *Program evaluation.* In A. B. Knox (Ed.), *Developing, administering, and evaluating adult education* (pp. 75-123). San Francisco, CA:

Jossey-Bass.

Guerra-Lopez, I. J. (2008). *Performance evaluation: Proven approaches for improving program and organizational performance*. San Francisco: Jossey-Bass.

Guskey, T. R. (2000). *Evaluating professional development*. Thousand Oaks, CA: Corwin Press.

Halpern, D. F., & Hakel, M. D. (2003). Applying the Science of Learning to the University and Beyond: Teaching for Long-Term Retention and Transfer. *Change The Magazine of Higher Learning, July/August*(4), 36-41.

House, E. R., & Howe, K. R. (1999). *Values in evaluation and social research*. Thousand Oaks, CA: Sage.

Kellogg Foundation (2004). *W. K. Kellogg foundation logic model development guide*. Battle Creek, MI: Author.

Kirkpatrick, D. L. (1959). Techniques for evaluating training programs. *J Am Soc Train Dir, 13*, 21-26.

Kirkpatrick, D. L. (1998). *Evaluation training programs: The four levels* (2nd ed.). San Francisco: Berrett Koehler.

Kirkpatrick, D. L., & Kirkpatrick, J. D. (2006). *Evaluating training programs: The four levels* (3rd ed.). San Francisco, CA: Berrett-Koehler.

Lee, S., Shin, J., Kim, D., Kim, E. J., Hwang, J., & Yoon, H. B. (2014). Evaluation of first year outcomes of Lee Jong-Wook Seoul Project using Kirkpatrick's four-level evaluation approach. *Korean J Med Educ, 26*(1), 41-51.

Rossett, A. (2007). Leveling the levels. *Train Dev, 61*, 49-53.

Savaya, R., & Waysman, M. (2005). The Logic Model: A Tool for Incorporating Theory in Development and Evaluation of Programs. *Journal Administration in Social Work, 29*, 85-103.

Scriven, M. (1967). On the search for variational principles. *International Journal of Heat and Mass Transfer, 10*(6), 799-821.

Scriven, M. (1991). *Evaluation thesaurus* (4th ed). Newbury Park, CA: Sage.

Stake, R. E. (1967). The countenance of educational evaluation. *Teachers College Record, 68*, 523-540.

Stufflebeam, D., & Shinkfield, A., (2007). *Evaluation theory, models & applications*. San

Francisco: John Wiley & Sons.

Stufflebeam, D. L. (1971). The relevance of the CIPP evaluation mode lf or educational account a bility. *Journal and Development in Education, 5*, 19-25.

Thompson, D. E., Brooks, K., & Lizarraga, E. S. (2003). Perceived Transfer of Learning: From the distance education classroom to the workplace. *Assessment & Evaluation in Higher Education, 28*(5), 539-547.

United Way of America (1996). *Measuring program outcomes: A practical approach* (Item No. 0989). Author.

Weiss, C. H. (1997). How can theory based evaluation make greater head way? *Evaluation Review, 21*(4), 501-524.

Weiss, C. H. (1998). *Evaluation* (2nd ed.). Upper Saddle River, NJ: Prentice Hall.

Wholey, J. S. (1994). *Assessing the feasibility and usefulness of evaluation.* In J. S. Wholey, H. P. Hatry, & K. E. Newcomers (Eds.), *Handbook of practical program evaluation* (pp. 15-39). San Francisco: Jossey Bass.

Yardley, S., & Dornan, T. (2012). Kirkpatrick's levels and education 'evidence'. *Medical Education, 46*, 97-106.

제11장

청소년 프로그램 평가 II

프로그램 평가결과는 프로그램의 개선과 차기 프로그램의 기획에 도움이 될 뿐만 아니라 기관 및 프로그램 운영에서 폭넓게 활용될 수 있다. 또한 평가가 충분한 숙고를 통해 이루어졌고 진정으로 그 결과를 고민하였다면 평가결과를 활용하는 것이 합리적이다.

평가결과는 프로그램의 목적 달성과 성과평가를 통해 프로그램의 효과성을 타진해 보는 자료로 활용할 수 있다. 또한 부차적으로는 피드백을 통해 프로그램을 개선하는 근거자료로도 활용할 수 있다. 또한 프로그램 진행 전문가(청소년지도사)의 교육과 지원, 프로그램 우선순위 결정에 활용하며 우수사례 보급 및 확산에도 기여할 수 있다. 특히 청소년들의 관심을 집중시킬 때에도 활용할 수 있다.

이 장에서는 프로그램 평가 이해와 실행을 위해 프로그램 평가분류, 프로그램 평가과정, 프로그램 평가자의 역할을 제시하고자 한다.

01 청소년 프로그램 평가분류

　프로그램 평가는 프로그램의 진단과 해결방안 모색, 프로그램 활동의 촉진, 프로그램 과정의 개선, 프로그램에 대한 환류, 프로그램 성공 여부의 판단, 프로그램 관리 감시, 의사결정 및 프로그램 계획을 위한 정보제공, 프로그램 결과의 활용 등 프로그램 전 과정에서 필요하다. 이에 프로그램 평가에는 기관 간, 프로그램의 사전과 사후 간 또는 설정된 목표와의 비교 과정이 포함된다(Royse, Thyer, Padgett, & Logan, 2001).

　일반적으로 프로그램의 평가에 대한 구체적인 내용으로는 프로그램 자체에 대한 평가, 효과성에 대한 평가, 프로그램 운영자에 대한 평가가 있다(김선남, 1990). 먼저, 프로그램 자체에 대한 평가는 프로그램 전체 목적, 단계별 목표, 활동별 목표가 프로그램 자체에 대한 평가의 준거틀이 되는데, 각 단계마다 정리부분에서 나타나는 변화에 대한 관찰, 토의하는 동안의 주관적 평가, 자기보고서 질문지에 나타난 내용들을 검토하고, 프로그램을 진행하는 동안 마지막 단계 활동에서 나오는 정보들을 통하여 프로그램 자체에 대한 평가를 할 수 있다.

　프로그램 효과에 대한 평가로는 참여자가 프로그램이 목적한 방향으로 변화된 정도가 그 프로그램의 효과를 설명해 주는 것으로서 청소년지도사와 참여자(청소년), 프로그램 실시 전과 후의 각각 두 가지 차원에서 이루어질 수 있다. 또한 참여자들의 자기보고 자료를 통해 단계마다 프로그램의 효과를 기록하게 하여 이를 통한 프로그램 참여의 효과를 측정하도록 하기도 한다. 세 번째로 운영자에 대한 평가는 청소년지도사로서 프로그램의 목적 달성을 위하여 적절하게 적용해 왔는지에 대하여 총체적 차원에서 검토해야 할 수도 있다. 그리고 프로그램 평가의 마지막 단계로 프로그램의 수정 보완을 통해 후속 연구를 실시하여 몇 차례에 걸친 수정과 보완의 단계가 이루어져야 한다(한국가족관계학회 편, 1998).

표 11-1	프로그램 평가분류
구분기준	**분류**
평가주체	• 내부평가 • 외부평가
평가자료	• 양적 평가 • 질적 평가
프로그램 진행 경과	• 사업 진행 형성평가: 과정평가 • 사업 종료 시 종합평가: 단기평가, 영향평가(중기평가), 결과평가(장기평가)
프로그램 성과	• 사업의 적절성과 타당성 • 사업을 위한 노력 • 사업 수행 과정 • 사업 실적, 결과 • 효과와 효율

프로그램 평가의 유형은 〈표 11-1〉과 같이 평가주체, 평가자료, 프로그램 진행 경과, 프로그램 성과에 따라 분류할 수 있다.

1) 평가주체에 따른 분류

(1) 내부평가

평가는 내부위원 또는 담당자에 의해서 실시될 수 있다. 내부평가의 장점은 기관에 익숙하고 프로그램 배경을 안다는 점이다. 또한 평가에 소요되는 비용이 적게 들고, 평가결과를 정확하게 의사소통할 수 있다. 그러나 단점은 프로그램에 지나치게 연관되어 있어 객관적 평가가 어렵다는 점이다. 그리고 평가에 대한 전문적 기술이 부족할 수도 있고, 프로그램 담당자와 부서에 대한 선입견으로 인해 평가결과를 성공적으로 해석하기가 어려울 수 있다.

프로그램 관리자들의 협력적 관계 구축이 필요하고 평가의 영향을 받는 기관의 내부자들은 평가를 부가적인 과업으로 받아들일 수 있기 때문에 프로그램 운영에 집중하기보다는 결과만을 중요시할 수도 있다(배을규, 2009).

(2) 외부평가

외부평가는 기관 외부에서 이루어지는 평가로 프로그램을 잘 아는 전문가에 의해서 이루어지는 평가이다. 외부평가의 장점은 선입견 없이 평가를 받을 수 있어 정확한 결과를 도출할 수 있고, 전문가에 의해서 평가받기 때문에 전문적 평가가 가능하다는 점이다. 또한 외부평가자는 새로운 시각으로 평가를 조망받을 수 있고, 객관성 때문에 보다 효과적인 중재자로서의 역할을 수행할 수 있다.

외부평가의 단점은 외부 전문가에 의해서 실시되기 때문에 비용이 많이 들고, 시간이 오래 걸릴 수 있다는 점이다. 또한 프로그램 평가 담당자, 프로그램 담당자, 평가자 간에 평가목적이 다를 수 있다. 또한 프로그램을 충분히 숙지하지 못하고 전문가의 비판적 시각으로 접근할 수도 있다. 프로그램의 내용이나 사업을 둘러싼 환경에 대한 이해 부족으로 인해 외부평가자들이 잘못된 진단을 내릴 가능성이 있다. 특히 외부평가자들은 조직의 의사결정 체계에서 벗어나 있기 때문에 그들의 권고사항이 조직 내에서 그리 심각하게 받아들여지지 않을 가능성도 있다. 외부평가를 효과적으로 활용하기 위해서는 프로그램 평가 작성에 세심한 주의를 기울이고 프로그램 평가 진행상황을 적절히 감독하는 등의 조치가 필요하다.

한편, 내부평가는 평가 과정을 통해 사업의 목적과 수단을 재점검하고 개선하는 '현장학습(learning by doing)'의 기회를 제공할 수 있으며, 의사결정에도 직접 영향을 미칠 가능성이 높다. 그러나 종종 이를 수행할 만한 인력과 시간을 확보하기 어렵고, 평가결과의 객관성과 신뢰성에 대해서도 의문이 제기될 수 있다. 따라서 외부평가를 활용할 것인가 내부평가를 활용할 것인가는 평가의 효율성 및 독립성과 평가능력 등을 고려하여 결정해야 한다.

2) 평가자료에 따른 분류

(1) 양적 평가

양적 평가는 경험적이고 심층적인 탐구의 전통을 따라 평가 대상을 다양한 형태로 수량화하고, 이렇게 수량화된 자료를 가지고 적절한 통계적 방법을 이용하여 기술하고 분석하는 평가전략이다. 연역(deduce, infer)적인 논리발달과정을 갖추고 있

어 일반 이론들이 어떤 상황에서 발생하는 원인과 효과의 관계를 설명하기 위해서
적용한다(Patton, 1997).

양적 평가 분석방법은 프로그램의 결과와 효율성을 결정하는 방법이므로 프로그
램 평가모형 중 적합한 것으로 여겨지는 것은 사회과학적 모형, 목표지향적 모형,
회계모형이 이에 해당된다. 사회과학적 모형은 사회과학 조사의 특정화된 형태로
서 프로그램 평가를 실시하므로 무작위로 통제 집단과 실험 집단을 두고 프로그램
실시 후 참여자의 수행수준 등을 분석하는 것으로 양적 평가와 관련되어 가장 적절
한 평가방법이라고 볼 수 있다. 이에 반해 목표지향적 모형은 측정 가능한 구체적
인 행동적 목표를 설정한 프로그램을 통하여 참여자로 하여금 성취 정도를 살펴보
는 것이지만, 행동으로 표현되지 않거나 측정하기 어려운 경험이나 태도 및 감정 변
화 등과 같은 중요한 경험과정을 평가하기가 어렵다는 점 등으로 인하여 부분적으
로 적합한 모형이다. 회계모형 역시 실리만 쫓는 방식으로 프로그램이 진행될 수 없
다는 점에서 양적 평가에 있어 부분적으로 적합한 모형이다(김수현, 2005).

청소년활동현장에서 양적 평가의 예는 기관의 청소년수련활동 만족도 점수를 이
용해서 우수한 활동 프로그램을 선택하는 것이라든지, 지도사와 청소년과의 상호
작용에 대한 기준으로서 지도사의 지도 횟수 및 청소년의 참여 횟수 또는 추천에 대
한 긍정적인 정도를 나타내는 것이다. 양적 평가의 장점은 객관성이나 신뢰성을 보
장할 수 있고, 그 사용이 간편하고 용이하다는 장점이 있다. 그러나 특정 준거에 대
하여 구체적이고 측정 가능하며 수량화할 수 있는 경우에만 사용할 수 있다는 제한
점이 있다.

(2) 질적 평가

질적 평가는 현상적이고 해석적인 탐구의 전통을 따라 평가에 관련된 당사자들
의 상호 주관적인 이해에 바탕을 두고 교육현상을 사실적으로 기술하고 해석하는
평가 전략이다. 귀납적 논리발달과정을 강조하는데(Cummerton, 1986), 귀납(induce,
persuade)적 사고는 특수한 상황으로부터 합리적으로 사고하고, 합리적으로 사고한
개념을 보편적 상황으로 확대해서 적용하는 것을 의미한다.

질적 평가 분석방법은 프로그램이 어떻게 지각되고 경험되었는지에 관한 질문에

응답하고 참여자의 지각 및 경험과 프로그램 결과 간의 연결 가능성을 확인하기 위한 것이다. 특히나 프로그램의 성공 여부를 설명하고, 추가적인 긍정적 결과와 설계되지 않은 프로그램의 역효과(side effect)에 관한 고려 또는 그 목적이 서비스를 받는 참여자에게 최상의 것이었는지의 여부를 묻는다는 점 등에서 질적 분석방법은 중요하다. 이에 적합한 모형으로서는 탈목적 평가모형, 반응적 평가모형, 향상적 평가모형, 전통적 평가모형, 전문가 견해 평가모형, 반론지향 평가모형 등이 있다.

'탈목적 평가모형'은 논리적인 유추와 측정 가능한 목적지향 평가와는 대조적으로 사전에 진술된 목적에 제한받지 않음으로써 협소한 초점의 제한 없이 프로그램의 결과와 효율성에 대해 직접적으로 데이터를 수집할 수 있다는 점에서 질적 평가로서 적합하다. 왜냐하면 프로그램에 대한 기술과 직접적인 경험에 전적으로 의지하기 때문이다. '반응적 평가모형'은 평가자가 모든 단계를 관찰하여 프로그램, 참여자 그리고 사회적 환경에 관한 풍부한 이해를 수집함으로써 가치의 다원주의와 대안적 사고가 수용되고, 평가맥락이 중요하게 여겨지기 때문에 질적 평가로서 적합하다. '향상적 평가모형'은 진행 중인 프로그램의 향상에 초점을 두고 프로그램에 관한 의사결정을 보조하기 위한 평가적 기능을 강조한다는 점과 지속적인 의사소통을 가능하게 한다는 점, 그리고 프로그램의 사정과 동시에 직접적으로 개선에 기여할 수 있는 평가모형이라는 점에서 질적 평가로서 적합하다. 전통적 평가모형, 전문가 견해 평가모형, 반론지향 평가모형은 부분적으로 적합한 평가방법들이다. '전통적 평가모형'은 인지적인 편향에 의해 의도되어 평가한다. '반론지향 평가모형'은 관찰과 면담을 통한 데이터 수집을 통해서 평가 대상을 구체화하는 것 대신에 사전에 결정될 수 있는 답을 가지고 이를 지지하기 위한 증거를 찾는다. 마지막으로 '전문가 견해 평가모형'은 자료 데이터나 개인의 판단을 통해서 귀납적 평가가 아닌 연역적 평가가 이루어진다는 점에서 세 가지 모형은 부분적으로 적합한 모형이다(김수현, 2005).

청소년현장에서 질적 평가의 예는 핵심역량이나 창의력의 신장, 성취동기의 육성, 행복감 향상 등과 같은 경우의 정의적 특성에 관한 달성 정도나 수준을 알아보고자 하는 경우로 의미에 대한 인지 정도, 만족할 만한 정도, 바람직한 수준, 용납할 만한 수준, 완전하게 이해한 상태 등으로 표현한다. 질적 평가는 검사도구로 측정하여 수량화할 수 없는 경우에 활용함으로써 그들 특성의 달성 정도나 수준을 보다 상세하게 기술 또는 묘사할 수 있는 장점을 지닌다. 그러나 그 기준의 신뢰성 및 객관성을 보장받기 어렵고 그를 위해서는 보다 고도의 전문성이 요청되거나 그 자료수집에 비용과 시간 및 노력이 많이 요청된다는 단점이 있다.

(3) 양적 평가와 질적 평가의 비교

양적 평가와 질적 평가는 자료의 수집방법이나 분석방법에 있어 현저한 차이가 있으므로 교육현장에서는 평가의 목적에 따라 알맞은 방법을 적용해야 한다. 〈표 11-2〉는 이러한 양적 평가와 질적 평가를 비교하여 제시한 것이다(이종승, 1987).

표 11-2 프로그램 평가를 위한 질적·양적 평가방법의 특징

구분	양적 평가방법	질적 평가방법
가치의 역할	객관적	주관적
유형	연역적	귀납적
응답자에게 부과된 구조의 정도	높음	낮음
(개입의 또는 응답의) 조정 정도	높음	낮음
관찰을 위해 소모되는 시간 투입 정도	적음	많음
조사자와 주제 사이의 사회적 거리	높음(멀다)	낮음(가깝다)
조사자의 역할	기술자	주제와 관련된 동반자
수집된 자료의 특징	강성자료(hard data: 주로 수량화되어 있는 자료들, 예를 들어 숫자, 퍼센티지, 비율 등)	연성자료(soft data: 수량화되어 있지 않은 자료들, 예를 들어 문자, 단어, 사진, 상징 등)
평가의 강조	평가조사의 성과 또는 결과를 중시	평가조사의 과정을 중시

구분	양적 평가방법	질적 평가방법
평가조사방법의 유형들	단일사례 또는 단일집단조사 (사후조사, 사전-사후조사), 실험(experimental)조사, 준 실험조사	민속학적 조사(ethnograpic study) 또는 현장조사(field study), 사례조사
자료수집방법	설문조사: 구조화된 질문지를 이용	구조화되지 않은 공식적 인터뷰, 심층인터뷰, 열린 형태의 인터뷰 관찰

3) 프로그램 진행 경과에 따른 분류

프로그램 진행 경과에 따른 분류로 대표적인 것이 형성평가이다. 형성평가는 대상(청소년, 청소년지도사)을 향상시키려는 목적으로 행해지는 평가이다. 결과나 성과보다는 과정에 초점을 두고 이루어지는 평가이다. 청소년을 대상으로 할 경우 추가적인 프로그램이 필요한지를 알아볼 수 있고, 청소년지도사를 대상으로 할 경우 형성평가의 결과를 바탕으로 프로그램을 수정 및 보완할 수 있다. 예를 들어, 8회기 프로그램을 진행할 경우 회기별로 프로그램에 대한 참여자의 반응을 볼 수 있고, 진단이 필요한 경우 진단검사를 실시할 수 있다. 또는 내용을 이해하고 실천할 수 있는지의 여부에 따라 형성평가를 실시할 수 있다.

4) 프로그램 성과에 따른 분류

프로그램 성과에 따라 평가의 지표는 적절성, 노력도, 과정충실성, 효과성, 효율성 등을 평가하며, 이를 성과가 나타나는 시기에 따라 단기, 중기, 장기로 구분하기도 한다. 정책 및 프로그램 분석에서 볼 때 프로그램의 운영과 관련하여 평가는 몇 가지 중요한 기능을 발휘하고 있다. 그중에서 평가는 성과, 즉 공적 조치를 통하여 필요, 가치 및 기회가 실현된 정도인 성과에 대한 신뢰할 수 있고 타당한 정보를 제공하여 준다. 이러한 점에서 평가는 특정 목표와 특정 목적이 달성된 정도를 밝히게 된다(Dunn, 1994). 특히 청소년 프로그램 평가는 청소년의 성숙과 성장 변화에 어느 정도 효과가 있는지 효과성을 중심으로 평가해야 하고, 효율성과 노력도는 행정중심에 의해서 다루어지는 성과평가 접근이다.

02 청소년 프로그램 평가과정

1) 평가준비

프로그램을 평가하기 위해서는 평가자와 참여자의 역할 결정, 예산 등의 구조적 준비와 윤리적 고려, 평가결과 수용기준 설정 등의 사전 준비가 필요하다. 평가활동에 실제로 착수하기 전에 프로그램 평가와 관련된 문제를 확인하고, 여러 가지 조건을 고려해서 전반적인 평가계획 수립에 필요한 제반 여건을 마련한다. 특히 프로그램 평가를 위한 내외부 자문단을 구성하여 사전 및 사후에 자문을 받을 수도 있다.

2) 평가계획

평가를 계획할 때는 먼저 프로그램에 적합한 평가질문을 구성하는데 이때 기존의 평가질문을 활용하거나 신규 평가질문 문항을 개발할 수도 있다. 평가지표와 변인(변수)을 개발할 때도 기존 평가지표 검토 외에 문헌검토를 통해 평가를 설계한다.

평가지표 또는 변인(변수)의 측정수준은 명목 · 서열 · 등간 · 비율 척도를 이용한다. 평가 대상자의 인원수와 시기를 정하고, 평가자료는 1차자료(사전), 2차자료(사후), 측정자료 등을 이용할 수 있다. 평가계획서에는 평가의 분야, 기준, 방법과 기구, 절차, 일정 등을 상세하게 명시하여야 한다. 이러한 평가계획은 프로그램 개발의 첫 단계인 계획단계에서 미리 계획할 수 있다.

평가를 계획하고 실행하는 데 있어서 적절한 수단과 방법을 선택해야 한다. 프로그램 평가방법 결정 시 주요 고려요인을 검토하여 결정한다(〈표 11-3〉 참조).

표 11-3 평가방법 결정 시 주요 고려요인

구분	고려요인
자료수집방법	양적 자료 vs 질적 자료
분석방법	지표를 활용한 점수 계산방식 vs 전문가 감식안에 의존
진단 및 설문조사	프로그램 목적 달성 진단검사, 만족도 조사
평가주체	기관 자체평가 vs 외부 평가 활용의 정도
평가 대상 프로그램 특성	• 기본 프로그램 vs 순환 프로그램 vs 현안 프로그램 • 장기 프로그램 vs 중기 프로그램 vs 단기 프로그램

3) 평가결과의 분석과 보고

(1) 평가결과의 검증

평가를 실시한 후에는 평가결과가 프로그램으로 인한 효과인지 확실히 확인하기 위해 내적 타당성, 외적 타당성을 검증해야 한다. 이를 위해서 통제집단을 설정하지 않고, 개입 전후로 사전검사와 사후검사를 실행하는 사전–사후 실험설계, 비동일집단 사전–사후 실험설계, 비동일집단 사후 실험설계를 통해 평가를 실시하고, 통계분석을 통해 결과를 검증한다.

(2) 평가결과의 해석

평가결과를 해석할 때는 프로그램의 목적 달성도, 규정이나 윤리적 원칙 위반 여부, 청소년 대상자들의 욕구 충족 및 불만 감소, 가치 있는 성과, 프로그램의 성공이나 실패 등을 판단할 수 있는 기준, 다른 프로그램과의 비교 등에 대한 내용을 포함해야 한다.

최종적인 평가적 판단에서는 해당 평가활동에서 적용한 가치 주장과 가치 추론 방식을 중시하는 동시에 평가목적을 고려하여 그에 적합한 판단을 내릴 수 있도록 하고, 각 준거마다 판단과 준거 전반에 걸친 종합적인 판단을 동시에 내려야 한다.

이처럼 평가의 결과 및 해석은 평가 상황과 그 평가에서 적용한 가치 주장 및 가치 추론 형식 등을 고려해야 한다. 동시에 평가목적에 입각한 평가준거와 그 판단이

보다 합리적이고 정당한지, 판단 결과가 객관적이고 타당한 결과인지를 해석하고 서술해야 한다.

(3) 평가보고서 작성

평가결과를 정확하게 해석하고 판단하고 활용하기 위해서는 평가보고서를 작성해야 한다. 평가보고서는 평가결과뿐만 아니라 평가 과정을 자세히 기술해야 한다. 평가보고서를 어떠한 형식으로 작성할 것인지, 누구를 대상으로 배포할 것인지 등은 평가계획 단계에서 미리 결정해야 한다.

표 11-4 평가보고서에 포함되어야 할 내용

구분	포함되어야 할 내용
요약	• 프로그램과 평가의 개요 / 주요 결과, 결론, 제언
서론	• 평가목적 • 평가를 위한 이론적 개념 • 프로그램과 참가자에 대한 설명(직원, 장비나 물품, 활동, 과정 등 포함) • 목표와 목적 • 평가질문
방법/과정	• 평가설계 • 모집단 • 평가도구 • 표본추출과정 • 자료수집과정 • 예비연구과정 • 치료분석과정
결과	• 데이터 분석을 통한 결과 설명 • 평가질문에 대한 답변 • 특정 주제 • 결과에 관한 도표와 그래프
결론 및 제언	• 결과 해석 • 프로그램 효과에 관한 결론 • 제한점 • 제언

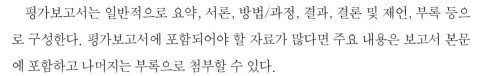

평가보고서는 일반적으로 요약, 서론, 방법/과정, 결과, 결론 및 제언, 부록 등으로 구성한다. 평가보고서에 포함되어야 할 자료가 많다면 주요 내용은 보고서 본문에 포함하고 나머지는 부록으로 첨부할 수 있다.

평가결과를 효과적으로 나타내는 방법은 보고서를 읽는 사람이 평가결과를 분명하고 간결하게 이해하기 위해서이므로 표와 그래프를 활용하는 것이 좋다. 평가결과를 나타내는 표와 그래프가 평가보고서의 주요 내용이 될 수도 있다. 특히 그래프는 다른 결과와 해당 결과를 비교할 때 유용하다. 지속적인 운영 프로그램일 경우 평가결과를 연도별로 제시하는 것도 바람직하다. 다음은 평가결과 작성에 대한 지침을 설명한 것이다.

평가결과 작성 지침

1. 수치가 포함된 자료를 발표할 때는 가능하면 그림이나 그래프를 사용한다.

2. 그림과 그래프를 중심으로 결과를 작성한다.

3. 그림과 그래프로 모든 것을 설명할 수 있도록 한다.

4. 각 그림과 그래프에 대한 중요한 사항은 본문에 별도로 기술한다.

5. 만약 질적 자료와 양적 자료를 모두 사용하여 평가하였다면 양적 자료는 표와 그래프로 나타내고, 질적 자료는 직접적인 인용, 설명, 그림 등으로 나타낸다.

6. 목표 대비, 전년도 대비, 타 기관 대비 등 비교를 통해서 평가결과를 작성한다.

7. 평가보고서 초안을 완성한 후 먼저 다음 사항을 점검한다.

   −그림의 제목만으로 그림을 예상할 수 있는가? 그래프, 그림, 표를 이해할 수 있는가?

   −그래프와 표에서 나타내는 통계에서 대상 수를 적었는가?

   −그래프와 표에서 나타내는 단위를 기입했는가?

---

4) 평가결과 확인

(1) 평가결과의 피드백

평가결과는 프로그램의 목적 달성과 성과평가를 통해 프로그램의 효과성을 타진해 보는 자료로 활용할 수 있다. 부차적으로는 피드백을 통해 프로그램을 개선하는 근거자료로도 활용할 수 있다. 또한 프로그램 진행 전문가(청소년지도사)의 교육과 지원, 프로그램 우선순위 결정에 활용하며 우수사례 보급 및 확산에도 기여할 수 있다. 특히 청소년들의 관심을 집중시킬 때에도 활용할 수 있다.

(2) 평가결과 발표

평가결과 발표는 청소년 및 청소년전문가가 원활한 의사소통과 투명성을 확보하기 위한 것이다. 그러므로 청소년과 청소년전문가의 입장에서 발표를 준비해야 한다. 평가결과에 관심 있는 사람들의 다양한 입장에서 나올 수 있는 반응과 질문을 예상하고 미리 준비해야 하며, 평가결과가 목표 미달성 및 성과 부진으로 나타날 수 있는 부정적인 반응을 대비하는 준비가 필요하다. 평가결과 발표 형식은 보고서, 잡지기사, 보도자료, 구두발표, 언론컨퍼런스 또는 워크숍과 같은 여러 가지 방법이 있다. 요구와 프로그램의 특성을 고려하여 어떤 방법으로 발표할지를 기관 특성에 맞게 결정한다.

또한 청소년과 청소년전문가 외에 주요 이해관계자, 정책결정자, 관련 실무자들과 지역사회 주민에 의해 이해되고 확산되어야 한다. 평가결과의 보급이란 평가에서 발견된 사항을 일정 범위의 관계자들이 활용할 수 있도록 하는 일련의 활동을 말하며, 평가결과를 보급하는 것은 평가를 수행한 사람들의 책임이다.

5) 프로그램 평가결과 활용

프로그램이 가치 있게 평가되었는지는 평가결과의 활용과 반영 여부로 판단할 수 있다. 평가결과 활용이란 '평가결과를 통해 프로그램의 조정과 구체적인 의사결정에 즉각적이고, 구체적이며, 관찰 가능하고, 직접적인 영향을 미치는 것'이라는 비교적 협소한 의미로 정의하였다(Patton, Grims, Guthrie, Brennan, French, & Blyth, 1977). 평가결과 활용의 필요조건은 변화이다. 즉, 평가결과 활용은 "머지않아 영향을 미치게 될 특정 문제에 관해 평가 정보를 적용함으로써 발생하게 되는 목적성이 있고 계획된 결과"이다(Alkin, 1985). 이후의 연구들은 평가결과 활용을 보다 포괄적으로 정의 내리고 있다. 65개의 경험 연구를 검토한 결과, 평가결과 활용이란 구체적 의사결정을 지원하는 것과 의사결정자들의 학습을 유발하는 것의 두 가지 개념을 갖는다는 결론을 제시하였다(Cousins & Leithwood, 1986). 평가결과의 활용을 '잠재적으로 어떤 행위를 수반하게 되는 개인의 평가 정보에 관한 의도적인 숙고'로 정의한다. 이러한 정의는 평가가 의사결정을 내리거나 어떤 행동을 취하는 데 영향을 미치는 다양한 요인 가운데 하나라는 것을 의미한다(King & Pechman, 1982).

이러한 연구자들의 정의를 통해서 평가결과는 두 가지 차원의 입장으로 나눌 수 있다. 첫째, 평가결과가 직접적으로 활용되어 나타나는 결과물로 인식하는 입장과, 둘째, 평가결과의 활용을 위해 의사소통을 하는 과정 또는 특정한 의사결정 지원이나 의사결정자를 교육하는 것이라는 입장으로 나눌 수 있다. 후자의 입장이 전자보다는 광범위하다고 할 수 있는데, 최근에는 후자의 입장에서 평가결과 활용이 더 활발히 이루어지고 있다(Thompson, 1994: 박소연, 2005 재인용). 따라서 평가결과는 프로그램의 의사결정과정을 지원하는 데 더 많이 이용되고 있다.

평가결과는 프로그램의 개선과 차기 프로그램의 기획에 도움이 될 뿐만 아니라 기관 및 프로그램 운영에 폭넓게 활용될 수 있다. 또한 평가가 충분한 숙고를 통해 이루어졌고 진정으로 그 결과를 고민하였다면 평가결과를 활용하는 것이 합리적이다. 그러나 프로그램 평가결과 활용에 영향을 미치는 변인으로 의사소통, 의사결정의 적절성, 정치적 상황, 평가 활용자의 개인적 특성, 그리고 프로그램 평가의 질 등이 있음을 지적하였다(박소연, 2009; Turnbull, 1999). 이러한 연구들은 프로그램 평가결과 활용에 영향을 미치는 요인을 살펴봄으로써 평가결과 활용을 제고하기 위한 시사점을 모색하였다는 데 그 의의가 있다.

프로그램 평가결과 활용에 영향을 미치는 요인은 크게 평가요인과 상황·맥락요인으로 분류할 수 있다. 평가요인은 평가 자체에 대한 것으로 수집된 자료와 정보가 보고된 방식, 평가자의 특성 등 평가의 제반 활동 요소를 포함한다. 이에 속하는 주요 변인으로는 평가가 이루어지는 방식, 평가결과의 내용, 평가보고, 평가자 등이다. 상황·맥락요인은 평가가 수행된 특정 상황을 의미하며, 평가에 대한 재정적 압박, 평가 프로젝트의 기간, 평가 대상에 관한 정치적·사회적 풍토를 포함한다. 이에 속하는 주요 변인으로는 의사결정의 형태, 의사소통의 질, 정치적 풍토, 활용자의 개인적 특성, 활용자의 관심과 의지 등이 있다. 이러한 관점에 따라 프로그램 평가결과 활용에 영향을 미치는 다양한 요인을 〈표 11-5〉와 같이 정리할 수 있다.

〈표 11-5〉에서는 제시하고 있지 않지만 평가결과 활용은 조직 내 공식적 또는 비공식적 제도인 제도적·환경적 규칙에 의해서 결정되기도 한다. 그러므로 조직 내 활용을 조정하는 인센티브 시스템(보상제도) 등 제도적 장치나 평가결과 활용에 우호적인 리더십 등 조직구조 존재 여부가 중요하다. 아울러 이를 뒷받침할 증거에 기반을 둔 과학적 방법에 의한 조사과정 및 평가결과의 질 또한 중요한 요인으로 간주되어야 한다(Connors & Magilvy, 2011).

표 11-5 프로그램 평가결과 활용에 영향을 미치는 요인

구분	주요 변인	세부 변인
평가요인	평가가 이루어진 방식	• 평가의 신뢰성 • 평가의 초점 범위 • 평가의 접근 • 활용된 평가모형 • 정보의 출처 및 자료수집방법의 다양성 • 평가의 질 • 평가의 적시성 • 평가의 정확성, 정당성
	평가결과의 내용	• 평가결과의 정보성 • 평가결과와 의사결정자의 기대의 일치 여부 • 경쟁력 있는 부가적 정보 • 정보의 신뢰성 • 평가결과의 내용
	평가보고	• 평가의 사실적·비기술적 표현 정도 • 보고서의 신뢰성 • 보고서의 실질성 • 보고서의 적시성 • 보고서 양식 • 보고서의 유포 및 관련 활동

구분	주요 변인	세부 변인
평가요인	평가자	• 평가자의 신뢰성 • 평가자의 명성 • 평가자의 프로그램 이해 • 평가의 활용에 대한 평가자의 부탁
상황 · 맥락요인	의사결정의 형태	• 의사결정의 맥락 • 의사결정의 특징 • 의사결정
	의사소통의 질	• 평가결과의 의사소통 • 의사결정자와 평가자 사이의 의사소통 • 평가자와 이해관계자 간의 의사소통의 질
	정치적 풍토	• 조직 내 정치 풍토 • 정치적 상황
	활용자의 개인적 특성	• 정보 전달 스타일 • 개방성 • 효능감
	활용자의 관심과 의지	• 의사결정자의 요구 • 의사결정자의 정보 활용 조력 • 평가에 대한 관심 • 이해관계자의 피드백 • 활용자의 정보 요구 • 활용자의 참여와 지지 • 활용자의 평가기획에의 참여 • 활용자의 몰입

*출처: 김대영(2012).

6) 프로그램 평가의 자체평가

평가과정 자체에 대한 평가도 중요하다. 추구하는 목표가 제대로 달성되었음에도 불구하고 평가과정이 잘못되어 마치 목표가 달성되지 않은 것처럼 평가될 수 있다. 평가목표의 설정에서 평가결과 활용에 이르기까지 평가활동의 전 과정을 총괄적으로 평가하여 평가활동의 타당성, 적합성, 신뢰성, 객관성 등을 검증하게 된다.

평가의 자체평가와 프로그램 평가의 의미를 염두에 두어야 한다. 평가 현실에서 프로그램 평가는 자체평가의 내실화를 전제로 설득력 있는 평가결과를 도출할 수 있을 것이다. 이를 위해서 자체평가를 활성화시키고 자체평가의 올바른 방향을 유도할 수 있는 평가지표를 제시할 수 있어야 한다. 자체평가는 프로그램 평가가 제대로 수행되고 있는지에 주안점을 두고 평가방향을 정해 줌으로써 공통적으로 적용될 수 있는 기본적인 사항들을 매뉴얼화하여 가이드라인을 제시해 주고, 독려하는 역할을 수행해야 할 것이다(한국청소년개발원, 2005).

03 청소년 프로그램 평가자의 역할

평가가 대상의 가치를 확인하고 판단하는 총체적인 활동이며 평가자는 이러한 평가를 수행하는 주체를 의미한다(OECD 정부혁신아시아센터, 2006). 평가자의 역할은 상황에 따라 통계처리자, 연구자, 기능인, 조정 및 통합자, 의사결정자의 역할을 유연하고 다양하게 수행하게 된다(Borich & Jemelka, 1982). 평가자는 목적과 내용 및 복합적인 상황을 고려하여 다양하게 분류될 수 있다. 내부 평가자와 외부 평가자, 평가 전문가와 특정업무 전문가, 전일제 평가자와 시간제 평가자, 개인 평가자와 평가팀으로 분류될 수 있다(배호순, 2008).

1) 평가자의 업무와 능력

평가의 성패를 가장 크게 좌우하는 요인은 평가자의 자질이라고 해도 과언이 아닐 것이다. 그것은 평가의 본질적인 특성 면에서 볼 때, 평가자는 매우 다양한 전문적인 활동을 수행할 것이 요청되기 때문이다. 평가 요구의 발생으로부터 평가보고서 작성에 이르기까지 평가자는 매우 다양한 업무를 수행해야만 하기 때문에 평가자의 능력과 자질이 평가활동의 질을 크게 좌우한다고 할 수 있다. 따라서 평가자가 어떤 능력과 기술을 취득하고 있느냐에 따라 그리고 어떤 역할을 담당하고 어떤 업무를 책임지느냐에 따라 평가활동의 수준과 양상이 크게 달라질 수 있다(한국청소년

개발원, 2005).

평가자가 평가활동을 수행하는 과정에서 책임져야 할 업무는 평가 접근방식 및 모형의 선정, 평가의 설계 및 계획, 자료수집도구의 제작 및 선정, 자료수집활동, 자료의 처리 및 분석, 평가 준거 및 기준의 설정, 수집된 근거자료에 의거한 판단활동, 보고서의 작성, 평가결과의 보고, 평가 수혜자 및 요구자와의 협상, 평가계약의 수립, 평가활동의 전개 및 운영 등이다(Brinkerhoff, Brethower, Nowakowski, & Hluchyj, 1983).

2) 평가자로서의 역할

평가자가 어떤 역할을 해야만 바람직한가에 대해서는 보편타당한 관점이 존재하지 않는다. 평가자가 필수적으로 갖추어야 할 능력과 자질, 그리고 그에 관련하여 기본적으로 수행해야 할 역할을 정리하면 크게 네 가지로 나눌 수 있다. 전문적 역할, 대인관계적 역할, 행정적 역할, 사회 · 정치적 역할이다(한국청소년개발원, 2005).

(1) 전문적 역할
평가자가 평가 수행에 필요한 전문적인 지식과 기능을 바탕으로 독자적으로 평가계획을 수립하고, 평가 준거를 설정하여 자료를 수행하고 그것을 분석처리하며, 그로부터 평가자료를 추출하며 평가기준을 결정하는 등의 평가방법론을 중심으로 하는 전문적인 기능을 말한다.

(2) 대인관계적 역할
평가자가 평가 의뢰자와 의사결정권자를 대상으로 필요한 인간관계를 유지하고 평가를 수행하기 위하여 필요한 인간관계 유지에 필요한 역할을 의미한다. 이것은 평가를 수행하기 위해서 필수적으로 요청되는 평가 구성 활동으로서 평가 요구자 및 평가 관련자와의 의사소통, 대중과의 관계유지, 상황적 지도력, 평가팀 형성 및 운영 능력, 갈등상태의 해결, 평가 요구자 및 평가 관련자와의 적절한 인간관계 유지능력 등을 포괄하고 있다.

(3) 행정적 역할

평가의 수행 및 관리에 관한 기능으로 평가 수행상 필수적으로 요청되는 평가과정활동을 중심으로 하여 평가활동을 계약하고, 계획을 수립하고, 협상하는 역할을 의미한다. 평가 과정에 수반되는 예산을 책정하고 집행하며, 제반 평가활동을 기획, 집행 및 관리하는 역할을 의미한다.

(4) 사회·정치적 역할

평가를 발주하고 기획하며 수행하기 위해서 필요한 의사결정을 내리고 평가 자체를 전개하고 수행하는 데에 초점을 둔 평가자의 역할을 의미한다. 이때 평가자는 평가의 사회·정치적 맥락과 조직적 상황을 고려하여 적합한 평가과정을 수행하고 전개하는 역할을 말한다.

평가자의 역할 외에 평가자가 갖추어야 할 역량을 〈표 11-6〉에 제시하였다. 프로그램 평가자 역량에 대한 본격적인 연구는 미국과 캐나다에서 전문가 자격제도 도입을 위해 시작되었다(변지나·정서현, 2020). 청소년 전문가는 청소년에 대한 이해, 프로그램 개발과 운영, 지도력도 매우 중요하지만, 프로그램의 품질을 위해 전문가로서 평가역량을 체계적으로 개발할 필요가 있다.

표 11-6 **프로그램 평가자의 역량**

영역	역량
1. 전문 실무	1.1. 평가 실무 가이드라인 적용 1.2. 윤리적인 행동 1.3. 잠재 평가 의뢰자에게 평가 접근방식 및 기술 전달 1.4. 평가 의뢰자, 응답자 및 프로그램 참여자 존중 1.5. 평가 중 일반적이고 공적인 복지 고려 1.6. 평가 지식 기반에 기여

영역	역량
2. 체계적 조사	2.1. 평가 지식 기반을 이해 2.2. 양적 방법론에 대한 지식 2.3. 질적 방법론에 대한 지식 2.4. 혼합 방법론에 대한 지식 2.5. 문헌 조사 수행 2.6. 프로그램 이론 구체화 2.7. 평가질문 설계 2.8. 평가 설계 2.9. 데이터 출처 식별 2.10. 데이터 수집 2.11. 데이터 타당도 측정 2.12. 데이터 신뢰도 측정 2.13. 데이터 분석 2.14. 데이터 해석 2.15. 결론 도출 2.16. 제언 도출 2.17. 평가 전반에 걸쳐 결론의 근거 제공 2.18. 평가 절차 및 결과 보고 2.19. 평가 강점과 한계점 명시 2.20. 메타평가 수행
3. 상황 분석	3.1. 프로그램 설명(묘사) 3.2. 프로그램 평가성 결정 3.3. 이해관계자들의 관심사 식별 3.4. 평가 사용자들이 요구하는 정보제공 3.5. 갈등해결 3.6. 평가의 조직적인 상황(맥락) 조사 3.7. 평가와 관련된 정치적 고려사항 분석 3.8. 평가활용 문제(이슈)에 참여 3.9. 조직적 변화 이슈에 참여 3.10. 평가 대상지 및 평가 의뢰자의 독특한 점을 존중 3.11. 다른 사람의 의견을 공개적으로 개방 3.12. 필요에 따라 연구 수정

영역	역량
4. 평가 프로젝트 관리	4.1. 제안요청서의 요구에 부응
	4.2. 평가 시작 전 평가 의뢰자와 협상
	4.3. 공식 계약서 작성
	4.4. 평가 전반에 걸쳐 평가 의뢰자와의 의사소통
	4.5. 평가 예산 수립
	4.6. 구해야 하는 정보 비용 정당화
	4.7. 정보, 전문가, 인적자원, 도구 등 평가에 필요한 자원 판단
	4.8. 적절한 기술 사용
	4.9. 평가 팀원 관리 감독
	4.10. 평가 팀원 훈련
	4.11. 분쟁을 일으키지 않으며 평가 수행
	4.12. 적시에 과업 완료
5. 자기성찰	5.1. 평가자로서 자기인식(지식, 기술, 성향)
	5.2. 개인 평가 실무에 대한 성찰(역량 및 성장)
	5.3. 평가 전문성 개발 추구
	5.4. 관련 섹터 영역에서 전문성 개발 추구
	5.5. 평가 실무 향상을 위한 전문적인 관계 구축
6. 대인관계	6.1. 서면 의사소통 사용
	6.2. 구두/듣기 의사소통 사용
	6.3. 협상기술 사용
	6.4. 갈등 해결기술 사용
	6.5. 건설적인 대인 상호작용 촉진(팀워크, 그룹 촉진, 처리)
	6.6. 범문화역량 입증

*출처: Stevahn et al. (2005).

1. 청소년 프로그램 평가는 프로그램의 진단과 해결방안 모색, 프로그램 활동의 촉진, 프로그램 과정의 개선, 프로그램에 대한 환류, 프로그램 성공 여부의 판단, 프로그램 관리 감시, 의사결정 및 프로그램 계획을 위한 정보제공, 프로그램 결과의 활용 등 프로그램 전 과정에서 필요하다.

2. 청소년 프로그램 평가분류는 평가주체에 따라 내부평가와 외부평가로 평가자료에 따라 양적 평가, 질적 평가로 프로그램 진행 경과에 따라 형성평가, 종합평가로, 프로그램 성과에 따라 사업의 적절성과 타당성, 사업을 위한 노력, 사업 수행 과정, 사업 실적, 결과, 효과와 효율 등으로 분류할 수 있다.

3. 프로그램 평가결과는 프로그램의 목적달성 여부와 성과평가를 통해 프로그램의 효과성을 타진해 보는 자료로 활용할 수 있다. 또한 부차적으로는 피드백을 통해 프로그램을 개선하는 근거자료로도 활용할 수 있다.

4. 프로그램 평가결과 활용은 조직 내 공식적 또는 비공식적 제도인 제도적·환경적 규칙에 의해서 결정되기도 한다. 그러므로 조직 내 활용을 조정하는 인센티브 시스템(보상제도) 등 제도적 장치나 평가결과 활용에 우호적인 리더십 등 조직구조 존재 여부가 중요하다.

5. 프로그램 평가과정 자체에 대한 평가도 중요하므로 평가목표의 설정에서 평가결과 활용에 이르기까지 평가활동의 전 과정을 총괄적으로 평가하여 평가활동의 타당성, 적합성, 신뢰성, 객관성 등을 검증하게 된다.

6. 청소년 프로그램 평가자가 필수적으로 갖추어야 할 능력과 자질, 그리고 그에 관련하여 기본적으로 수행해야 할 역할을 정리하면 크게 네 가지로 나눌 수 있다. 전문적 역할, 대인관계적 역할, 행정적 역할, 사회·정치적 역할이다.

 참고문헌

OECD 정부혁신아시아센터(2006). 정책결정과정의 시민참여 어떻게 평가할 것인가?-평가지표 및 기법, 활용방안을 중심으로. 서울: OECD정부혁신아시아센터.

김대영(2012). 논리 지향 프로그램 평가 실행 수준과 평가결과 활용의 관계에 대한 JCSEE 프로그램 평가 표준 적용의 조절 효과-중소기업 구조화된 현장 훈련(SOJT) 프로그램을 중심으로. 인하대학교 대학원 박사학위논문.

김선남(1990). 개인, 관계, 전체수준의 계열적 개입을 통한 가족상담의 일 모형. 계명대학교 대학원 박사학위논문.

김수현(2005). 가족생활교육 프로그램 평가도구의 개발과 적용: 부부교육 프로그램을 중심으로. 이화여자대학교 대학원 박사학위논문.

박소연(2005). 기업의 조직풍토가 프로그램 평가결과 활용에 미치는 영향. 인력개발원, 7(2), 27-46.

박소연(2009). HRD 프로그램 평가의 질이 평가결과 활용에 미치는 영향. 인력개발연구, 11(2), 27-47.

배을규(2009). 인적자원개발론. 서울: 학이시습.

배호순(2008). 교육프로그램 평가론. 서울: 원미사.

변지나 · 정서현(2020). 개발 프로그램 평가자 역량 기준 마련을 위한 해외 사례 및 국내 적용 현황 분석. Journal of International Development Cooperation, 15(1), 23-48.

이종승(1987). 학문적 생애와 교육평가관. 교육평가연구, 2(1), 9-26.

한국가족관계학회 편(1998). 가족생활교육: 이론 및 프로그램. 서울: 하우.

한국청소년개발원(2005). 청소년활동 프로그램 평가시스템 개발 및 운영방안 연구. 서울: 한국청소년개발원.

Alkin, M. C. (1985). *A guide for evaluation decision makers*. Beverly Hills: Sage Publications.

Borich, G. D., & Jemelka, R. P. (1982). *Programs and systems: An evaluation perspective*. NY: Academic press.

Brinkerhoff, R. O., Brethower, D. M., Nowakowski, J., & Hluchyj, T. (1983). *Program Evaluation: A practitioner's Guide for Trainers and Educators*. Boston: Kluwer-Nijhoff Pub.

Connors, S. C., & Magilvy, J. K. (2011). Assessing vital signs: Applying two participatory evaluation frameworks to the evaluation of a college of nursing. *Evaluation and Program Planning, 34*, 79-80.

Cousins, J. B., & Leithwood, K. B. (1986). Current empirical research on evaluation utilization. *Review of Educational Research, 56*, 331-364.

Cummerton, J. (1986). A feminist perspective on research. In N. Van Den Bergn & Lyn Cooper(Editors), *Feminist Visions For Social Work*.

Dunn, W, N. (1994). *Public Policy Analysis: An Introduction*. Prentice Hall.

King, J. A., & Pechman, E. (1982). *The process of evaluation use in local school setting: Final report*. New Orleans, LA: New Orleans Public Schools.

Patton, M., Grims, P., Guthrie, L., Brennan, N., French, B., & Blyth, D. (1977). In search of impact: An analysis of the utilization of federal health evaluation research. In T. D. Cook (Ed.), *Evaluation studies review annual, 3*, 59-80.

Patton, Q. M. (1997). *Utilization Focused Evaluation: The New Century Text* (3rd ed.). London: Sage Publications.

Royse, D., Thyer, B. A., Padgett, D. K., & Logan, T. K. (2001). *Program evaluation: An introduction* (3rd ed). Belmont, CA: Wadsworth, Brooks/Cole.

Stevahn, L., King, J. A., Ghere, G., & Minnema, J. (2005). Establishing essential competencies for program evaluators. *American Journal of Evaluation, 26*(1), 43-59.

Turnbull, B. (1999). The mediating effect of participation efficacy on evaluation use. *Evaluation and Program Planning, 22*, 131-140.

제12장

청소년 프로그램 개발 사례

학습개요

　　청소년 프로그램은 청소년지도사와 청소년시설의 존립 및 운영에 가장 중요한 요소이자 청소년의 긍정적 성장을 위해 반드시 필요한 수단이다. 특히 창의적 체험활동, 자유학기제, 단체활동, 수련활동 등 필수 체험활동으로 자리 잡은 청소년 프로그램은 청소년의 내적 역량을 강화하고, 미래사회를 주도할 수 있는 힘을 갖추도록 이끈다. 청소년 프로그램을 개발하기 위해서는 (예비) 청소년지도사들이 다양한 청소년 프로그램을 직접 경험해 보거나 또는 사례를 통해 간접적으로 경험하는 것이 필요하다.

　　이 장에서는 청소년수련활동인증 프로그램 및 여성가족부 공모 프로그램 사례와 코로나19 상황에 따른 비대면 프로그램 사례를 중심으로 살펴보고자 한다.

01 청소년수련활동인증 프로그램

1) 청소년수련활동인증제

국가 및 지방자치단체 또는 개인·법인·단체 등이 실시하고자 하는 청소년활동에 대해 프로그램, 지도력, 활동환경 등이 일정한 기준을 갖추었음을 심사하여 인증하고 인증수련활동에 참여한 청소년의 활동기록을 유지·관리·제공하는 국가인증제도이다.

2) 청소년수련활동인증 프로그램 사례[1]

(1) 놀이가 답이다

- 인증번호: 제8608호
- 운영기관: 안덕청소년문화의집
- 활동유형: 기본형(3회기)

구분	내용
기관 소개	안덕청소년문화의집은 천혜의 자연환경과 어우러진 다양한 관광자원을 가지고 있는 문화의 고장 서귀포시 안덕면에 위치하고 있다. 농어촌 지역 청소년들을 위한 건전한 문화 공간, 만남과 휴식의 공간, 정보의 공간으로 청소년이 꿈과 희망을 키울 수 있는 행복한 환경을 조성하기 위해 노력하고 있다. 또한 소외되기 쉬운 농어촌 청소년들에게 맞춤형 서비스 제공 등 다양한 청소년활동을 지원하고 있다.

---

1) 여성가족부·한국청소년활동진흥원·청소년수련활동인증위원회(2019)의 '2019 청소년수련활동인증제 우수 인증수련활동 사례집'에서 일부 발췌하여 요약·정리하였다. 지면의 사정으로 내용의 일부만을 제시하였다.

프로그램의 목적	전래놀이를 통하여 자아존중감과 자아정체성을 확립하고, 자신과 타인의 다름을 이해하며, 또래관계에 대한 바람직한 가치관과 대인관계 기술을 습득하여 공동체 의식을 함양하고, 신체적 활동을 통해 건강한 성장에 기여할 수 있도록 한다.
프로그램의 목표	• 전래놀이를 이해할 수 있다. • 선조들의 지혜와 삶을 이해하고 배울 수 있다. • 전래놀이를 통해 자신을 사랑하고 타인을 존중하며 자아존중감과 정체성을 확립할 수 있다. • 놀이를 통해 건강한 신체활동을 증진할 수 있다. • 놀이를 통해 사회적 관계 형성을 함으로써 건강한 인격체로 성장할 수 있다.
프로그램 개요	• 기간: 3회기 • 인원: 15명 • 비용: 무료 • 대상: 초등학생 • 장소: 안덕청소년문화의집

• 프로그램 개요
• 활동 일정표

구분	시간	소요시간	세부 내용
1회기	15:00~15:20	20분	프로그램 오리엔테이션 및 안전교육
	15:20~17:00	100분	놀이문화의 이해
2회기	15:00~17:00	120분	몸으로 놀아요
3회기	15:00~16:40	100분	두뇌놀이
	16:40~17:00	20분	마무리 및 평가 설문지

• 단위 프로그램 세부 내용

단위 프로그램명	세부 내용
프로그램 오리엔테이션 및 안전교육	• 사전설문지 작성 • 인증제도 설명 및 안전교육 실시
놀이문화의 이해	• 놀이의 종류와 유래 이야기 • 빙글빙글 팽이 놀이
몸으로 놀아요	• 몸으로 놀아요(술래잡기, 무궁화 꽃이 피었습니다, 달팽이 놀이) • 못 잡기 놀이
두뇌놀이	• 고누 놀이 • 산가지 놀이 • 실뜨기 놀이
마무리 및 평가 설문지	• 활동영상 감상 • 사후설문지 작성

• 인증수련활동

구분	내용
인증수련활동 기획의도	청소년들이 직접 만들고 활동할 수 있는 놀이를 통해서 사라져 가는 우리의 전통놀이를 되살릴 뿐만 아니라 여가시간을 활용할 수 있는 장을 만들어 주고 싶었으며 지역사회에 우리의 전통놀이를 청소년들의 놀이로 보급하고자 하였다.
인증수련활동을 개발할 때 고려하는 것	지역의 특성과 청소년의 특성을 우선 생각한다. 설문조사 결과, 청소년들은 정적인 프로그램보다는 동적인 프로그램을 원하고, 스트레스를 풀 수 있는 활동(야구, 축구 등)을 많이 선호하는 것으로 나타났다. 하지만 청소년문화의집 특성상 운영하기가 어려운 점이 있어서 실내에서 활동하면서 신체운동도 하고 팀워크와 자기개발을 할 수 있는 프로그램을 구상했다.
안전과 관련하여 특히 신경 쓰는 것	• 사전에 문자알림서비스를 통해 활동에 맞는 옷과 신발을 신고 오도록 공지한다. • 안전교육 시 비상대피로는 물론 실내활동 시 주의할 점에 대해 숙지하고, 화재 시 대피요령에 대해 확인한다. • 인증 프로그램 실시 전에 제주특별자치도청소년활동진흥센터와 수시로 소통하면서 안전한 프로그램 운영을 위해 노력한다.

02 여성가족부 공모 프로그램

여성가족부의 청소년 프로그램은 다양하다. 청소년 공모사업은 활동(학교 연계 청소년활동, 청소년 젠더 프로그램, 사회적 역량 개발), 참여(청소년 사회참여 활성화), 보호(청소년 유해환경 개선) 분야로 구분하여 프로그램을 공모한다. 이 외에도 청소년 수련활동인증 프로그램, 청소년 자기주도형 봉사활동 프로그램이 신청과 공모를 통해 이루어진다. 이 장에서는 청소년 자기주도형 봉사활동 프로그램 중심으로 살펴보고자 한다.

1) 청소년 자기주도형 봉사활동의 개념[2]

(1) 청소년 자기주도형 봉사활동의 정의

청소년 자기주도형 봉사활동은 봉사활동의 한 형태로서 '청소년이 주도적으로 지역사회의 문제점을 조사 · 분석하고, 해결방안으로 봉사활동 프로그램을 스스로 계획하여 실행 · 평가까지 하는 청소년 주도적 자원봉사활동'이다. 여기서는 '청소년이 지역사회에 관심을 갖고 자신의 재능을 활용하여 문제 해결 및 개선을 위해 스스로 활동의 목표와 방법을 정하고 이를 실행하는 봉사활동'이라고 정의한다.

(2) 청소년이 스스로 기획하는 봉사활동

자기주도형 봉사활동은 봉사활동이라는 프로젝트를 스스로 기획해서 실행하는 과정이기 때문에 '프로젝트 기반 활동'이라고 한다. 자기주도형 봉사활동은 준비 단계가 봉사활동의 실행 단계만큼 중요하다. 자기주도형 봉사활동에서는 활동의 목표와 방법도 청소년이 결정하고, 봉사활동에 필요한 도구와 아이템 준비도 청소년이 직접 결정하며, 지도자는 이를 지원하고 가이드하는 역할을 한다. 활동의 평가에

---

2) 여성가족부 · 한국청소년활동진흥원(2018)의 '청소년 자기주도형 봉사활동 매뉴얼(지도자용, 청소년용)'에서 일부 발췌하여 정리하였다.

서도 청소년들이 사전에 정한 목표를 얼마나 달성했는지를 스스로 확인하도록 한다. 자기주도형 봉사활동은 다른 봉사활동과 마찬가지로 청소년 개인 단위뿐만 아니라 청소년이 포함된 가족 또는 동아리, 단체 등 다양한 형태로 참여할 수 있다.

(3) 내 주변을 돌아보며 만들어 가는 봉사활동

자기주도형 봉사활동은 일반적인 '봉사활동'으로서의 성격과 참여자가 주도적으로 기획하고 실행하는 '프로젝트'의 성격을 모두 가지고 있다. 기존의 봉사활동이 청소년활동센터와 같은 기관이나 시설에서 미리 기획하고 준비해 놓은 프로그램을 선택하는 방식으로 진행되는 반면, 자기주도형 봉사활동은 활동의 목적과 수단, 실행방법을 청소년들이 스스로 기획하고 실행한다는 점에서 가장 큰 차이가 있다.

따라서 자기주도형 봉사활동은 활동의 목표 설정부터 내 주변에 대한 관심이나 문제의식을 바탕으로 시작할 수 있다. 활동의 목표를 정하기 위해서는 주변 환경, 즉 내가 사는 동네(지역) 또는 소속된 곳에서 어떤 봉사활동이 필요한지를 찾아야 한다.

(4) 사전조사와 계획이 매우 중요

자기주도형 봉사활동은 청소년들이 자신의 관심사나 재능이 무엇인지 이해하고, 주도적으로 우리 동네(지역), 예를 들어 학교의 주변 환경에 대한 조사를 통해 봉사활동의 목표를 설정하고 활동 계획을 수립한다. 사전조사와 계획 단계에서 이루어지는 모든 준비활동은 실제로 하고자 하는 봉사활동만큼이나 많은 노력과 시간이 필요하다. 얼마나 치밀하게 조사하고 효율적인 계획을 세웠느냐에 따라 활동의 결과, 활동으로 인한 성과(변화), 참여자의 성취감 등이 크게 다를 수 있다. 기존의 봉사활동은 준비 단계가 없거나 혹은 활동 계획 및 준비 단계를 교사 또는 지도자들이 대신하기도 하지만, 자기주도형 봉사활동에서는 이 단계부터 청소년이 직접 만들어 간다.

2) 청소년 자기주도형 봉사활동의 필요 요소

(1) 자발성

봉사활동은 남이 시켜서 하는 것이 아니기 때문에 참여하려는 의지와 자발성을 필요로 한다. 자기주도형 봉사활동은 활동의 목표와 내용까지 청소년들이 직접 정하기 때문에 더욱더 청소년의 자발적인 참여가 필요하다. 자발성은 재미와 보람을 가져다줄 뿐만 아니라 청소년들에게 책임감을 부여한다.

(2) 지역사회에 대한 관심과 문제의식

지역사회는 청소년들이 살아가는 동네, 학교, 그 외 청소년들이 소속된 곳 등을 의미한다. 우리가 일상적으로 접하는 곳이고 가장 잘 아는 곳이다. 잘 아는 곳일수록 모든 것을 당연하게 여기고 관심을 놓치기 쉽지만, 자기주도형 봉사활동을 하려면 익숙한 것들에 대해 관심과 문제의식을 가져야 한다. 문제의식을 갖고 주변을 잘 관찰하는 것이 봉사활동의 목표나 활동거리를 찾아내는 가장 중요한 방법이다.

(3) 프로젝트 기획자로서의 창의성

자기주도형 봉사활동은 하나의 프로젝트이다. 청소년은 자기주도형 봉사활동 프로젝트의 기획자이다. 다른 사람이 기존에 해 보지 않았던 창의적인 방식으로 봉사활동 프로젝트를 기획하고 실행할 수 있다. 창의적으로 봉사활동 프로젝트를 기획하다 보면 봉사활동의 내용이 달라질 수도 있고, 활동의 내용은 같더라도 활동 계획 및 준비 단계에서 진행되는 문제분석 또는 해결방식 등이 남들과는 다른 나만의 방법을 기획할 수 있다. 창의성을 발휘하기 위해서는 노력이 필요하다. 그중 하나는 충실한 사전조사이다. 우리 주변에는 어떤 문제가 있는지, 우리 지역에서 내가 가진 재능을 필요로 하는 것은 무엇인지, 이와 관련해서 다른 청소년들이 이미 실천했거나 비슷한 활동사례가 없는지 조사해야 한다. 또한 개방적인 태도가 필요하다. 무엇이든 가능하다고 생각하고 수집한 자료를 다양한 각도에서 살펴보아야 한다.

(4) 현실의식

봉사활동의 목표는 달성 가능해야 한다. 봉사활동에 참여할 수 있는 시간과 능력에 한계가 있기 때문에 실현 가능한 범위 내에서 달성할 수 있는 목표를 설정해야 한다. 가장 적은 자원으로 가장 큰 효과를 얻을 수 있는 '효율성' 높은 목표를 설정해야 한다.

(5) 성실성과 책임의식

활동 계획을 수립한 다음에는 계획을 꾸준히 실천하는 것이 중요하다. 계획이 아무리 좋아도 계획대로 실천하지 못하면 활동을 지속하기 어렵기 때문이다. 한번에 많이 해내려는 계획일수록 중도에 포기할 가능성이 높다. 책임을 갖고 성실하게 조금씩 실천하는 자세가 중요하다.

(6) 과제관리능력

자기주도형 봉사활동을 스스로 실천해 나가기 위해서는 과정 중에 발생할 수 있는 여러 문제들을 계속 해결하며 관리해야 한다. 팀 활동이라면 팀원들 간의 소통과 이해가 중요한 요소이다. 참여자가 프로젝트의 기획과 수행을 주도적으로 만들어가는 자기주도형 봉사활동에서는 과제의 관리능력이 더욱 강조된다.

(7) 소통과 협력

자기주도형 봉사활동을 하다 보면 타인의 도움이 필요할 수 있다. 봉사활동의 필요성을 봉사 대상자 또는 봉사활동에 도움을 줄 수 있는 사람들에게 설명하고 이해시킬 수 있어야 한다. 이를 위해서는 새로운 사람들을 만나 소통하고 협력을 이끌어낼 수 있는 역량이 필요하다. 이 과정에서 대화의 기술을 배우며 사람과의 신뢰관계를 쌓아 가는 경험을 할 수 있다.

3) 청소년 자기주도형 봉사활동의 절차

청소년 자기주도형 봉사활동은 활동계획서를 작성하고, 필요한 경우 지도자

(교사)에게 승인받는 절차는 기존의 봉사활동이나 다른 청소년활동의 절차와 같다. 하지만 프로그램을 스스로 기획하고 실행한다는 점에서 기존의 봉사활동에 없던 단계가 추가된다. 기존의 봉사활동과 자기주도형 봉사활동의 실행 절차 차이는 〈표 12-1〉과 같다.

표 12-1 기존 봉사활동과 자기주도형 봉사활동의 실행 절차 차이

구분	기존 봉사활동	자기주도형 봉사활동
준비단계	참여 가능 봉사활동 목록 및 내용 검색	나와 내 주변 탐색해서 활동목표 설정하기
		사전 계획하고 준비하기
	봉사활동 신청	활동계획서 작성하기
활동단계	봉사활동 진행	봉사활동 진행 및 기록하기
평가단계	참여내역서 제출-확인 승인	스스로 활동 평가하기
		봉사활동 보고서 작성하기

청소년 자기주도형 봉사활동의 단계는 준비단계, 활동단계, 평가단계로 구분된다.

준비단계		활동단계	평가단계	
1단계 목표 정하기	**2단계** 계획하기	**3단계** 활동하기	**4단계** 평가하기	**5단계** 작성하기
1-1. 나, 우리가 하고 싶은 것 찾기 1-2. 문제 발견해서 목표 설정하기	2-1. 사전준비 2-2. 활동계획서 작성 및 승인받기 2-3. 활동 준비 체크리스트	3-1. 활동일지 3-2. 활동 실시하기 (명단, 역할 체크리스트)	4-1. 진행순서별 활동평가 4-2. 개인/팀 활동평가	5-1. 봉사활동 보고서 작성 5-2. 봉사활동 사진 보고서 작성

[그림 12-1] 청소년 자기주도형 봉사활동 단계별 활동내용

(1) 준비단계: 목표 정하기, 계획하기

준비단계는 목표를 정하고, 어떤 봉사활동을 할지를 결정하여 이를 위한 구체적인 계획을 수립한다. 이 단계는 자기주도형 봉사활동에서 가장 중요한 절차이며, 참여 청소년들이 스스로 문제를 설정하기 위해서 반드시 필요한 단계이다. 각 단계별 구체적인 내용은 '청소년 자기주도형 봉사활동 우수 사례집'(여성가족부·한국청소년활동진흥원, 2020)의 내용을 일부 발췌하여 정리하였다.

단계				내용
준비 단계	1단계	1-1	나·우리가 하고 싶은 것 찾기	자신의 관심사, 적성(잘할 수 있는 일), 하고 싶은 일을 탐색하여 기록(활동의 동기 발견)
		1-2	문제 발견하고 목표 설정하기	자신의 지역사회(우리 동네·소속된 곳) 속에서 문제점과 해결방안을 생각하고 활동목표 목록을 작성하여 목록 중에서 활동목표 선택
	2단계	2-1	사전준비	활동목표, 대상, 장소, 횟수, 일정, 준비물, 관련 사전 허가 사항 등을 미리 정리하고, 이번 활동에서 제일 어려울 점 등을 미리 예상하고 준비
		2-2	활동계획서 작성 및 승인받기	사전준비 목록을 기초로 봉사활동계획서 작성 및 지도자 선생님께 확인받기
		2-3	활동 준비 체크리스트	날짜를 정해서 하는 캠페인, 부스 운영, 지역행사 참여 등 행사 성격의 봉사활동을 준비할 경우 주로 활용

(2) 활동단계

활동단계는 준비단계에서 계획한 활동을 실행하고, 매회 실행된 활동을 활동일지로 기록한다. 이 단계에는 청소년들이 스스로 세운 계획을 실행하는 과정에서 생기는 어려움이나 문제를 해결해 나가는 과정이 포함된다.

단계				내용
활동 단계	3단계	3-1	활동일지 작성	활동시간, 장소, 참여인원, 현장 변경 사항, 점검 및 반성할 내용 등 기록 (매 활동일마다 작성)
		3-2	활동 실시하기 (명단, 역할 체크리스트)	봉사자들의 명단, 각자 역할과 진행상 황 기록(그룹활동 시 사용)

(3) 평가단계

평가단계는 참여 청소년들이 자체적으로 활동의 결과를 평가하고 정리하여 봉사
활동 보고서를 작성한다. 지금까지 활동내용을 단계별로 돌이켜보면서 처음 설정
했던 활동목표를 달성했는지, 무엇이 부족했는지를 평가하고 앞으로의 개선방안을
기록한다.

단계				내용
평가 단계	4단계	4-1	진행순서(단계)별 활동평가	단계별 활동에 대한 주관적 평가(5점 척도)
		4-2	문제 발견하고 목표 설정하기	잘된 점, 아쉬운 점, 향후 개선방안 등 소감과 의견 기록
	5단계	5-1	봉사활동 보고서 작성	보고서 양식에 맞춰 활동일지를 종합하여 기록
		5-2	봉사활동 사진보고서 작성	

4) 청소년 자기주도형 봉사활동 사례

(1) 우리 밀 살리기 캠페인[2]

- 동아리명: F.F(Fresh Food) 동아리
- 소속: 강원도청소년활동진흥센터 강릉분소

활동명	빵-빵! 밀 지나갑니다	활동기간	2020. 4. 1. ~ 10. 14.
활동횟수	11회	활동시간	21시간 이상
봉사인원	8명	활동장소	강릉시 일대

활동내용	• 활동 동기 -F.F(Fresh Food) 동아리는 로컬푸드와 바른 먹거리에 관심이 많은 친구들로 구성되어 있음. 작년에 강릉 어르신들에게 강릉 전통팥죽 만드는 방법을 배우고, 만들어서 나눠 드리기 활동을 진행하면서 팥칼국수도 드시고 싶다던 어르신의 말씀을 들었음. -팥칼국수도 만들어서 나눠 드리고 싶은 마음에 강릉 밀을 찾아보던 중 강릉에서 재배되는 밀이 없고 우리나라 밀 산업도 많이 어렵다는 것을 알게 되었음. -2019년 활동평가회를 진행하면서 2020년 활동 주제를 '우리 밀'로 하는 것이 어떠냐는 이야기가 나왔고, 2020년 활동목표 세우기 회의에서 올해 활동으로 〈우리 밀 살리기 캠페인〉을 진행하기로 결정함. • 활동 내용 -대면이 어려울 때는 친구들이 집에서 활동할 수 있는 실천과제를 정하여 진행함. 대면으로 알리기 어려우니 온라인으로라도 알리자는 생각으로 밀싹 기르는 방법, 밀싹 활용하는 방법, 밀싹 기르기 활동평가, 우리 밀 교육받은 내용, 카드뉴스 제작했던 것 등 우리 밀과 관련된 활동과 정보에 대해 블로그 글을 작성하여 온라인 캠페인을 진행함.

---

2) 여성가족부·한국청소년활동진흥원(2020)의 '청소년 자기주도형 봉사활동 우수 사례집'에서 일부 발췌하여 요약·정리하였다. 지면의 사정으로 1단계 내용과 2단계 계획하기 내용 중 일부만을 제시하였다.

• 회차별 활동내용

회차	일자	활동내용	활동장소	활동시간	활동인원
1회차	4. 1~4. 5	빵빵 밀 지나갑니다 −밀싹 기르기 및 점검 1회기	F.F 동아리회원 개인별로 진행	−	5명
2회차	4. 6~4. 12	빵빵 밀 지나갑니다 −밀싹 기르기 및 점검 2회기	F.F 동아리회원 개인별로 진행	−	5명
3회차	4. 13~4. 19	빵빵 밀 지나갑니다 −밀싹 기르기 및 점검 3회기	F.F 동아리회원 개인별로 진행	−	5명
4회차	4. 20~4. 28	빵빵 밀 지나갑니다 −밀싹 기르기 및 점검 4회기	F.F 동아리회원 개인별로 진행	−	5명
5회차	5. 9	빵빵 밀 지나갑니다 −밀싹 기르기(5회기) 평가회의	F.F 동아리회원 개인 집	−	4명
6회차	5. 30	2~3단계 점검(공감해 줄 사람들 찾기), 배우고 싶은 교육내용 정하기	F.F 동아리회원 개인 집	2시간	5명
7회차	7. 4	우리 밀 살리기 교육	청소년수련관	3시간	4명
8회차	7. 11	'농가 상황, 밀의 장점, 수입 밀과의 차이' 기사 정리	청소년수련관	3시간	6명
9회차	8. 8	영상에 들어갈 개요 정하기 & 자료조사 배분, 우리 밀 기사자료 컨설팅	청소년수련관	2시간	8명
10회차	9. 12	포스터 제작 및 기사자료 최종본 검토	F.F 동아리회원 개인 집	2시간	2명
11회차	10. 14	4단계 평가하기 진행	F.F 동아리회원 개인 집	1시간	9명

• 1단계 목표 정하기(1-1단계: 봉사활동을 하려는 나·우리의 첫 마음)

우리의 공통 관심사: 로컬푸드/밀	왜 이런 일이 생길까?	이 문제를 해결하기 위해서 우리가 실제로 할 수 있는 봉사활동은 뭘까?
우리 주변의 문제들		
밀 • 국산 밀 찾기가 어려움 • 국산 밀로 음식 나눔 봉사활동이 어려움	밀의 자급률이 낮고 밀의 수입률이 높음	• 국산 밀 사용한 음식 만들기 • 우리 밀 소비에 대한 홍보 • 수입 밀 문제점 언급 • 집에서 밀싹 키우기
오프라인으로 우리 밀을 사용하고 판매하는 곳이 적음	• 비싼 가격 • 국산 밀이 잘 알려지지 않음 • 자급률이 낮음 • 수입률이 높음	• 집: 밀싹 기르기, 우리 밀 소비 및 구매 • 학교: 우리 밀 소개, 우리 밀 소비에 대한 홍보 • 지역사회: 소비에 대한 홍보, 가게마다 우리 밀 사용 여부 문의하기

• 1단계 목표 정하기(1-2단계: 실천과제 점검하기)

항목	내용(이유)
우리가 해낼 수 있는 실천과제인가?	1. 집에서/일상에서: 우리 밀을 사용한 식품 구매 및 음식 만들기 2. 우리 밀 소비에 대한 홍보(수입 밀 문제점 언급) → 온/오프라인으로 진행(블로그 활동+캠페인 활동) 3. 집에서 밀싹 키우기 → 돈 제한이 없으면 가능할 것 같음
허무맹랑하지 않고, 현실적이며 타당한 실천과제인가?	〈우리가 해낼 수 있는 실천과제인가? 내용 참조〉 1, 2: 그렇다 3: 애매하다(장기적으로 불가능할 것 같다)
언제까지 실천과제를 지속할 것인가?	〈우리가 해낼 수 있는 실천과제인가? 내용 참조〉 1: 평생 2: 2020년 7~8월까지(어울림마당에서) 3: 애매함. 최소 2회 또는 1개월

• 2단계 계획하기(2-1단계: 사전준비하기)

봉사활동 이름		빵빵! 밀 지나갑니다
어떤 봉사활동을 할 것인가?		우리 밀 알리기: 우리 밀 장점, 수입 밀 단점, 실천방안, 우리 밀 인지도 높이기, 쿠키 만들어 나누기, 스티커 설문조사 등
봉사활동의 목표는 무엇인가?		우리 밀 사람들에게 알리기(인지도 높이기)
봉사활동의 대상은 누구인가?		어울림마당 참여자, 청소년수련관 이용자, 동아리회원 소속학교의 또래친구
봉사활동 장소는 어디인가?		• 동아리회원의 학교 • 어울림마당 행사장(청소년수련관)
마음의 준비	뭐가 제일 힘들까?	홍보물 만들기 및 밀싹 키우기 자체가 어려울 것 같음.
	미리 배워 둬야 하는 것은?	• 밀 산업에 밀싹 키우기가 도움이 되는지 알아야 함. • 강릉에서 밀싹 구하는 방법 • 자급률과 수입률에 대한 정확한 정보 • 간단한 음식 만들기 방법 등
봉사활동은 몇 번 할까?		7회(교육 미포함): 포스터 제작(2회), 쿠키 연습(1회), 실제 캠페인(4회: 5월말, 단오날 2회, 7월말)
봉사활동을 위해 필요한 준비물은 무엇이며 어떻게 마련할 것인가?		하드보드지, 우드락 각 3개, 매직 1개, 네임펜 1개, 파스넬 1개, 포스트잇, 풀, 가위, 테이프 등
		준비물은 모두 구입하여 마련
사전에 동의 / 협조가 필요한 곳이 있나요?		어울림마당 운영 시, 부스 사용할 때 필요
안전문제는 확인했나?		요리를 할 때 안전에 대한 어려움이 있을 수 있음.
우리가 쓸 수 있는 돈(예산)은?		활동: 18만 원 / 교육: 4만 원
그 외에 준비해야 할 다른 것이 있나?		봉사활동에 필요한 자료수집

- 2단계 계획하기(2-2단계: 기대효과 생각하기)

할 일	내용	
봉사활동으로 인하여 예상되는 변화를 표현해 보세요	• 사람들이 원산지를 보고 밀(관련 식품)을 구매하게 됨. • 사람들이 국산/외국산을 비교하며 먹게 되고 관심을 더 가지게 될 것임.	
이 봉사활동에 깊이 공감해 줄 사람들은 누가 있을까요?	• 농부 • 시장 사람들	
활동을 전파할 수 있는 방법을 다양하게 생각해 봅시다	• SNS 사용하기 • 관련된 주제를 1개씩 정해서 포스터 만들기	• 밀싹 기르기 • 우리 밀 홍보하기 • 우리 밀 사용 여부 묻기
실천과제의 사회적 가치(영향력)	얼마나 다양하게 활용할 수 있을지에 대해 생각할 수 있을 것 같음.	
누가 참여할 수 있을까?	동아리 구성원 및 모든 사람	

- 2단계 계획하기(2-3-1단계: 우리 밀 키우기 봉사활동 계획서 작성하기)

활동명	빵빵! 밀 지나갑니다	활동목표	캠페인 준비를 위한 실천과제 (우리 밀 키우기) 점검하기		
활동영역	지역사회	활동기간	3월 31일~ 4월 28일	활동횟수	28회
봉사장소	F.F 동아리회원 개인별로 진행	봉사자 인원	5명 (물에서 키우기-서연, 윤서, 가연/ 흙에서 키우기-민경, 혜윤)		
봉사대상	F.F 동아리회원				
활동 계획	활동내용	캠페인 준비를 위한 실천과제(우리 밀 키우기) 점검하기 • 밀싹 키우기(물과 흙으로 구분) • 밀싹 활용법을 찾은 후 직접 만들어 보기 • 2일에 한 번 사진 찍기 • 블로그에 활동내용 공유하기			

02 여성가족부 공모 프로그램

제
12
장
청
소
년
프
로
그
램
개
발
사
례

		활동일시 (월/일)	활동명	활동장소	활동시간 및 세부 내용
활동 계획 (계속)	세부 활동계획	3월 18일	밀싹 키우기를 위한 회의	온라인으로 진행	밀싹 키우는 법 조사 및 발표, 실험계 획(2시간, 15:00~17:00)
		3월 31일	밀싹 키우기를 위한 준비	개별 진행	물품 수령하기 • 흙에서 키우기: 50g의 밀 씨앗+배 양토 • 물에서 키우기: 50g의 밀 씨앗
		4월 1일 ~ 4월 28일	밀싹 키우기 진행	개별 진행	• 2일에 한 번 사진을 찍은 후 토요 일마다 톡방에 공유하기 • 일주일에 한 번 블로그 글 작성하기

			밀싹
			수확하기
				개별 진행	• 10~15cm 자란 밀싹을 수확한 후
					  밀싹을 활용한 음식 만들기
					• 만든 음식을 톡방에 공유한 후 블
					  로그 글 작성하기

	비고	준비물: 밀 씨앗 250g, 배양토 200g, 물, 안 쓰는 화분, 재활용 페트병, 안 쓰는 컵 등			

278

• 2단계 계획하기(2-3-2단계: 우리 밀 알리기 봉사활동 계획서 작성하기)

활동명	빵빵! 밀 지나갑니다	활동목표	우리 밀을 사람들에게 알리기		
활동영역	지역사회	활동기간	2~7월	활동횟수	7회
봉사장소	어울림마당 행사장, F.F 동아리회원 학교, 청소년수련관	봉사자 인원	5명(추가모집 예정)		
봉사대상	어울림마당 참여자, 청소년수련관 이용자, 동아리회원 소속 학교의 또래친구				

활동계획	활동내용	캠페인 준비 및 진행 • 활동 홍보자료 만들기, 스티커 설문 만들기, 쿠키 제작 • 3월 교육 / 4~5월 설문지, 쿠키, 활동지 제작 〉최대한 3~4월에 끝내기 • 6월 27~28일 / 7월 먹거리 참견시점		
	세부 활동계획	**활동일시 (월/일)**	**활동명**	**활동장소**	**활동시간 및 세부 내용**

활동일시 (월/일)	활동명	활동장소	활동시간 및 세부 내용
2월 14일	밀싹 실험계획	마루실	밀싹 키우는 법 조사 및 발표, 실험계획 (2시간, 14:00~16:00)
2월 21일	캠페인 초안	마루실	캠페인 홍보지 초안 구성, 퀴즈, 스티커(2시간, 14:00~16:00)
3월	캠페인 활동을 위한 교육	아라실	캠페인 홍보지 제작을 위한 교육 및 실습 (3시간 교육+실습, 14:00~17:00)
4~5월	캠페인 활동을 위한 준비	아라실	캠페인 홍보지 및 설문지, 퀴즈 제작(2시간, 14:00~16:00)
6월 27~28일	DYF 부스	단오타운	캠페인 활동 진행
5월, 7월	어울림 한마당	야외 운동장 (공연장)	캠페인 활동 진행
7월	먹거리참견	아라실	먹거리참견시점 보조활동

03 비대면 청소년활동 프로그램

코로나19 바이러스 발생 등 대면 프로그램 운영이 힘든 상황이 발생했을 때 무조건 프로그램 운영을 중단하기보다는 디지털 시스템을 활용하여 비대면 형태의 청소년 프로그램을 개발하여 운영하는 것이 필요하다. 코로나19 바이러스는 기존의 청소년활동현장에서 운영되던 대면 청소년 프로그램을 비대면 프로그램으로 전환하게 만들었다. 이러한 현상은 청소년활동도 이전과는 다른 '온라인(인터넷)'을 기반으로 한 청소년 중심으로의 운영체계 개편'이 불가피하게 되었다. 따라서 청소년활동현장에서는 온라인을 기반으로 한 청소년 중심의 비대면 프로그램 개발이 이루어지고 있다.

비대면 프로그램이 효과성을 높이기 위해서는 운영시설, 지역사회 및 참여 대상의 상황에 맞춰 적절한 비대면 활동모델을 적용하는 것이 필요하다. 본 장에서는 비대면 활동모델을 제시하고 이를 활용한 비대면 청소년활동 프로그램 사례를 중심으로 살펴보고자 한다.

1) 비대면 방식의 개념과 활동 유형[3]

비대면 방식이란, 전체 프로그램 운영시간이 3시간 이상으로서 「지능정보화 기본법」 제2조 제8호에 따른 정보통신망을 활용하여 대면하지 아니하고 이루어지는 방식을 말한다. 비대면 방식의 활동 유형은 실시간 쌍방형, 콘텐츠 활용 중심, 과제수행 중심으로 구분할 수 있다.

---

3) 여성가족부 · 한국청소년활동진흥원(2020)의 '2020 비대면방식 인증수련활동 운영사례집'에서 일부 발췌하여 정리하였다.

「지능정보화 기본법」 제2조 제8호

"정보통신망"이란 「전기통신기본법」 제2조 제2호에 따른 전기통신설비를 이용하거나 전기통
신설비와 컴퓨터 및 컴퓨터의 이용기술을 활용하여 정보를 수집, 가공, 저장, 검색, 송신 또는
수신하는 정보통신체제를 말한다.

• 비대면 방식의 활동 유형

활동 유형	내용
실시간 쌍방형	실시간 활동이 가능한 플랫폼을 활용하여 청소년 및 지도자 간 쌍방향 소통을 통한 활동으로 지도자가 청소년에게 즉각적 피드백 진행
콘텐츠 활용 중심	청소년은 지정된 녹화 강의 또는 사전 제작된 콘텐츠로 정보를 습득하고 지도자는 활동의 진행도 확인 및 사후 피드백 진행
과제수행 중심	지도자는 발달특성에 따라 청소년이 자기주도적으로 과제를 수행하며 활동의 목적을 달성할 수 있도록 과제 제시 및 사후 피드백 진행

2) 청소년활동 프로그램의 비대면 활동모델[4]

청소년활동 프로그램의 비대면 활동모델은 딜리버리, 랜선, 스말로그, 블렌디드,
기타로 구분할 수 있다.

---

[4] 대구광역시 · 재단법인 대구청소년지원재단 대구광역시청소년문화의집(2020)의 '2020 비대면 청소년활동
운영 사례집'에서 일부 발췌하여 정리하였다.

• 청소년활동 프로그램의 비대면 활동모델

구분	운영 방식
딜리버리 (delivery)	• 활동에 필요한 체험 키트(교육자료, 재료 등)와 결과를 상호 배송하여 이루어지는 비대면 활동 • 활동에 필요한 안내와 교육은 최소화하고 주문자가 체험 키트를 활용해 개인 또는 가족이 스스로 즐기고 체험할 수 있는 활동 방식 (예: 방역키트, 공예활동, 보드게임, 학습교재지원, 환경일기 쓰기 등)
랜선 (LAN-선)	• 인터넷 환경을 중심으로 별도로 개설된 온라인 플랫폼, SNS, 유튜브 등의 온라인 공간을 활용하여 진행되는 비대면 활동 • 청소년 스스로 활동 주제에 맞는 활동내용과 결과물을 공유·제공하거나 온라인 플랫폼을 활용해 진행되는 비접촉 활동 (예: 사회적 이슈를 바탕으로 온라인 릴레이캠페인, 특정 주제의 영상물 제작 및 공유, 온라인 회의 등)
스말로그 (smalogue)	• 인터넷 환경을 중심으로 인터넷 환경에서 적용하기 어려운 활동을 대면 활동으로 풀어 가는 비대면+대면 혼합활동 • 대면 활동을 최소화(인원+횟수 등)하고 인터넷 환경을 이용해 파급력을 전파하는 활동 • 활동안내, 교육, 결과 공유 등은 모두 인터넷 환경을 이용해 진행하고 활동은 타인과 접촉하지 않고 개인 또는 소그룹(가족) 단위로 활동하는 방식 (예: 비대면 정책 포럼, 댄스릴레이 영상 송출, 온라인 퀴즈 등)
블렌디드 (blended)	• 기존 대면 활동의 개념과 운영 방식을 최대한 유지하면서, 불특정 다수 참가의 접촉을 최소화하는 비대면+대면 활동을 통해 운영 (예: 주제발표대회, 청소년토크콘서트, 정책좌담회, 창작 연극 등)
기타	• 앞의 모델을 적용할 수 없는 비대면 활동이 포함된 모델 개발 가능 • 새로운 패러다임의 비대면 활동 추진 시 해당 활동의 모델 개발을 통한 지속적인 비대면 활동 추진

3) 비대면 청소년활동 프로그램 사례[5]

프로그램명	슬기로운 방구석 생활 season 1	담당자(협력자)	청소년지도사(팀장)
운영 일시	6월 6일(토) ~ 6월 30일(화)	프로그램 유형	• 공연형(　　) • 체험형(●) • 강연형(　　)
대상자	청소년을 포함한 전 연령	참가 인원	100명
사업비	○○ 원	운영 방식	비대면으로 진행 (딜리버리 방식)

프로그램 개요	1. 운영 개요
	 • 목적
	   −코로나19 지역 확산으로 인해 가정에서만 시간을 보내는 청소년에게 즐거움을 통해 전염병 극복의 의지 함양
	   −비대면 청소년활동 프로그램을 통해 청소년문화의집의 인식 제고
	 • 운영방법
	   −프로그램은 비대면방식으로 진행
	   −모든 활동과정 및 결과물은 사진과 동영상으로 제출
	   −프로그램의 효과성·만족도 설문을 온라인으로 실시
	 • 운영 준비: DIY 키트(나노블럭, 스칸디아모스 키트 세트), 퍼즐, 태극기 만들기 세트, 사진, 액자 등
	 • 참가 대상 및 인원: 청소년을 포함한 전 연령 가능 / 100명
	 • 추진내용
	   ☆ DIY 키트 만들기(나노블록), 환경정화(미세먼지) 키트 만들기
	   ☆ 가족과 함께하는 퍼즐 맞추기
	   ☆ 방구석에서 즐기는 나만의 놀이 인증하기
	   ☆ 방구석 전시회(어릴 적 나의 모습 재현하기)
	   ☆ 방구석에서 할 수 있는 운동 인증하기
	   ☆ 나만의 태극기 만들기, 태극기 틀린 그림 찾기, 우리집 국기 게양대 게시 인증하기, 현충일·태극기로 삼행시 짓기 등
	 • 기대효과
	   −코로나19 상황에서 청소년문화의집 홍보 확대 및 비대면 이용률 증가
	   −청소년들의 흥미를 유발하여 심리적 만족감 향상

---

5) 삼도일동청소년문화의집에서 운영된 '2020년 비대면 청소년활동 운영 사례' 중에서 일부 발췌하여 정리하였다.

프로그램
개요

2. 세부 추진내용

◆ PART 1. 혼자서도 잘해요! (담당: 팀장, 청소년지도사)

일시	내용	비고
6. 9. ~ 6. 30.	−DIY 키트 만들기(나노블럭)(4회기)	*비대면으로 진행 (각 작품당 진행 과정, 완성사진 2매 첨부)
	−우리집 환경정화 키트 만들기(4회기) '나만의 스칸디아모스 액자 만들기'	
	−가족과 함께하는 퍼즐 맞추기(선착순 10가족)	

◆ PART 2. 집에서 놀면 뭐하니? (담당: 청소년지도사)

일시	내용	비고
6. 9. ~ 6. 30.	−방구석에서 즐기는 나만의 놀이 인증하기 (놀이명+놀이방법) 예) 놀이명: 달고나 만들기 놀이방법: 국자에 설탕을 넣고 녹여 준다. 설탕이 녹으면 소다를 조금 넣는다. 쟁반에 부어서 맛있게 먹는다.	*상품 −치킨 · 편의점 (기프티콘) −3D 퍼즐 등
	−방구석 전시회(주제: 어릴 적 나의 모습 재현하기)	
	−방구석에서 할 수 있는 운동(사진, 동영상)	

◆ PART 3. 감사해요! 현충일 (담당: 팀장, 청소년지도사)

일시	내용	비고
6. 9. ~ 6. 30.	−나만의 태극기 만들기	
6. 6. ~ 6. 7.	−태극기 틀린 그림 찾기	SNS에서 진행
	−현충일 · 태극기로 삼행시 짓기	
	−우리집 국기 게양대 게시 인증사진 찍기	

3. 안내사항

• 프로그램 중복신청 가능
• 효과성 · 만족도 설문은 온라인으로 진행
• 드라이브 스루 형태로 청소년문화의집을 직접 방문하여 DIY 키트 수령(단, 직접 수령이 어려울 시 직접 배달 형태로 진행)
• 직접 수령 시, n번째 방문자에게 소정의 상품 제공
• 모든 활동은 비대면 방식으로 진행되며, 사진과 동영상을 첨부해야 출석 인증 가능
• 모든 참여자에게 활동사진 1매(액자 포함) 제공
• PART 1은 담당자가 별도 관리, PART 2~3은 '삼도일동청소년문화의집 SNS 채널'로 인증

〈운영 결과〉

지면의 사정으로 PART 1 프로그램의 운영 결과만 정리하였다.

◆ PART 1. 혼자서도 잘해요!

일시	내용
6. 16. ~ 6. 30.	–DIY 키트 만들기(나노블럭) (4회기)
	–우리집 환경정화 키트 만들기 (4회기) '나만의 스칸디아모스 액자 만들기'
	–가족과 함께 하는 퍼즐 맞추기 (선착순 10가족)

운영
결과

• 만족도 조사결과(5점 만점)
  –DIY 키트 만들기(나노블럭): 본 프로그램의 전반적인 만족도는 4.3점이며, 영역별로 살펴보면 프로그램 영역 4.2점, 지도자 영역 4.1점, 시설/환경 영역 4.0점으로 나타남.
  –우리집 환경정화 키트 만들기 '나만의 스칸디아모스 액자 만들기: 본 프로그램의 전반적인 만족도는 4.3점이며, 영역별로 살펴보면 프로그램 영역 4.0점, 지도자 영역 4.2점, 시설/환경 영역 3.9점으로 나타남.
  –가족과 함께 하는 퍼즐 맞추기: 본 프로그램의 전반적인 만족도는 4.0점이며, 영역별로 살펴보면 프로그램 영역 3.9점, 지도자 영역 4.0점, 시설/환경 영역 3.8점으로 나타남.

• 자체 평가결과
  –코로나19로 인하여 장기간 휴관됨에 따라 기존 계획되었던 프로그램 중 일부를 비대면으로 대체하여 프로그램(회기성)을 진행하였음.
  –비대면 회기성 프로그램을 처음 시도하여 키트 수령, 진행 과정 등에 있어서 일부 시행착오가 있었으나, 전반적으로 무난하게 프로그램을 완료함.
  –프로그램 운영 결과, 외부활동을 하지 못하고 있는 상황에서 가정에서 재미있게 시간을 보낼 수 있었다고 하였고, 설문조사 결과, 참여 청소년의 대부분이 만족한 것으로 나타났으며, 추후 비대면 프로그램에 대한 문의가 많았음.
  –비대면 프로그램을 운영해 본 결과, 프로그램 실시 전에 프로그램 안내문을 충분히 숙지한 후 프로그램을 신청할 수 있도록 주변에 홍보를 철저히 해야 할 것으로 판단됨.

요약

1. 청소년수련활동인증제란 국가 및 지방자치단체 또는 개인·법인·단체 등이 실시하고자 하는 청소년활동에 대해 프로그램, 지도력, 활동환경 등이 일정한 기준을 갖추었음을 심사하여 인증하고, 인증수련활동에 참여한 청소년의 활동기록을 유지·관리·제공하는 국가 인증제도이다.

2. 청소년 자기주도형 봉사활동은 봉사활동의 한 형태로서 '청소년이 주도적으로 지역사회의 문제점을 조사·분석하고 해결방안으로 봉사활동 프로그램을 스스로 계획하여 실행, 평가까지 하는 청소년 주도적 자원봉사활동'이다. 여기서는 '청소년이 지역사회에 관심을 갖고 자신의 재능을 활용하여 문제 해결 및 개선을 위해 스스로 활동의 목표와 방법을 정하고 이를 실행하는 봉사활동'이라고 정의한다.

3. 청소년 자기주도형 봉사활동의 필요 요소는 자발성, 지역사회에 대한 관심과 문제의식, 프로젝트 기획자로서의 창의성, 현실의식, 성실성과 책임의식, 과제관리능력, 소통과 협력으로 구성된다.

4. 비대면 프로그램이 효과성을 높이기 위해서는 운영시설, 지역사회 및 참여 대상의 상황에 맞춰 적절한 비대면 활동 모델을 적용하는 것이 필요하다.

5. 비대면 방식이란 전체 프로그램 운영시간이 3시간 이상으로서 「지능정보화 기본법」 제2조 제8호에 따른 정보통신망을 활용하여 대면하지 아니하고 이루어지는 방식을 말한다. 비대면방식의 활동 유형은 실시간 쌍방형, 콘텐츠 활용 중심, 과제수행 중심으로 구분할 수 있다.

6. 청소년활동 프로그램의 비대면 활동모델은 딜리버리, 랜선, 스말로그, 블렌디드, 기타로 구분할 수 있다.

 **참고문헌**

권일남 · 전명순 · 김태균 · 김정율(2016). **청소년프로그램개발과 평가**. 서울: 창지사.

대구광역시 · 재단법인 대구청소년지원재단 대구광역시청소년문화의집(2020). 2020 비대면 청소년활동 운영 사례집.

삼도일동청소년문화의집(2020). **비대면 청소년활동 운영 사례**. 제주: 삼도일동청소년문화의집.

여성가족부 · 한국청소년활동진흥원(2018). 청소년 자기주도형 봉사활동 매뉴얼(지도자용, 청소년용).

여성가족부 · 한국청소년활동진흥원(2020). 2020 비대면방식 인증수련활동 운영사례집.

여성가족부 · 한국청소년활동진흥원(2020). 청소년 자기주도형 봉사활동 우수 사례집.

여성가족부 · 한국청소년활동진흥원 · 청소년수련활동인증위원회(2019). 2019 청소년수련 활동인증제 우수 인증수련활동 사례집.

찾아보기

인명

내용

저자 소개

진은설(Eunseol Jin)

사단법인 청소년과 미래 대표(사회복지학박사, 청소년전공)

청소년지도사 1급

전 삼도1동청소년문화의집 관장

저서 및 논문 『청소년활동론』(공저),

　　　　　「청소년활동의 참여동기와 만족도가 행복감에 미치는 영향」 등

이혜경(Hyekyong Lee)

경민대학교 사회복지과 교수(사회복지학박사, 청소년전공)

청소년지도사 1급

전 김포시청소년육성재단 파트장

저서 및 논문 『청소년지도방법론』(공저),

　　　　　「대학생 그룹 멘토링 프로그램의 효과성 측정을 위한

　　　　　멘토역량 척도 개발 연구」 등

김도영(Doyoung Kim)

제주국제대학교 상담복지학과 교수(사회복지학박사, 청소년전공)

청소년지도사 2급

전 제주특별자치도청소년활동진흥센터 팀장

저서 및 논문 『청소년문제와 보호』(공저),

　　　　　「청소년활동 참여행동 예측모형 검증」 등

청소년학총서 ⑧

청소년 프로그램 개발과 평가
Youth Program Development & Evaluation

2022년 2월 15일 1판 1쇄 발행
2023년 3월 20일 1판 2쇄 발행

지은이 • (사)청소년과 미래
　　　　진은설 · 이혜경 · 김도영
펴낸이 • 김진환
펴낸곳 • ㈜**학지사**
　　　　04031 서울특별시 마포구 양화로 15길 20 마인드월드빌딩
대표전화 • 02-330-5114　　팩스 • 02-324-2345
등록번호 • 제313-2006-000265호

홈페이지 • http://www.hakjisa.co.kr
페이스북 • https://www.facebook.com/hakjisa

ISBN 978-89-997-2567-8　93370

정가 17,000원

출판미디어기업 **학지사**

간호보건의학출판 **학지사메디컬** www.hakjisamd.co.kr
심리검사연구소 **인싸이트** www.inpsyt.co.kr
학술논문서비스 **뉴논문** www.newnonmun.com
교육연수원 **카운피아** www.counpia.com